国家出版基金项目
NATIONAL PUBLICATION FOUNDATION

21世纪中国城市图书馆丛书

沧州图书馆

CANGZHOU TUSHUGUAN

主 编 宋兆凯
副主编 张广越 杨培颖 董艳丽

天津大学出版社
TIANJIN UNIVERSITY PRESS

图书在版编目（CIP）数据

沧州图书馆 / 宋兆凯主编 . — 天津 ：天津大学出版社，2017. 11

（21 世纪中国城市图书馆丛书）

ISBN 978 - 7 - 5618 - 5934 - 6

Ⅰ. ①沧… Ⅱ. ①宋… Ⅲ. ①市级图书馆—介绍—沧州 Ⅳ. ①G259. 252. 2

中国版本图书馆 CIP 数据核字（2017）第 272817 号

出版发行 天津大学出版社
地　　址 天津市卫津路 92 号天津大学内（邮编：300072）
电　　话 发行部：022 - 27403647
网　　址 publish. tju. edu. cn
印　　刷 北京华联印刷有限公司
经　　销 全国各地新华书店
开　　本 202mm × 265mm
印　　张 28
字　　数 543 千
版　　次 2017 年 11 月第 1 版
印　　次 2017 年 11 月第 1 次
定　　价 180. 00 元

“21世纪中国城市图书馆丛书”编委会

《沧州图书馆》编委会

"Series of China's City Libraries in the 21st Century" Editorial Board

Cangzhou Library Editorial Board

总 序

中华文化源远流长，历久弥新。中华优秀传统文化是我们最深厚的文化软实力，也是中国特色社会主义植根的文化沃土。要实现“两个一百年”的奋斗目标、实现中华民族伟大复兴的“中国梦”，就必须充分运用中华民族数千年来积累下的伟大智慧。图书馆作为文献机构，汇集了由中华文化五千年精华浓缩而成的一本本图书，具有极高的文化价值。自古代的藏书楼发展至今天的公共图书馆，图书馆的本体在不断生长和变化着，图书馆事业在党和政府的积极扶持下，蓬勃发展，呈现出一片欣欣向荣的景象。

与此同时，我国正在努力构建的公共文化服务体系，是中国特色社会主义事业总体布局的重要内容，是实现经济、政治、文化、社会协调发展战略布局的重大安排。公共文化服务体系的建设关系到最广大人民群众的利益，是促进社会和谐稳定、建构中华民族共有精神家园的重要保障。而公共图书馆服务体系作为其中的重要组成部分和支撑力量，在公共文化服务的标准化、均等化建设和公共文化网络的布局上有其天然优势，责无旁贷。现代图书馆虽然延续了传统图书馆的储存功能，但更加偏重于知识的传播。面向大众的公共图书馆以阅读为中心功能，跳出了传统的知识特权与垄断，实现了书籍和知识的社会化和民主化。在中国当今的图书馆事业中，最具活力的当推公共图书馆，而在公共图书馆之中，又以大中城市的图书馆最有特色。

城市图书馆总是与文化生活联系在一起。城市图书馆是隐藏在喧闹匆忙城市中安静隽永的一隅，巧妙融合传统文明与现代化都市时尚，镌刻属于一座城市的特有的文化印记。在这里，一缕书香、一次活动就将城市的文化生活唤醒了。市民们在图书馆中畅享活色生香的世俗生活与传统民族文化，感受着城市图书馆对于城市文化的保存与维护、传承与发扬。

城市图书馆及其体系是城市化进程中的重要一环。城市中由公共图书馆组成的公共图书馆服务体系和以公共图书馆等公共文化设施为重点构成的公共文化设施网络，是全面推进基本公共文化服务标准化与均等化的重要措施与手段。通过城市图书馆与公共图书馆服务体系建设推动现代公共文化服务体系的发展、提高公共文化服务效能，是当代中国图书馆的发展目标之所在。

城市图书馆是集中展示图书馆职业专业性的场所。图书馆职业从诞生至今一直与非专业化的职业刻板印象进行抗争，我国的图书馆员也在为职业形象的专业化不懈奋斗。好在这样的付出已经收获了回报，我国图书馆职业的专业性已经得到读者的广泛认同。这之间，城市图书馆与图书馆员功不可没。图书馆员将专业性融入图书馆的愿景、规划、改革举措、日常运行、读者活动之中，让市民体会着职业专业性为城市文化生活带来的亮色。

中国的城市图书馆是对外宣传的文化名片。提高国家文化软实力，是党和国家的一项重大战略任务。作为公共文化设施之一的城市图书馆，一直履行着夯实国家文化软实力根基的责任，使中华民族最基本的文化基因与当代文化相适应、与现代社会相协调。在本套丛书中，我们不难发现城市图书馆在此方面付出的努力，这也是我们想要通过本套丛书向外传达的信息。

“21 世纪中国城市图书馆丛书”第一批收录的 12 个图书馆是我国 21 世纪城市图书馆整体风貌的缩影，由南至北分布在近 10 个省，具有很强的代表性。这 12 个图书馆各具特色，在管理运营、文化活动、资源开发与服务等众多方面有许多创新之处被总结积累下来。值此“一带一路”倡议推广之际，双语版的形式能更好地将我国城市图书馆在 21 世纪的创新与特色与世界分享，将优秀文化传播出去，让更多的人了解中国的城市图书馆，进而了解中国。

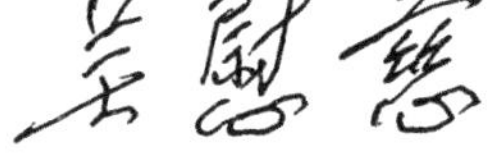

2017 年 9 月 20 日

General Preface

Chinese culture has a long and eternally renewed history. Excellent Chinese traditional culture is the most profound cultural soft power and the cultural fertile soil where the socialism with Chinese characteristics is rooted. In order to achieve "Two Centenary Goals" and realize the "Chinese Dream" of the great rejuvenation of the Chinese nation, we must make full use of the great wisdom that the Chinese nation has accumulated for thousands of years. The library, as the institution of literature, which has collected a large number of books involving the essence of Chinese culture with five thousand years, has high cultural value. The library has been evolving from the ancient library to the public library today. The librarianship, supported by the Communist Party of China (CPC) and Chinese government, shows a vigorous and flourishing trend.

At the same time, China is trying to construct a public cultural service system, which is an important part of the overall layout of the cause of socialism with Chinese characteristics and the important arrangement of the strategic layout to achieve the coordinated development of economy, politics, culture and society. The construction of the public cultural service system, closely related to the people's interests, is an important guarantee to promote social harmony and stability and build the common spiritual home of the Chinese nation. The public library service system, as an important part and supporting strength of the public cultural service system, has its own natural advantage and responsibility in the construction of standardization and equalization of public cultural services and the layout of the public cultural network. Although modern libraries retain the storage function of traditional libraries , they focus more on the spread of knowledge. With reading as the core function, public libraries are open to the public. They get rid of the traditional privilege and monopoly on knowledge and realize the socialization and democratization of books and knowledge. The most dynamic libraries in Chinese modern librarianship are public libraries , among which the ones in the large and medium-sized cities are the most distinctive.

City library is always associated with cultural life. As a quiet and meaningful place hidden in the noisy and busy city, city library offers a subtle blend of traditional civilization and modern urban fashion, engraved with the unique cultural mark belonging to a city. One book or one activity will wake up the cultural life of a city. Citizens in the library can enjoy the rich and colorful secular life and the traditional culture, and feel the efforts of the city library in preservation and maintenance, the inheritance and spread of urban culture.

City libraries and their system are an important part of the process of urbanization. The public library service system composed of public libraries in cities, and the public cultural facilities network focusing on the public cultural facilities such as public libraries, are the important measure and means to comprehensively promote the standardization and equalization of the basic public cultural services. To promote the modern public cultural service system and improve the efficiency of the public cultural services by constructing the service system of city library and public library is the goal of Chinese libraries.

City library is a place to intensively show the professionalism of the library profession. Since the birth of the library profession, it has been resisting against the non-professional stereotypes. Librarians also strive to establish a professional image. Fortunately, such efforts have been paid off. The library profession has been widely recognized by readers. City libraries and their librarians have made a great contribution to it. Librarians integrate the professionalism into the vision, planning, reform initiatives, daily operation and reader activities of their libraries, so that the public are able to enjoy the beauty of urban cultural life created by the professionalism.

City library in China is a cultural card for publicity. Improving the national cultural soft power is a major strategic task of the CPC and the nation. City library, as one of the public cultural facilities, has been performing the duty to consolidate the foundation of the national cultural soft power, and coordinate the most basic cultural genes of the Chinese nation with contemporary culture and modern society. It is not hard to find the great efforts of city libraries, which we want to spread through the series.

12 libraries of the first batch included in "Series of China's City Libraries in the 21st Century" are the epitome of the overall scene of China's city libraries in the 21st century. From the South to the North, they are distributed in nearly 10 provinces and have strong representativeness. These 12 libraries with their own characteristics have a lot of innovations in various aspects such as management and operation, cultural activities, resource development and service. On the occasion of promoting the Belt and Road Initiative, the bilingual version will be helpful in sharing the innovations and characteristics of China's city libraries in the 21st century with the world, and spreading the excellent culture, trying to enable more people to know China's city libraries and to know China well.

Wu Weici

Sept. 20, 2017

目 录

文化传承篇

第一章　沧州历史上的文化传播　/ 19

第一节　历史上的学者　/ 22

第二节　历史上的印刷事业　/ 29

第二章　沧州历史上的藏书活动　/ 35

第一节　历史上的藏书家　/ 36

第二节　历史上的书院　/ 41

第三节　早期图书馆　/ 44

第三章　沧州图书馆纪事　/ 47

第一节　艰辛求存（1952—1981）　/ 49

第二节　基业初奠（1982—1997）　/ 51

第三节　风华绽放（1998—2009）　/ 54

第四节　转型过渡（2009—2013）　/ 64

第五节　再续辉煌（2013 年至今）　/ 68

第六节　组织体系建设与荣誉奖项　/ 69

读者服务篇

第四章 新馆崛起 / 83

第一节 一千三百个日夜建新馆 / 84

第二节 “斗”形建筑树城市地标 / 88

第三节 现代多元的建筑风格 / 108

第五章 城市图书馆服务 / 113

第一节 “沧图讲座”——百姓讲坛 / 115

第二节 数字时代——把图书馆带回家 / 118

第三节 参考咨询——资讯导航站 / 123

第四节 社团活动——以书会友 / 126

第五节 特殊人群服务——用心创意，用爱创造 / 129

第六章 四季之“阅”浸润书香 / 137

第一节 春意盎然——改变从阅读开始 / 139

第二节 生如夏花——书香伴你清凉一夏 / 142

第三节 秋叶静美——尽享城市阅读盛宴 / 145

第四节 冬日暖阳——让阅读温暖心灵 / 154

馆藏资源篇

第七章 城市图书馆公共文化服务体系建设 / 157

第一节 中心馆—总分馆建设——城乡居民同享文化权益 / 158

第二节 “共享工程”沧州市支中心——传播创新文化资源 / 161

第三节 沧州图书馆学会——沟通城市图书馆的桥梁 / 164

第八章 馆藏资源建设 / 173

第一节 馆藏简史 / 175

第二节 馆藏分类 / 178

第九章 馆藏精品 / 183

第一节 地方文献 / 184

第二节 珍贵古籍 / 194

第三节 专题文献 / 201

后 记 / 222

CONTENTS

Cultural Inheritance

Chapter 1 Cultural Communication in the History of Cangzhou / 227

Section 1 Scholars in the History of Cangzhou / 230

Section 2 Printing Industry in the History / 237

Chapter 2 Book Collecting Activities in the History of Cangzhou / 245

Section 1 Book Collectors / 246

Section 2 Academies in the History of Cangzhou / 251

Section 3 Early Library / 254

Chapter 3 Cangzhou Library Memorabilia / 257

Section 1 Struggle to Survive (1952-1981) / 259

Section 2 Initial Foundation (1982-1997) / 261

Section 3 Spur with Long Accumulation (1998-2009) / 264

Section 4 Transition (2009-2013) / 277

Section 5 On the Way (2013-Now) / 282

Section 6 Organizational Construction and Honorary Awards / 283

CONTENTS

Reader Service

Chapter 4 The Rise of the New Library / 293

Section 1 Building the New Library during 1, 300 Days and Nights / 294

Section 2 Bucket-shaped Building Set Up the Landmark of the City / 299

Section 3 Modern Multiple Styles of Architecture / 322

Chapter 5 City Library's Services / 329

Section 1 Public Lectures Held by Cangzhou Library People's Forum / 332

Section 2 The Digital Age—Bringing the Library Home / 335

Section 3 Reference Service—Information Navigation Station / 341

Section 4 Social Activities—Making Friends over Books / 345

Section 5 Service For Special People—Serving Whole-heartedly with Love / 348

Chapter 6 Read over Four Seasons / 359

Section 1 Energy of Spring—Changing from Reading / 361

Section 2 Coolness of Summer—Let Books Accompany You During Summer / 364

Section 3 Beauty of Autumn—Enjoy the City Reading Feast / 367

CONTENTS

Section 4 Warmth of Winter—Reading Makes Heart Warm / 377

Chapter 7 The Public Culture Service System of Cangzhou Library / 381

Section 1 Construction of Central Library and Central & Branch Library — Urban and Rural Residents Share Equal Cultural Rights / 382

Section 2 "Sharing Project" Center in Cangzhou—Spreading Innovative Cultural Resources / 385

Section 3 Library Society of Cangzhou—Bridge of the City Libraries / 388

Collection Resources

Chapter 8 Constrction of Collection Resources / 399

Section 1 The History of Library Collection / 401

Section 2 The Classification of Library Collection / 404

Chapter 9 Boutique of Collection / 409

Section 1 Local Literature / 410

Section 2 Ancient Books / 419

Section 3 Special Subject Literature / 427

Postscript / 446

文化传承篇

GERBES
CHINOISES
河北
献县
SIENHSIEN
10.34

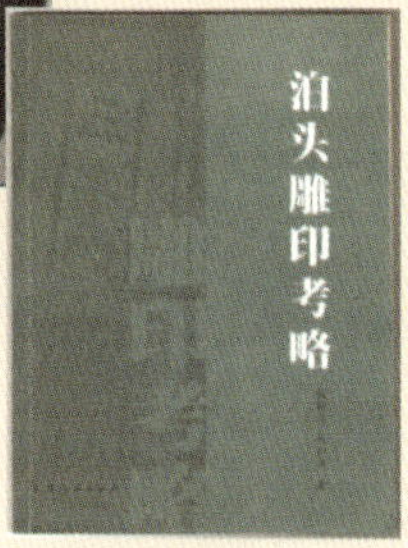
泊头雕印考略

01

第一章

沧州历史上的文化传播

沧州，东临渤海，西望太行，北靠京津，南观齐鲁，京杭大运河蜿蜒流经于此，是长期以来的水陆交通要道。沧州吸收了南北文化传统，是运河沿岸重要的文化交汇点和商品物资集散地。

受历史等多种因素影响，千百年来，沧州形成了包括《诗经》文化、武术文化、杂技文化、运河文化在内的诸多文化。沧州百姓淳朴善良、勤劳睿智，在这片古老的土地上耕作繁衍，守护着流传千年的诗书文化传统。

今天的沧州，在上古时期属于幽州和兖州，西周时期属于青州，春秋战国时期曾是燕、齐、晋、赵等国属地。秦朝时期先后归上谷、巨鹿等郡属。汉高帝五年（公元前202年），置勃海郡，郡治在浮阳县，属于幽州。

东汉时期，郡治迁到南皮，以浮阳为属县，西晋沿袭。南北朝时期属于北魏的瀛州和冀州，北魏孝明帝熙平二年（517年）设立沧州，辖浮阳、乐陵、安德三郡，这是“沧州”成为专属地名的开端，距今已近1500年。

隋朝开皇初年，浮阳郡被废除，在后周时期所设长芦县境置漳河郡，不久也被撤销。开皇十六年（596年），又分置景州；开皇十八年（598年），改浮阳县为清池。大业初年，沧州、景州均被废除，又设置勃海郡、河间郡。唐代武德元年（618年），恢复设置沧州，州治在清池。

天宝元年（742 年）改称景城郡。乾元元年（758 年），复称沧州，属于河北道。兴元三年，设置横海军节度使。五代后梁乾化三年（911 年），改称顺化军；后唐复称横海军。宋代称沧州景城郡、横海军节度，属于河北东路。金代仍称沧州，元代属河间路。明代属于北直隶河间府，州治迁长芦镇（今市区运河东岸）。清代属直隶河间府，部分县属天津府。民国初期属直隶省渤海道、津海道，1928 年废道府制，改属河北省。

第一节

历史上的学者

著名历史学家陈寅恪在《唐代政治史述论稿》中对河北地区的历史文化概况有过如下描述："夫河北之地，东汉、曹魏、西晋时固为文化甚高区域，虽经胡族之乱，然北魏至隋，其地之汉化仍未见甚衰减之相。"参照史书相关记载，可知这个描述是符合历史事实的。就沧州地区来说，汉代以来涌现出不少对传统文化的继承发扬做出重要贡献的学者，略举如下。

一、汉代诗学传承人——毛亨、毛苌

毛亨、毛苌，生卒年不详。关于他们的生平事迹，文献记载存在不小的差异，比如《汉书·艺文志》著录有《毛诗》（二十九卷）、《毛诗故训传》（三十卷），然而却只称"毛公"，没有标注具体名字。《汉书·儒林传》的记载比较明确，说毛公是赵地人，研究《诗经》，是河间献王的博士。

《后汉书·儒林传》记载"赵人毛长传诗，是为《毛诗》"，出现了名字，但"长"字字形略有差异。郑玄《诗谱》中说鲁人大毛公为《诗经》作训故，在家族中流传，河间献王得而献之，就以小毛公为博士。陆玑《毛诗草木虫鱼疏》记载："孔子删诗授卜商，商为之序以授鲁人曾申，申授魏人李克，克授鲁人孟仲子，仲子授根牟子，根牟子授赵人荀卿，荀卿授鲁人毛亨，毛亨作《故训传》以授赵国毛苌，时人谓亨为大毛公，苌为小毛公。"

对于以上记载，四库全书馆的学者在《四库全书总目提要》里进行了细致的考证，最终采信了郑玄、陆玑的意见，确定《毛诗故训传》作者为毛亨。在河间献王身边的诸多儒士中，毛苌专门研究《诗经》，后来被立为献王的博士。除毛苌以外，当时传诗的还有齐、鲁、韩三家。《毛诗》在当时没能被立于学官，直到汉平帝元始五年《毛诗》才置博士，立于学官。魏晋之后，齐、鲁、韩三家都渐渐衰微，以致失传，唯有《毛诗》世代传承下来。历代著名学者如东汉郑众、贾逵等都传《毛诗》，马融为《毛诗》作注，郑玄给《毛诗》作笺，毛诗研究堪称显学，正是因为他们的代代接力，才使得后世学子能够吸收并发扬《诗经》所承载的文化基因。

据嘉庆年间编纂的《大清一统志》记载，河间保留着不少有关毛公的历史遗迹。例如在河间县北三十里，有一处号称毛精垒的毛苌故宅。在县西北二十里，有诗经村，相传是毛公设教传经的地方。还有毛苌墓，在河间县尊福乡，据说就是前面所说的毛精垒。还有毛公祠，据说是元代至正年间河间路总管王思诚因为当地有毛公故宅墓地，向朝廷奏请在此设立书院，后来书院毁于火灾。明正德年间御史卢雍把它重建为毛公祠。清乾隆二十三年（1758 年）又进行了重新修缮，作为学者研修学问的场所；乾隆二十七年（1762 年），乾隆皇帝南巡时曾驻跸河间，并留下诗作数篇。

献县毛公墓

二、历经北朝隋唐的经学家——刘炫

刘炫（约546—613），字光伯，河间景城（今沧县崔尔庄镇景城村）人。刘炫少年时以聪敏见称，博闻强记，还能“左画方，右画圆，口诵，目数，耳听”五件事情同时进行而没有差失。刘炫跟信都（今冀县）昌亭人刘焯是结拜的兄弟。刘焯也是当时著名的经学家，他和刘炫曾一起向同郡刘轨思学《毛诗》，向广平人郭懋当学《左传》，向阜城人熊安生学《礼》，但都没学到最后就离开了。因闻武强交津桥刘智海家藏书丰富，他们就到其家闭门读书，前后历经十年，即使衣食不继也泰然处之。

此后刘炫受到刺史赏识，引为从事，以干练著称。后参与编修国史，不久又入值门下省，担任顾问，又参与天文律历等事务的考订，颇受赏识，遗憾的是遍值三省也没得到官职，因此向吏部上书自陈。在给吏部尚书的自荐信里他写到：“《周礼》《礼记》《毛诗》《尚书》《公羊》[①]《左传》《孝经》《论语》孔、郑、王、何、服、杜等注，凡十三家，虽义有精粗，并堪讲授。《周易》《仪礼》《榖梁》，用功差少；史子文集，嘉言美事，咸诵于心；天文律历，穷核微妙，至于公私文翰，未尝假手。”此后担任殿内将军。

当时，秘书监牛弘奏请购求逸书。刘炫伪造书籍一百多卷，题名为《连山易》《鲁史记》送给官府取赏，经人揭发后被免职还乡，以教授为生。后来又参与修订《五礼》。隋炀帝即位，牛弘引荐他修订律令。后来经人举荐，担任太学博士，后因品行卑劣去职，回到河间。当时群盗蜂起，战祸绵延，教学无法进行。他和家人相距百里，音问断绝，最终死于战乱。

《北史·儒林传》记载，隋炀帝时期“旧儒多已凋亡，惟信都刘士元（焯）、河间刘光伯拔萃出类，学通南北，博极今古，后生钻仰。所制诸经义疏，搢绅咸宗之”。

刘炫对《毛诗》《孝经》等儒家经典的研究传承有巨大贡献。北魏饶阳人刘献之精通《毛诗》，其弟子刘轨思说《诗》甚精。刘炫和刘焯就跟从刘轨思学《诗》。刘炫著有《毛诗述义》（三十卷）、《注诗序》（一卷）。唐朝孔颖达作《五经正义》，其中的《毛诗正义》即以刘炫的《毛诗述义》和刘焯的《毛诗义疏》为基础。

《孝经》一书，因遭遇秦始皇焚书，为河间人颜芝所藏。汉初，颜芝的儿子颜贞把它

---

① 指《春秋公羊传》。

贡献出来，共十八章，而长孙氏、博士江翁、少府后苍、谏议大夫翼奉、安昌侯张禹等都以研究这种《孝经》知名。另有古文《孝经》，与古文《尚书》同时出现，篇目略有出入，合并为二十二章，孔安国给它作了传。刘向典校经籍的时候，以颜本比较古文，最终以十八章为定本，郑众、马融都给它作注。梁代，孔安国及郑氏二家，并立国学，后来孔安国的版本，亡佚于梁代战乱。陈及周、齐，唯传郑氏。到隋朝，秘书监王劭在京师访得孔传，送给了刘炫。刘炫叙述它流传的经过，讲论它的义理，在世间传授，渐渐为朝廷所知，后来才得以与郑氏并立。

刘炫治《春秋》，曾作《春秋攻昧》（十二卷）、《春秋规过》（三卷）、《春秋述议》（三十七卷）、《春秋左传杜预序集解》（一卷）、《春秋左氏传述义》（四十卷），另有《尚书述义》（二十卷）、《毛诗谱》（二卷）（与太叔合著）、《古文孝经述义》（五卷）、《论语述义》（十卷）、《五经正名》（十二卷）、《孝经述义》（五卷）、《论语章句》（二十卷）。

刘炫死后，门人尊他为宣德先生。据《太平寰宇记》记载，在沧州发现刘炫的弟子立的文儒先生刘炫碑。乾隆《献县志》记载："刘炫墓在献县东八十里景城南。"

三、唐代地理学家——贾耽

贾耽（730—805），字敦诗，沧州南皮人，唐代地理学家兼地图学家。天宝年间明经科及第。他经历了肃宗、代宗、德宗三朝，担任过太原少尹、礼部郎中、汾州刺史、鸿胪卿、右仆射同中书下平章事等职位，被封为魏国公。贾耽一生好学，晚年读书益勤，尤其倾心于地理学研究，任鸿胪卿期间，每当见到各国的使臣和出使外国的使节，都会向他们询问当地的风土人情，因此对当时地理情况非常了解，以"明九域山川之要，究五方风俗之宜"而蜚声于世。

他研治地理有两个特点：一是由于当时吐蕃强盛，占据陇西地区，对唐朝构成巨大威胁，因此他特别重视边远地区的地理和域外地理；二是特别重视绘制地图。他沿用裴秀的"制图六体"绘成《关中、陇右及山南九州等图》，并用近20年时间在801年完成《海内华夷图》（原图已佚）和《古今郡国县道四夷述》（四十卷）。《海内华夷图》是继裴秀《禹贡地域图》之后的划时代作品。据记载，此图宽三丈，长三丈三尺，图幅面积比裴秀的地形方丈图要大出十倍，以一寸折成百里（相当于1:1500000）。所包含内容上溯《尚书·禹贡》，下及当时，范围包括中国和国外几百个国家。史书记载，有人曾拿着他绘制的地图向外国人核实情况，结果都得到了验证，足见贾耽所绘地图的质量。著名学者王国维评价他说："魏公地理之学为有唐一代之冠"，他的著作"皆地理之瑰宝也"。此外他还撰有《皇华四达记》（十卷）、《关中陇右山南九州别录》（六卷）、《吐蕃黄河录》（四卷）、《贞元十道录》（四卷），可惜多数没能流传到今天。

四、晚清名臣——张之洞

张之洞（1837—1909），字孝达，号香涛，晚年自号抱冰老人，直隶南皮人。同治二年（1863年）中进士，历任翰林院编修、教习、侍读、侍讲及内阁学士等职。

光绪七年（1881年），张之洞担任山西巡抚，此后大力从事洋务活动，成为后期洋务派的主要代表人物，所倡导的"中学为体，西学为用"对后世影响深远，成为一个有丰富内涵的政治命题、文化命题、现代化命题。1884年春，中法战争前夕，张之洞担任两广总督。在广东筹建官办新式企业，设立枪弹厂、铁厂、枪炮厂、铸钱厂、机器织布局、矿务局等，以新式装备和操法练兵，设立水师学堂。1889年，调湖广总督。此后18年间，除两度暂署两江总督外，一直久于此任。他将在广东向外国订购的机器移设湖北，建立湖北铁路局、湖北枪炮厂、湖北纺织官局（包括织布、纺纱、缫丝、制麻四局），并开办大冶铁矿、内河船运和电信事业，力促兴筑芦汉、粤汉、川汉等铁路。为培养洋务人才，尤注重广办学校，在鄂苏两地设武备、农工商、铁路、方言、普通教育、师范等类新式学堂，并多次派遣学生赴日、英、法、德等国留学。

张之洞作为学者因《书目答问》一书而广受赞誉，对文史学界产生了深远影响。清代乾嘉时期，在学者群体中渐渐形成了重视版本目录学的风气，并且影响到近现代的学术走向。相关的学术门类如目录学、辑佚学、校勘学、辨伪学等成为一代显学。以"辨章学术，考镜源流"为追求的目录学传统，在这种背景下得到了有力的弘扬。与以《四库总目》为代表的国家公藏图书总目和大批方志类书目、私藏书目不同，在光绪元年（1875年），以指导读书人治学门径为宗旨的导读类书目《书目答问》引发了始料不及的反响。

《书目答问》是同治十三年（1874年）张之洞就任四川学政时，为回答"诸生好学者来问应读何书，书以何本为善"问题而编。全书共五卷，收书2200余种，为《四库全书》所收的占7/10，《四库全书》未收之书3/10。所收图书都经过精心选择，具有较高的学术水平和史料价值，其中清后期的学术著作和科技图书较多。全书按经、史、子、集、丛书五部排列，设丛书部是因为它“经史子集皆有，势难隶于四部”。每一部书下，著录书名、作者姓名（当世作者只记“今人”）、版本等，版本以当世习见为主，不追求宋元版本。重要图书还撰有按语，指明阅读方法和需要注意之点，对初学者很有帮助。书后附《别录》与《清朝著述诸家姓名略》，且《别录》中“附录一些初学读本”与总目配合使用，由浅入深。《清朝著述诸家姓名略》仅列举清代著名学者的姓名籍贯，但从中可窥见清代学术流别，充分反映了他所处的“当代”学术史的基本风貌，具有总结清代学术研究成果的意义。

此书初刻于光绪二年（1876 年），曾多次翻刻重印，是继《四库全书总目提要》之后出现的一部最有影响的目录。李元度说，当时的读书人家中几乎家置一编。历史学家陈垣以《书目答问》为“读书门径”，晚年回忆说，自己之所以对四书五经之外的学问产生兴趣，就是得力于《书目答问》的指导。1923 年，胡适应清华学校学生之请开列《实在的最低限度的书目》，其中《书目答问》列在首位。

张之洞之后，王秉恩、江人度、叶德辉等人都做了一些订正工作。光绪五年（1879 年）王秉恩的校刊本（贵阳本）对原书做了较大的改动。最重要的补订工作是 1933 年出版的范希曾的《〈书目答问〉补正》（五卷），纠正了原书作者姓名方面的一些错误，补记了 1874 年以后各书补刊的版本以及原书未著录的作者、卷数等，并增收书 1200 余种，其中除了原书当收而漏收的外，绝大部分是 1876 年—1930 年整理和研究中国古籍的新本、新著和考古、文物新发现。

张之洞

1901 年，清王朝宣布实行新政，设督办政务处，命张之洞为湖广总督兼参预政务大臣。1903 年，会同管理学务大臣商办学务，仿照日本学制拟定癸卯学制（即 1903 年经修改重颁的《奏定学堂章程》），在全国首创近代教育体制。张之洞还在 1904 年 8 月创办了湖北省图书馆，它集中了当时武昌各书院的藏书 4 万多册，还有从上海、日本购买的各种新书，在武昌兰陵街博文书院的基础上改建而成，今天已发展成为全国一流的图书馆。

张之洞于宣统元年（1909 年）病故，谥文襄，遗著辑为《张文襄公全集》。

五、当代学者——孙楷第

孙楷第（1898—1986），字子书，河北沧县王寺镇（今属南皮县）人。中国古典文学研究家。直隶第二中学第一届毕业生，于1922年考进北京高等师范（今北京师范大学）国文系，1928年毕业后留校任教。1931年任北平图书馆编辑，兼任几所大学的中文系讲师，并着手对中国古典小说戏曲的研究。抗日战争期间留居北平，弃职闲居。抗战胜利后，任北京大学、燕京大学教授。1953年，任北京大学文学研究所（后历属中国科学院、中国社会科学院）研究员，长期从事古典文学研究直至逝世。

孙楷第早年治学承接清代乾嘉学派传统，潜心研读《广韵》《集韵》、段玉裁《说文解字注》、王念孙《广雅疏证》《读书杂志》、王引之《经义述闻》等著作，从中学会了校勘古书的理论和方法，在杨树达先生指导下著有《王先慎韩非子集解补正》《刘子新论校释》《读庄子淮南子札记》等。孙楷第在北平图书馆任职期间接触了大量的典籍，把研究重心转移到版本目录学，并循着这个途径在小说史、戏剧史领域取得了丰硕成果。中国通俗小说一直没有专门书目。他在1932年撰写《日本东京所见小说书目提要》（六卷），《大连图书馆所见小说书目提要》（一卷）；1933年撰写《中国通俗小说书目》（十卷），对通俗小说版本做了详细系统的调查，为中国通俗小说的版本目录学奠定了基础。戏曲史研究方面的主要著作有《戏曲小说书录题解》《元曲家考略》《也是园古今杂剧考》《傀儡戏考原》等，细致清理了明清戏曲文献，钩沉索隐，对元曲家生平及相关杂剧进行细致考证，为学界所推重。他的研究还涉及敦煌学、史学等领域，著作结集为《沧州集》《沧州后集》等。

第二节

历史上的印刷事业

雕版印刷术的发明极大地推动了文化的发展繁荣，在世界文明史上具有极其重要的意义。雕版印刷技术发展过程中，起过关键作用的人物就是五代时期的冯道，他是把雕版印刷技术应用到经典书籍上的第一人，对中华文明乃至世界文明的传播推广做出的贡献无可估量。

雕版印刷技术得到推广以后，主要刻书中心分布在南方，北方地区略显逊色。及至近代，西方印刷技术传进中国，传统雕版印刷逐渐衰微，大运河沿岸的北方小镇泊镇却依然努力坚守着雕版印刷传统。与此同时，献县天主教堂也应用先进技术出版了很多令人赞叹的书籍。某种意义上说，雕版印刷技术的开端、收尾和转型都与沧州有着不可忽视的联系。

一、冯道首倡官刻儒家经籍

冯道（882—954），字可道，自号长乐老。五代瀛州景城（今河北沧县西）人。中国古代大规模官刻儒家经籍的创始人。他出身耕读之家，在后唐、后晋时担任宰相，契丹灭后晋，他在契丹担任太傅，后汉时任太师，后周时又担任太师、中书令。曾著有《长乐老自叙》。后世对他历事五姓多有非议。

冯道生活在晚唐五代时期的河北藩镇，这一时期的节度使几乎都呈现出好文的倾向。幽燕地区的文化积淀也最为深厚丰富，除了诗书传统的不绝如缕，当地也始终是整个唐帝国佛教文化的兴盛之地。即便处于割据状态达数十年之久，幽州依然是河北地区文人的主要产地，所谓“幽蓟多文士”。如 9 世纪后期的定州人张建章，《册府元龟》记载他“尤好经史，聚书至万卷，所居有书楼。但以披阅清净为事，经涉之地，无不理焉”，从他家里的藏书楼可见当时好文风气的浓厚。值得注意的是其墓志记载的名衔属于武职，于此可见幽州地方官僚中文武界限的淡薄。晚唐政治形势的变化为河北地方文士造就了进入核心文化的契机和更为广阔的政治活动舞台，促使有抱负的文士大量外流，冯道的生涯就是在这一背景下展开的，并成为晚唐主流文化的一个代表性人物。

从汉代开始，儒家经典就是历代王朝进行政治统治和道德教化的主要理论来源。为了保证儒家经典在传承过程中的纯粹性，防止人们在传抄过程中进行篡改、歪曲，早在东汉末年，经蔡邕建议组织儒生对《易》《诗》《尚书》《春秋公羊传》《仪礼》《论语》等六部经典进行校正，并由蔡邕亲自撰写，于汉灵帝熹平四年（175 年）刊刻在石碑上，立于洛阳太学门外，作为经书的标准文本供儒生抄写校对。这一做法后来历代王朝多有效法，如三国魏齐王时所立《正始石经》、唐文宗时所立《开成石经》等。唐代后期，雕版印刷术已经在民间悄然流行，这启发了冯道等利用雕版印刷儒家经典的想法。

于是后唐长兴三年（932 年），在冯道倡议下，经奏准开始编印标准文本“九经”，他是促成这个项目开启的关键性人物之一，从负责人的推选到具体工作的安排都有他的贡献。项目确定由尚书屯田员外郎田敏等人任详勘官，李谔、郭嵠、朱延熙等以端楷书写，依照唐代所刻开成石经为底本，并详加校勘。同时雇刻印工匠，开刻于国子监。至后周广顺三年（953 年），历时 22 年，刻印成《易》《书》《诗》《春秋左氏传》《春秋公羊传》《春秋穀梁传》《周礼》《礼记》等 9 种儒家经典。同时刻印的还有唐代张参撰《五经文字》和玄度撰《九经字样》等工具书。因刻印工作由国子监主持，故史称五代监本九经，首创官方及国子监刻印书籍。当时印本流传很广，对宋代印书的发展有较大影响。伴随这一过程的是冯道和田敏的仕宦生涯的顺利延续，就连对五代史事少有称许的《资治通鉴》，也给予“虽乱世，九经流布甚广”的评价。

由此可见，在五代这样一个动荡的时代，这样的文化项目却能有条不紊地持续，如果没有冯道和田敏这样深受儒家影响的文臣巩固地位，后果是难以想象的。而这种延续性在相当程度上也是晚唐五代清流文化所带来的结果，冯道的影响是在晚唐五代的清流文化中加重了儒学的色彩。

二、泊头雕版印刷

泊头位于京杭大运河畔，交通便利，商业发达，民国《南皮县志》卷二《舆地志上·

区乡》记载："泊镇僻在西偏，非一乡适中之地，而必以此为中心点者，以本县居运河流域，泊镇实当其冲。运河南通江湖，北达津京，川产广产之运输，海货洋货之兴贩，东西两岸殷实商号不下千余家，轮舶辐辏，阛阓填盈，实为津南一大商埠，而且遇有灾荒，运河南山东以及关外之粮，并可以资接济，故断以此地为第二乡之中心点焉。"清中期以后，雕版印刷业也逐渐发展起来。

泊镇是泊头镇的简称，在清道光年间就有雕版印刷的书籍，到了民国时期，出版印刷堂号达到十几家。著名的善成堂还在这里设了分号。各家所印书籍，除传统四部典籍外，易、卜、星、相、医以及纸牌、神像、庄票、家谱、经卷、买卖杂字等应有尽有。目前各堂号印刷品都有实物流传，仅聚元堂所印书籍就有 50 多种，而且还有铜版木活字本。

清道光三年（1823 年），泊镇同元堂刻印出版《试贴青云集注释》四册四卷，此为泊镇所印现存最早的线装古籍。道光二十一年（1841 年），周家刻字铺曾印《慈幼新年》200 本，此书为交河县进士原任广西平乐县知县苏元符出资印刷，书前版记为："板存交河县泊镇周家刻字铺，刷印装订白毛边纸，每部京钱二百文。"周家书铺历代相传一百多年，到咸丰年间，有了自己的堂号——聚元堂。聚元堂刻有《精选杂字》《四体千字文》《左传易读》《奎壁诗经》等买卖用书和启蒙读物上百种，到宣统元年（1909 年）该堂还印刷出版了《万事联珠》活字本。在聚元堂之前，泊镇的堂号还有三元堂、裕元堂等堂号。同治年间，全国著名的书坊之一善成堂在泊镇设立分号，可见泊镇当时在北方雕印的规模和地位。同治年后，泊镇又相继设立了树德堂、聚仁堂、聚文堂、树信文局等，使泊镇形成了一个雕版印刷业群体。

泊头雕印兴旺发达的原因如下。

一是历史文化发达的延续。泊头文化历史悠久，早在汉代，河间献王刘德"修学好古，实事求是"，他广收文化典籍，提倡儒学。四面八方的儒生，纷纷前来献书，藏书数量几乎等于朝廷。他专门修建了日华宫，广招天下饱学之士校勘、整理收购来的书籍，使一度失传的先秦典籍得以流传后世，形成了河间儒学中心。日华宫的旧址，很可能就在今天的泊头市富镇严家铺。五代时期，冯道"依石经文字刻九经印板"，是中国古代大规模官刻儒家经籍的创始人，其创举对后世及周边地区文化传承影响深远。明代嘉靖年间，当地人冯时雍在泊头大运河南七里口兴建董子书院，不久，河间知府项乔又在镇上兴建明伦书院，为当地培养大批学子，使这块土地文风盛行，促进了雕版印刷业的发展。

二是雕印技术的传承。中国历史上官方印书的创始人冯道，组织大规模刻印儒家经籍，政府“敕令国子监集博士儒徒，将西京经石本各以所业本经广为抄写，仔细看读，雇召能雕字匠人，各部随帙刻印板，广颁天下，如诸色人要写经书，并请依所印刻本，不得更使杂本交错”。众多典籍被“雕为印板，流布天下”，推动了雕版印刷技术的传承和发展。

三是优越的地理位置。民国《交河志料》卷一《水运》：“运河一水，尚收舟楫之利。其河经县东境，界于交河、南皮之间，船艘密布，多如过江之鲫，南通鲁豫，北抵津沽，泊头据其要冲，称为巨镇。商贾运输，虽较火车迟慢，顾运货低廉，故亦多乐用之。”雕印技术很自然地在这个交通重镇落地生根。

四是商业贸易的繁荣。便利的交通条件促进泊镇商业繁荣发展。民国《南皮县志》卷一《舆地志》说：“昔日江淮米粟皆藉运河以输北方，而南北文化之沟通亦多赖此。自海运兴，而此河之功用失，自津浦平汉路成，而此河之功用尤失。然沿河土壤率多肥沃，农民颇得灌溉之利，且运输便利，尤易发达商业。就泊镇一处论之，两岸商贾云集，为东西数百里所未有，皆此河之功也。”清朝中期，泊镇就有私营工业作坊160余家，境内外商人借运河之便，开设粮局、商行、会馆，全国各地的商品汇聚一处。民国初期，“两岸殷实，商号不下千余家”。

泊头雕印考略书影

五是原材料的优势。雕刻印书所用木板，多为梨枣之木，而泊头是著名的梨枣之乡。从汉代种植以来，千百年来无论种植面积之大，还是梨枣品种之多，都属国内之首。据民国《交河县志料》记载：“交河梨枣出产最多，而梨尤为本县之特产，总额在百万斤以上。全县各村几乎无林不有梨行矣……故交河梨驰名遐迩。”雕印材料最上乘者为梨木、枣木，交河全县几乎村村都有梨行，原料丰实，随手可得，又不讲成本，所以使雕印业很方便地发展起来。

三、献县胜世堂的刻书事业

基督教会历来重视文字出版事业，这对中国的社会发展、科技进步、思想变迁、语言文学等方面产生过积极的影响，是近代中西文化交流的缩影。

河北献县胜世堂，又称献县天主堂印书馆、张庄总堂印书馆、献县印书房，是近代天主教在华的主要出版机构之一，它成立于清同治十三年（1874 年），1944 年停业。其间印刷出版了大量中西文化典籍，包括基督教神学书籍、汉语学习的字典和教材、汉籍译本以及报纸期刊等。

献县胜世堂印书馆印刷出版的基督教神学典籍既包括通俗易懂的普及读物，如葛利农的《圣母忠仆》、柯德烈的《耶稣真教》等，也包括精深的教义，如戴遂良的《大众教义》、刘赖孟多的《默想全书》等，还编撰有樊国梁的《燕京开教史》、萧司铎的《天主教传行中国考》等。

语言是传教士布道的重要工具，早期传教士对编辑汉语学习字典和教材投入了很大精力。献县胜世堂印书馆出版的此类书籍中就包括法国汉学家顾赛芬（1835—1919）编撰的《中文古文词典》《官话：北京官话》《汉法字典》《汉文拉丁文字典》和戴遂良（1856—1933）编写的汉语学习教材，如《口语汉语课本》《汉语初阶》《文言文的写作技巧和语言结构》等。

此外，胜世堂印书馆还积极翻译出版《论语》《孟子》《大学》《中庸》等中国典籍，使西方人更多地了解中国文化。这些印刷品多具有较高学术水平，因此在中外宗教界、学术界享有盛誉。据统计，印书馆存有 1941 年前出版的各类图书共 211223 册，很多书籍至今广为流传。

献县胜世堂印刷法文书

GERBES
CHINOISES
SIENHSIEN

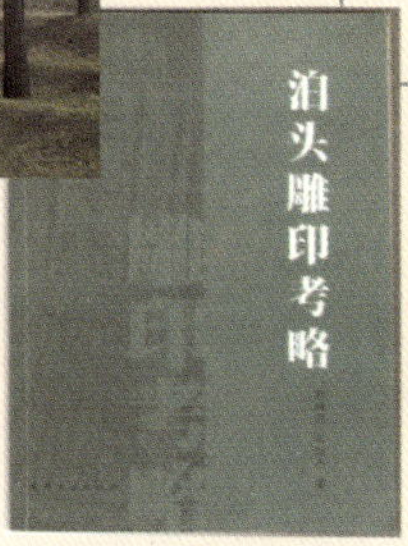
泊头雕印考略

02

第二章

沧州历史上的藏书活动

第一节

历史上的藏书家

书籍是文化的载体，人类智慧的结晶，也是我们回顾历史、穿越时空的工具以及反观自己、认识当下的镜子。历史文化因书籍而传承，书籍的传承则离不开一代又一代藏书人的呵护与坚守。在沧州这片土地上，包括河间献王、刘炫、邢邵、纪晓岚等在内的历代藏书人为诗书传统的维系、文脉的流传做出了不懈的努力。

一、西汉河间献王——刘德

刘德（公元前171—公元前130），汉景帝刘启之子，汉武帝刘彻之兄，他于景帝前元二年（公元前155年）立为河间王，都乐城（今河北献县河城街），逝后谥号为献，史称河间献王，是西汉时期著名的儒学家、藏书家。《汉书》本传说他“修学好古，实事求是”，为儒学的复兴奠定了坚实基础。

秦统一六国以后，为巩固统治，朝廷不断加强对典籍文献的控制，在全面搜罗六国文献充实官府藏书的同时，也着力清理民间藏书，使得除医药、卜筮和种植方面的书之外的大量典籍遭到焚毁，民间私学也受到极大打击，这是先秦典籍和儒学发展遭遇的重大灾难。尽管如此，依然有少数儒生冒险收藏典籍文献，使相当数量的先秦文献在民间得到保存和传承。

西汉初年，百废待兴，政府施行与民休息、无为而治的政策，解除挟书禁令，通过各种渠道收集民间藏书，开禁私学，积极创办官学。这一系列促进文化复兴的举措都为先秦典籍的复出创造了良好的氛围。

汉武帝即位，采纳董仲舒的倡议，“罢黜百家，独尊儒术”，给儒学的发展创造了契机。在这样的背景下，刘德用毕生精力收集整理先代典籍，进行深入研究。刘德收集图书的方式有其独到之处，比如从民间得到的好书，他一定会给献书人抄一份副本，留下真本。从这个细节我们可以看出，刘德在当时已经有了注重版本的意识，这在当时是很难得的。他抄录副本送还的举措也被后代模仿，影响深远。此外他还赐予献书人金帛作为回报，以招揽更多的献书人，这个办法效果明显，也被后世模仿。于是，四面八方的儒生学者都不远千里，把先辈祖传的旧书带给献王，他的藏书规模也因此赶上了朝廷。

刘德喜好儒学，对儒家典籍有很深的造诣，从《汉书》本传所列书目来看，他所得书均为古文先秦旧书，如《周官》《尚书》《仪礼》《礼记》《孟子》等都是儒家经典和孔门弟子的著作，只有《老子》是道家经典，说明刘德藏书的重心在儒家经典，且具有兼收并蓄的特点。此外，我们今天作为国学入门经典之一的《孝经》也是河间人颜芝在秦始皇焚书之际珍藏起来，后来献给河间王的。

相对于官府藏书的封闭隐秘，刘德充分利用自己的藏书来推动学术的传播和发展，以求经世致用，显得开放而富有活力。他研习六经，立《毛氏诗》《左氏春秋》博士。“修礼乐，被服儒术，造次必于儒者”，太行山以东的儒者，纷纷前来，追随左右，刘德与他们共同整理研究古籍文献，形成了河间儒学中心。据《西京杂记》记载，他礼贤下士，专门修筑了日华宫，有客馆二十余区以待学士，为他们研习经典提供良好的环境。从一定程度上说，献王这种有限度开放藏书供人利用的行为已经具备了图书馆服务形式的雏形。

汉武帝时期，刘德曾数次进京朝拜，元光五年（公元前 130 年）有一次他给汉武帝进献雅乐，所上对策“推道术而言，得事之中，文约指明”，展示出良好的儒学修养。刘德的一生，不论是研究儒学，还是征集文献典籍，都贯穿着实事求是的精神。这种求真务实的精神对后世产生了深远的影响，特别是清代乾嘉学派的众多学者，都将其作为治学读书的宗旨加以继承和发扬，影响着后来一代又一代的学者。这种求真务实的精神也一直作为中华文化的基本因子世代传承，它的内涵得到了不断的丰富和发展，也作为我们当代核心价值观的重要组成部分，引领我们前行。

河间儒学中心对儒家文化传承及河间国文化积淀产生重大影响。著名学者毛苌所传《毛诗故训传》，经过历代学者的传承提倡，日益兴盛，最终超越齐、鲁、韩三家诗而流传至今。值得一提的是，今天河间还有诗经村，据说就是毛公曾经传诗的地方。另有君子馆

献王墓

村，《金史·地理志》记载，河间县有君子馆，今郡城西北三十里尚存遗址。县志说是汉代毛公设教处，邑人因此在这里建毛公祠。相邻的村子，即以诗经为名，毛公既为河间献王博士，君子馆应当就是刘德所筑。清道光年间这里曾出土刻有“君子”二字的汉砖。刘德严谨朴实的学术传统也影响了一代代学者，比如隋代刘炫、唐代贾耽、清代纪晓岚、现代孙楷第等。

今献县城东有献王陵墓。据《大清一统志》记载，墓旁有河间献王庙，明嘉靖十三年（1537 年）修建，清乾隆十二年（1747 年）重修。

二、北朝才子——邢邵

邢邵（496—561），字子才，河间鄚（今河北任丘北）人，北朝魏齐时期著名文学家，后以字行。历官骠骑将军、西兖州刺史、中书令、国子监祭酒等。他博闻强记，十岁能属文，雅有才思，少游洛阳，曾因为下雨，用五天时间读完一部《汉书》，略能遍记之。擅长骈文，文章典丽，写得又好又快，还不到二十岁，就名动衣冠士族。与温子升并称为“温邢”，又与魏收并称为“邢魏”。邢邵家藏有很多书籍，却不怎么做校勘，看到别人校书，就笑着说：“何愚之甚，天下书至死读不可遍，焉能始复校此。且误书思之，更是一适。”据《北齐书·樊逊传》记载，国家组织整理藏书时，樊逊推荐的知名藏书家就包括太常卿邢子才、太子少傅魏收等人，向他们借书参校讹误。邢邵有文集三十卷，明代人张溥辑有《邢特进集》。《北史》（卷四十三）评价他说“少有盛名，鼓动京洛，文宗学府，独秀当年，举必任真，情无饰智，疏通简易，罕见其人，足为一代之模楷也”。

三、清代学者——纪昀

纪昀（1724—1805），字晓岚，一字春帆，晚号石云，直隶献县崔尔庄（今属沧县）人。乾隆十九年（1754 年）进士，历任侍读学士。乾隆三十三年（1768 年），两淮盐运使卢见曾因亏帑获罪，廷议拟籍没家产，昀为卢见曾姻家（纪昀之女嫁给卢见曾之孙），私下遣人报信，因此被发配迪化（今乌鲁木齐），乾隆三十五年（1770 年）释还，历官左都御史，兵部、礼部尚书，协办大学士，卒谥文达。

纪昀学宗汉儒，博览群书，工诗和骈文，长于考据。任官五十余年，以学问文章名重朝野，正值清代学术鼎盛时期，鸿才硕学齐聚京师，很多学者跟他来往密切。纪昀胸怀坦荡，性好诙谐，家富藏书，阅微草堂知名于世，在纂修《四库全书》期间，他个人进献四库馆的书籍达到了 105 种，是北方献书最多的人。

纪昀一生中最重要的学术活动和文化事业就是主持编纂了《四库全书》。在四库全书馆的众多职位中，总纂官总揽全局，撮举大纲，全面负责全书的编纂审核事宜，发挥着斟酌综合的主导作用，是极为重要的角色。他还主持编撰了《四库全书总目》，将四库所收之书，一一为之提要说明，介绍作者生平，叙述书籍内容，考辨篇章文字，评论长短得失。在陆锡熊等人的协助下，纪昀对纂修官们起草的每一篇提要都细加考证修订，连各篇提要的行文也字斟句酌地加以润饰，四库提要集中反映了一代精英学者的学识和水平。

在修订编纂提要稿的同时，纪昀等人还继承中国古典目录学“辨章学术，考镜源流”的传统，在经史子集四部之首各冠以总序，叙述其源流正变，以提挈纲领，并于其下所分四十四类之首也各冠以小序，详述归类分合的原委。通过这些系统的部类小序，纪昀等学者对中国传统学术做了全面的总结和评判，同时也对图书类目的分合变化做了历史性的考辨和说明，集中反映了 18 世纪对书籍渊源发展及内容要点的认识，对学者把握传统学术的源流变化，了解图书典籍的分合存佚有相当重要的益处。《四库全书总目》对后世影响深远，可与西汉刘向《别录》相并列，成为中国目录学史上的一座丰碑。嘉道以后，被天下读书人奉为读书指南，学海津梁。可以说，在《四库全书总目》的编纂过程中，纪昀发挥了他人无可替代的作用，几乎为此耗费了一生的学识和精力，后人因此评价说，纪昀“一生精力粹于《提要》一书”，这样的评价无疑是平允切实的。

此外纪昀还主持参与了文渊阁、文源阁和文津阁《四库全书》的复校及全书后续补遗工作。

纪昀画像

纪昀晚年所著《阅微草堂笔记》取法六朝笔记小说而有所发展变化，内容博杂，较多涉及世态，而不局限于志怪，虽盛谈因果报应、宣扬古代伦理道德，不无迂腐之处，但仍不失为意味隽永、颇具特色的作品，被誉为是与蒲松龄《聊斋志异》异曲同工的两大绝调。纪昀先后参与编纂的书籍还有《热河志》《历代职官表》《河源纪略》《八旗通志》《大清会典》《清三通》《清高宗实录》等。其他著述有《沈氏四声考》《史通削繁》《纪文达公遗集》等。

四、民间藏书

沧州历史上也不乏一些民间藏书人，比如民国修《沧县志》卷八《文献志·人物·孝义》载："马龙图，字瑞符，附生。家有余资，藏书最富，州牧郭鲁堂额其堂曰'读书处'"。文献记载虽嫌简略，但从字里行间，仍可以想见这处让沧州知州题字的藏书室的规模。再有，康雍时期沧州学者张延绪先生，字雪耳，又字铉耳，号安斋。他家藏书处名为"拥万楼"。清代王国均《国朝沧州诗钞》卷四载："（左方泰）先生幼颖异，甫十岁，六经成诵。后就张安斋先生读书拥万楼下，潜心理学经济之书，每有所得，怡然自乐。"拥万楼的藏书规模可见一斑。

第二节

历史上的书院

书院之名始见于唐代，发展于宋代。起初，书院为民办的学馆，由富室、学者自行筹款，于山林僻静之处修建学舍，或置学田收租，以充经费。后来由朝廷赐敕额、书籍，并委派教官、调拨田亩和经费等，书院逐步变为半民半官性质的地方教育机构，对文化的传承推广起着举足轻重的作用。元代，河北地区书院的发展呈现繁荣局面，最显著的特征是书院官学化。明代以后，书院的发展渐渐衰落，直到清末诏令将全国书院改制为新式学堂，书院逐渐退出历史舞台。宋代有著名“四大书院”，它们是江西庐山白鹿洞书院、湖南长沙岳麓书院、河南商丘应天书院、河南登封嵩阳书院。明代著名书院有位于无锡的东林书院。清代，北方保定的莲池书院闻名一时，南方由张之洞创建的广雅书院、两湖书院也都负有盛名。

沧州的书院教育起源于元代中期，民办的长芦中和书院、官办的河间毛公书院是这一时期书院的代表。明代中期，沧州的书院空前繁荣，各种书院总计有 12 所之多。其中以沧州的天门书院、任丘的珍谟书院影响最大。清代，沧州各地的书院更是多至 18 所，遍及每一个县，影响较大的是民办的沧曲书舍，而渤海书院（今沧州市实验小学前身）则历经 200 余年依旧保留着教育职能。此外，吴桥的澜阳书院、献县的万春书院、任丘的桂岩书院也都很有影响。

一、中和书院

关于中和书院，据元代王旭在所著《兰轩集》卷九《中和书院记》记载，长芦高伯川，既以余财助修文庙两庑而成之，又感燕山窦禹钧之事，叹而言曰：“兴书院，养寒士，此盛德事也。北方三百余年已来，继窦氏之躅者，何其寥寥耶？余陋，虽规模不及彼，而窃有希贤之志焉。”于是买地于所居东北积水之上，虽近阛阓，而幽寂闲旷，可为士子肄业讲习之所。乃营为二区，其东，正堂三间，东序如之，以为讲师之居；其西，书楼上下各三间，高明宏深，盛夏无暑气。

由此可见，中和书院不仅是环境舒适的研修场所，也是具有一定规模的藏书机构。

文中提到的“燕山窦禹钧之事”，见于北宋范仲淹《范谏议录》，说是范阳窦禹钧曾“于宅南构一书院，四十间，聚书数千卷，礼文行之儒，延置师席。凡四方孤寒之士，贫无供须者，公咸为出之，无问识不识，有志于学者，听其自至。故其子见闻益博，凡四方之士，由公之门登贵显者前后接踵”（《范文正别集》卷四）。

高伯川效仿窦禹钧的精神在《兰轩集》中被一再提及。其中卷九的《赠中和书院主人高伯川》中有一首诗说：“华屋中藏万卷书，更将殊礼聘师儒。方当世教陵夷际，用意如君更有无。”

参照上文所述中和书院的规模，我们可以想象在书院浓厚的修学风气中，莘莘学子刻苦钻研的情景。

二、毛公书院

关于毛公书院，明代李时撰有《毛公书院精垒记》，清代梁志恪也有《毛公书院记》传世，均对毛苌传承《诗经》及书院的发展变迁做了细致的描述。

毛公书院位于今河间市境内。元代至正年间（1341—1368），河间路总管王思诚为了纪念汉儒毛苌传承《诗经》的功绩，奏请创设毛公书院，地址就设在河间县城北尊福乡崇德里毛精垒，即毛苌墓前，并聘请山长负责书院的教学活动。元末，书院毁于战火，仅剩“汉博士毛苌公讲经处”石碑一座、石狮一对及“毛公书院”匾额一方。

由于毛公书院的设立与毛公传播《诗经》的创举有关，本身包含着深厚悠久的文化底蕴，它的意义已经远远超过了作为教学机构的书院本身。因此，后世文人学者对它无不致以景仰之情，明清以来，以修文教化为己任的地方官员都会进行不同程度的修缮。见于文献记载的有：

明正德十年（1515 年）御史卢雍巡察至河间，询问毛公遗址，并嘱托河间知府陆栋重修毛公祠，万历四十六年（1618 年）知县吕下问又加以修缮，并亲自刻石纪念。

清乾隆二十三年（1758 年），知县吴山凤又增修书院，延师教授。

这些记载向我们揭示了毛公书院作为传统文化时代传承的精神缩影，值得我们纪念和发扬。

三、珍谟书院

珍谟书院由明代李时兴建。李时（1471 — 1538），字宗易，号序庵，河北任丘鄚州人，明嘉靖吏部尚书。嘉靖十三年（1534 年），李时奉命回籍探望，了解民情，做了几件有益于地方的事。其中一件就是修建“珍谟书院”和“珍谟亭”，用来收藏嘉靖皇帝历年赐给他的书信和墨宝。他还上书皇帝，请求为亭、院赐名。珍谟书院于嘉靖十三年（1534 年）八月动工修建，十四年（1535 年）九月落成，院址在城西北角的“书院街”，占地 20 余亩。珍谟书院不仅为任丘培养了众多人才，也是当时任丘的著名景观。珍谟书院中所藏嘉靖皇帝信札及所书诗词文章等，保存了第一手的历史文献，弥足珍贵（见万历《任丘志》卷三，李时《珍谟亭记》），一定程度上来说与今天的“特藏文献”类似。

四、沧曲书舍

沧曲书舍，据乾隆八年（1743 年）《沧州志》记载，位于南关运河南岸，距城区一里左右，原来是沧州绅士张延绪的别墅，有堂屋数间。雍正三年（1725 年）成立，张延绪延请河间左方焘、州人李之崋相继讲学其中，许多学子来此研修。雍正丙午、己酉两科，中式学子达到十五人，时称极盛。

五、澜阳书院

据光绪《吴桥县志》记载，吴桥澜阳书院有藏书十二厨。邑绅王氏原有石刻二十块，系明末东阁大学士范景文与礼部尚书董其昌及米万钟等名人遗迹，古色斑驳，洵为至宝，后也归澜阳书院。咸丰元年（1851 年）举人季调元为书院告成，特意写了《澜阳书院告成》三十二韵长诗，称赞澜阳书院对文化传播的重要意义，诗中有一句是“金绳玉检集缥缃”，可见书院藏书之丰富。

第三节

早期图书馆

劳乃宣自定《年谱》记载，他在光绪十七年（1891年）到任吴桥知县，并在次年筹资购书一万余卷，藏在文庙尊经阁，以供当地百姓随时借阅，藏书规模相当可观，已经无异于一个图书馆。而且他还仿照莲池书院的办学方式教育学生，使之读书做笔记呈阅，并且刻了曾国藩《劝学篇》和莲池书院学规以作示范，颇有成效。

民国19年（1930年），沧县张继在县城内设立图书馆以纪念其父张化臣，并刊发征书启事向社会募集图书，联合署名的有马衡、傅增湘、刘复、刘春霖、高步瀛、柯劭忞、贾恩绂、钱玄同、陈垣、沈兼士、杨树达、余嘉锡、孙楷第等学者。

民国时期，沧州地区成立了一些普及文化知识的机构，如民众讲演所、民众阅报所、图书馆等。民国《沧县志》卷六《经制志·教育》记载：民国20年（1931年）成立了图书馆。另外，《交河县志料》记载：民国时期曾设立通俗图书馆。可见当时文化教育事业的良好发展趋势。

为中华之崛起而读书

03

第三章

沧州图书馆纪事

沧州图书馆是沧州市唯一的市级公共图书馆，1956 年建馆至今，已走过半个多世纪的历程。几十年来，沧州图书馆在历史变迁和风雨洗礼中不断发展壮大，藏书量由最初的 2918 册增加到 90 万册件，馆舍面积由 150 平方米增加到 31714 平方米。市图书馆不断创新服务和管理方式，从文献服务到信息服务，从阵地服务到延伸服务，从制度管理到人本管理，逐步实现了从封闭到开放、从被动服务到主动服务的转变。

第一节

艰辛求存（1952—1981）

沧州市区在历史上和沧县几经分合，整体多次演变，文化与教育部门也随之几经分合变化。沧州图书馆前身是沧镇文化馆图书组。1952 年沧镇文化馆图书组成立，由当时的沧镇文教科管辖。1956 年沧县图书馆成立，旧址在晓市街文庙后院大殿（现文庙大成殿），建筑面积 150 平方米。设有书库、阅览室、借书处三个部分。馆长陆千里，工作人员 3 名，藏书 2918 册，报刊 10 种。开馆之前，沧县文化科派人赴省会参加业务培训，回来后着手操办筹建事宜。县里拨经费 4000 元修缮了房屋，1400 元购置了办公用具和首批图书，包括理论书籍、文学和社会科学读物等。1957 年县里又拨经费 1000 元用以购买图书，这样馆内藏书达 7000 册，报刊 40 种，沧县图书馆初具规模。

1956 年沧县图书馆（现文庙大成殿）

图书馆东侧是阅览室，西侧是书库，由工作人员分工负责。馆内制定了严格的规章制度，图书登记采取分类编号的方式，划分 10 类，册册有卡片，墙壁上登载着图书名称。借阅者先查看书目，再“对号取书”，是当时全省通行的借阅方式。读者多为沧县干部和城区的职工。图书馆天天开放，凭单位介绍信办借书证，凭证取书，借阅不收费。之后县里每年拨款 1200 元的活动经费给图书馆，并配备了自行车 1 辆。

1958 年，沧县划归天津专区。根据河北省图书馆工作会议精神，图书馆要为普及科学文化知识服务，采编图书开始提高通俗读物的比例。至年底，通俗读物已占藏书总量的 50% 。1959 初，沧县成为天津市郊，上级拨款 5 万元用于图书馆建设，购置图书 4 万余册、椅子 100 张、大阅览桌 16 张、书桌 30 张，图书馆文献藏量与业务建设得到了初步发展。图书馆为辅导农村俱乐部，使用“流动图书箱”为农民送书。书箱长 90 厘米，宽 20 厘米，高 28 厘米，容纳 50 ~ 80 册图书。农村俱乐部工作人员用自行车载着书箱往返借还。

1961 年，经国务院批准复建沧州市，沧州市恢复市建制，原沧县图书馆改名为沧州图书馆。馆长黄明堂，工作人员 7 名，藏书 6 万册，报刊 40 多种。至此，沧州图书馆正式诞生。

1966 年“文革”开始，文化系统遭到重创，图书馆亦不能幸免于难。沧州图书馆许多书刊资料遭到破坏，各项工作基本处于停滞状态。

1971 年，沧州图书馆更名为沧州市毛泽东思想文化宣传站，重新接待读者。1975 年毛泽东思想文化宣传站撤销，恢复沧州图书馆，工作人员 13 名，藏书 74115 册。1979 年，沧州图书馆再现生机，开始筹建新馆。

第二节

基业初奠（1982—1997）

1982 年位于沧州市西环中街 134 号的沧州图书馆新馆开馆。馆舍面积 2170 平方米，藏书 98159 册，全馆工作人员 16 名，馆长先后为刘文华、王兰桂、马春志。图书馆设有采编室、社会科学外借处、自然科学外借处、少年儿童借书处，成人阅览室等 5 个科室，各项工作稳步开展。

位于沧州市西环中街 134 号的沧州图书馆新馆

1984 年，馆员增加到 18 名，藏书 10 万册，报刊 420 种，设有采编室、外借处、阅览室、少儿室、资料室等 5 个科室，1987 年建立信息辅导部；1988 年增设外文借阅处；1985 年起外借处实行开架借阅，简化办证手续，实行敞开办证，办退自由；1986 年制定了办证细则，增设了残疾人预约借书服务项目。

在专业技能与社会培训方面，1985 年举办了图书业务培训班，讲授了《中图法》的使用以及图书分类和编目，40 多个单位的 50 多名学员参加；成立职工业余学校，举办了初高中复习班、英语大专班和文艺培训班；1986 年开设了自学读书室；1988 年举办了英语、财会、美术、初高中复习等内容的社会培训班 14 个。

图书馆书架

图书馆培训

这个时期还创办了内部刊物，如 1987 年创办《城乡信息》《图书馆简讯》《参考文摘》3 个内部刊物。

1989 年，沧州图书馆职工增加到 26 人，其中大专生 4 人、中专生 9 人。馆藏达到 108000册，其中中文书籍 2150 种，包含外文书籍 2900 册《四库全书》1 套，另有期刊 427 种，报纸 73 种。设备有木质书架 200 个，铁质书架 50 个，折叠书架 18 个，大小方桌、方凳、座椅近 700 张。

1994 年，配合省评估组完成第一次公共图书馆评估定级工作，沧州图书馆被评为国家三级图书馆。1996 年，在职工作人员 18 人，藏书 16 万册，报刊 300 种，设置办公室、采编部、辅导部、阅览部、流通部、资料室等 6 个部室。

沧州图书馆在 1982—1997 年举办了多项阅读推广活动。分别为“中小学生有奖读书”活动、少儿“阶梯杯”知识竞赛、“我与图书馆”读者书评会、迎“六一”诗歌朗诵会、红领巾读书活动汇报会、读者读书成果报告会、中学生作品演讲会、青少年智力竞赛表彰会、有奖读书竞赛、家庭藏书读书竞赛、元宵灯谜会等活动，共计约 9 万人次参加，1995 年读者协会文学分会、英语分会成立，定期举办阅读推广活动。

图书馆工作场景

红领巾读书活动汇报会

沧州图书馆依托丰富的馆藏，利用阅览、外借、解答咨询、复制、办班等手段，广泛地传播科学文化知识，成为沧州市重要的文化教育机构。

第三节

风华绽放（1998—2009）

1998 年 8 月，以宋兆凯为馆长的新一届领导班子组成，确立了沧州图书馆今后的工作方向和重点，即坚持以邓小平理论为指导，坚持社会效益第一，读者至上的原则，强化硬件，硬化软件，内强素质，外树形象，充分发挥图书馆在传播知识、传递信息、开发智力、培养人才等方面的独特优势，促进沧州经济发展和社会全面进步。

1998 年 10 月以来，沧州图书馆实施了以“建设优美环境，入藏优秀文献，提供优质服务，开展优良读者活动”为内容的“四优”工程，自筹和申请政府补助资金约 407 万元，改善办馆条件，完善服务功能，大力推广全民阅读活动，连年获得市级文明单位以及国家、省、市级多项嘉奖，受到广大读者的欢迎和社会各界的好评，图书馆的社会影响力得到迅速提升。

一、改善馆容馆貌，推进分馆建设

1998 年以来，沧州图书馆筹集资金，强化硬件建设，改善馆容馆貌，开通信息开发中心、地方文献等窗口，并积极创办馆外服务点，推进分馆建设，提升沧州图书馆服务水平；筹集资金 80 万元，整修图书馆院内环境，安装霓虹灯标志，粉刷墙面，改造取暖设施，更换铝合金门窗，增加阅览设备，更换办公设施；充分利用空间，在原有成人阅览室、少儿阅览室、社会科学图书外借处、自然科学图书外借处、文学图书外借处的基础上，开辟了信息开发中心、地方文献、工具书阅览室、老干部阅览室、电子阅览室等多个服务窗口。

2000 年 5 月，沧州图书馆对自然科学、社会科学、文学图书外借处三个窗口和特藏室进行装修，并重新更换了铁质书架，配备了各种标牌；6 月自筹资金投资 110 万元，完成

703 平方米的图书馆综合楼建设与图书馆东大厅的扩建和装修工程并投入使用；同时，争取市长专项经费 27 万元，用于图书馆现代化建设和少儿图书报刊补充。

图书馆内景

多媒体阅览室

2001 年 5 月，投资 60 万元建成的多媒体阅览室正式向读者开放，拥有工作机 28 台，可为读者提供电脑培训、多媒体教学、上网浏览信息、查询资料、阅览图书、欣赏音乐和影视作品、远程访问、下载资料等服务；6 月，沧州图书馆自筹资金 80 万元完成少儿阅览室的整修改造工作，开辟少儿书报阅览室、少儿图书外借室，实行阅览分开，面积由原来的 90 平方米增加到 210 平方米，配置了崭新的书报刊架和阅览桌椅，开辟了科技角、手工制作角，使之成为青少年的第二课堂。

2002 年，按照全市拆墙透绿工作要求，将图书馆迎宾路（御河路）16 间临街门市拆除并投资 7 万余元，完成铁制围栏安制、楼外房屋整修、地面硬化绿化及整楼亮化，使馆舍和庭院浑然一体，图书馆的环境又有了一个新的改观；5 月，多媒体阅览室整合后重新开放，为图书馆提供上网、计算机培训、图书馆信息查询、多媒体教学和影片音乐欣赏等服务，建成热门书屋，开设读者服务中心；6 月，在空军驻沧部队建立图书服务点，开展图书文献借阅服务。

2002 年向文化部、财政部申请馆舍改造资金 20 万元；2003 年争取省财政支持 10 万元，市政府馆舍改造专项资金 10 万元，用于迎接 2004 年县以上公共图书馆评估定级工作，围绕评估重点抓好基础业务工作和办公环境建设，在院内建平房 11 间，共 220 平方米，用于办公与业务服务。

2004 年 5 月，筹措资金 10 余万元进行了电力增容、电路更新改造，采用铜质线材，明

整修后的图书馆外观

线铺设，分区控制，实现了总控与分区分层分类别控制相结合，保证了全馆用电安全；同时更新配备了一批灭火器，修订了安全防火管理制度和责任状，确保了馆内安全防火工作达到上级有关部门的要求，在此基础上对馆内的网线、电话线重新铺设，使网络与通话更安全，线路更规范。

2004 年 8 月沧州图书馆在对业务工作、馆舍环境大力建设的基础上，迎来文化部第三次评估定级活动。依照文化部下发的评估标准，河北省文化厅评估组对市图书馆的办馆条件、基础业务建设、读者服务工作、业务研究辅导和馆际协作协调、内部管理等六个方面逐项进行了认真的检查，实地考察参观了在沧南监狱开设的 3 个图书室，抽查了任丘市图书馆、黄骅市图书馆两个县级图书馆。当年沧州图书馆被文化部评定为国家二级图书馆。

2005 年，沧州图书馆先后注册成立了沧州市通达物业服务中心、天合书店、素质教育培训学校，开展经营活动。2006 年市政府提供 20 万元经费用于图书馆电路、水路和馆舍改造维修。

2007 年，经图书馆努力争取，财政确定当年购书经费及共享工程专项经费为 20 万元。10 月，在图书馆院内建设会议室（多功能室），整合参考咨询部的地方文献库、工具书库、古籍书库、参考咨询室、古籍阅览、地方文献及专题文献阅览集中到三楼，整修幼儿园北房和主机房，整修院内地面。在改善图书馆馆舍条件的同时，积极筹备新馆建设。

在改善馆内软硬件条件的同时，沧州图书馆还积极创办馆外服务点、推进分馆建设。2004 年创建了沧南监狱育新图书室、盐山县孟店乡常金村图书室、育红小学和聋哑学校馆外服务点，与吴桥县图书馆筹备创办杂技文献阅览室，使沧州图书馆的服务功能得到进一步延伸。

2006 年 11 月 3 日，沧州市首家社区图书馆嵘园社区分馆正式成立。嵘园社区分馆馆舍面积300平方米，藏书2万余册，报刊100余种，阅览座位50个，总投资20万元。开设图书外借、报刊阅览和文化信息资源共享阅览室三个服务窗口，面向社区居民开展借阅查询、知识讲座与培训、电影与戏曲欣赏等服务项目，并举办各类读书活动。同时开放的文化信息资源共享工程阅览室还可以通过卫星接收到中国教育电视台、“空中课堂”“电大在线”等三套节目以及国家共享工程中心发布的文化信息资源，接收河北省共享工程中心传送的有关文化动态、世界遗产、名家名作、大众科技等音频、视频资料及优秀的影片和知识讲座。

图书馆阅览室进一步改善

二、自动化技术逐步发展

沧州图书馆于1998年安装ILAS图书馆自动化集成系统，完成书目数据库建设工作，编目、流通实现了计算机管理，进入了一个崭新的新技术时代。2001年7月沧州图书馆顺利完成了自动化集成管理ILAS系列升级工作，使图书馆业务工作全部实现计算机管理。2004年9月投入两台高配置计算机及相关设备，完成少儿借阅自动化升级工作，由原来的ILAS 1.0版数据库转换升级到2.0版，使少儿借阅工作更科学、规范、快捷。

三、完善规章制度，促进人事改革

1998年以来，沧州图书馆在完善规章制度，促进人事改革方面不断创新。1999年馆领导班子研究制定了本馆工作人员守则、文明服务公约、服务范围、读者服务承诺、职工考勤制度等规章制度及岗位目标责任制方案。

2007年1月修订图书馆工作人员守则、请销假及休假管理制度和财务管理制度，使内部管理更加科学完善。同年开展馆内各部门档案专项建设与管理工作，制定《图书馆档案管理规定》，确定各部室归档内容范围和责任人、明确档案管理人员责任及工作任务，使档案管理工作走上科学规范化管理的轨道。

1999 年 5 月，在全馆工作人员中实施聘任制。研究制定了聘任方案、明确各部室工作目标任务、编制；先由馆长聘任部室主任，再以主任与馆员双向选择的方式确定各部室成员，聘期为一年。

2001 年 3 月，沧州图书馆按市人事局、市文化局的要求在馆内进行事业单位人事制度改革试点工作，在全馆实行了“六制”改革（即馆长、主任负责制，馆员聘用制，岗位目标责任制，工作督察制，一馆两制，岗位津贴制）。2002 年，开展事业单位人事制度改革试点工作，实行聘任制，双向选择竞争上岗，签订聘用合同，奖金分配首次拉开档次。2005 年，进一步深化人事制度改革，在参照省图书馆方案和广泛征求馆内干部职工意见基础上，制定了改革方案细则、岗位设置方案、考核督查办法、聘用合同书、分配办法，经全体职工讨论修改后，报人事局审查通过，为日后具体实施奠定了坚实基础。2006 年 6 月按市人事局要求，与每位职工签订了为期两年制式聘任合同，并到人事局备案。至此，试点多年的全员聘任制改革开始正式步入正轨。

四、业务培训与学习深造

2001 年 7 月，沧州图书馆组织干部职工分两批到长春、哈尔滨、沈阳、大连图书馆和辽宁省图书馆参观学习先进的办馆理念、产业开发、信息开发的新路子，有力促进了本馆各项工作的开展。2002 年组织馆员参加计算机网络化、数字图书馆和礼仪服务培训班，参观湖南省图书馆学习先进办馆理念。

五、组织参加“三下乡”活动

沧州图书馆曾多次组织参加“三下乡”活动。2000 年 5 月 17 日，沧州图书馆、泊头市图书馆联合组织送科技图书下乡服务队，来到泊头市寺门村镇，把农业种植、结构调整方面的科技图书 600 余册、科技信息 20 余种 600 余份，送到农民手中，并邀请沧州市农业科学院研究员苗春生教授为农民讲授了棉花栽培管理技术和苹果病虫防治技术。

沧州图书馆、泊头市图书馆组织农业科技知识下乡活动

沧州图书馆帮扶黄骅市乡镇图书馆

2004 年，沧州图书馆捐赠 6 个书架、2000 余册图书，整修 3 间房，建成盐山县常金村图书室。2005 年 1 月，沧州图书馆和黄骅市图书馆联合组成送科技信息、科技图书信息下乡服务队去到黄骅市滕庄子乡，现场向农民发放农业科技图书和地方文献 600 余册，致富信息 1000 余份、宣传资料 500 余份。

送科技信息科技图书下乡服务活动现场

2007 年 1 月 31 日，沧州图书馆到沧县大褚村参加全市三下乡活动，赠送新书 300 余册，发放农业科技信息 1000 余份；2 月 14 日，与群艺馆一同到黄骅羊三木开展三下乡活动，送去农业科技图书和期刊 500 余册；11 月 9 日，沧州图书馆、黄骅市文体局和图书馆有关负责工作人员，走进黄骅市羊三木乡，将 100 余册十七大学习材料和 600 余册优秀图书送到农民手中，并利用文化共享工程举办了《培养健康的生活方式》《果树的栽培技术》和《种子的真伪辨别》讲座。

六、文献资源建设

馆藏文献资源是一个图书馆赖以存在的物质基础，沧州图书馆在原有基础上不断进行馆藏建设，至 2000 年，藏书达到 20 万册。

1999 年，沧州市委、沧州市人民政府办公室联合发布《关于做好征集地方文献工作的通知》，确定了沧州图书馆承担本市征集和保存地方文献的具体工作，规定凡属沧州市行政区范围内各单位或个人著述、编写、编辑、整理、印刷出版的，反映本地区政治、经济、历史、地理、文化、教育、人物、风土民俗等各方面内容的图书、画册、报刊、音像制品、光盘等资料（不含保密性文献资料），印刷单位均须每种直接送至或寄至沧州图书馆地方文献征集办公室 3 份。征集地方文献工作，应列入各部门、各单位的日常工作范围，不能中断。

2002 年，沧州市委、沧州市人民政府办公室联合发布《关于开展向市图书馆捐赠图书文献活动的通知》，规定各部门、单位、个人可直接到市图书馆联系捐赠，捐赠范围包括普通图书、电子出版物、音像制品、地方文献等，图书馆为捐款、捐书数量较大的单位和个人建立捐赠专架、设立纪念墙，所有捐赠者均颁发捐赠证书。

2003 年 7 月，由沧州图书馆牵头，召开了沧州市区图书馆文献采购协调合作专题会议，沧州图书馆、河北工专图书馆、沧州师专图书馆、河北医科大学沧州分校图书馆、沧州职业技术学院图书馆、市委党校图书馆等七个图书馆（室）的负责人集中讨论了文献采购协调合作有关事宜，签订了《沧州市区图书馆文献采购协调合作协议书》。

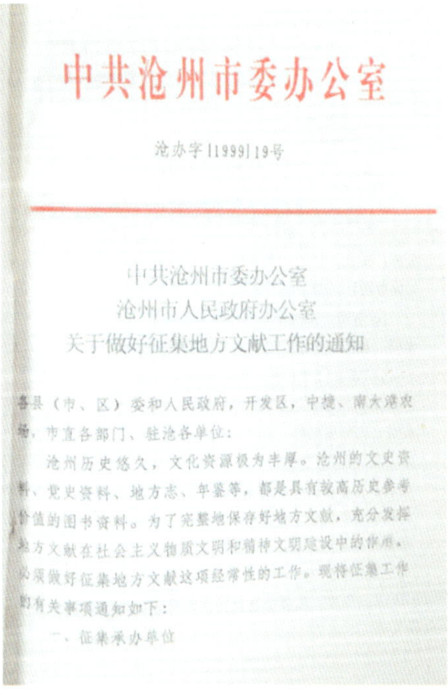

中共沧州市委办公室

沧办字[1999]19号

中共沧州市委办公室
沧州市人民政府办公室
关于做好征集地方文献工作的通知

各县（市、区）委和人民政府，开发区，中捷、南大港农场，市直各部门、驻沧各单位：

沧州历史悠久，文化资源极为丰厚。沧州的文史资料、党史资料、地方志、年鉴等，都是具有较高历史参考价值的图书资料。为了完整地保存好地方文献，充分发挥地方文献在社会主义物质文明和精神文明建设中的作用，必须做好征集地方文献这项经常性的工作。现将征集工作的有关事项通知如下：

一、征集承办单位

征集地方文献工作通知

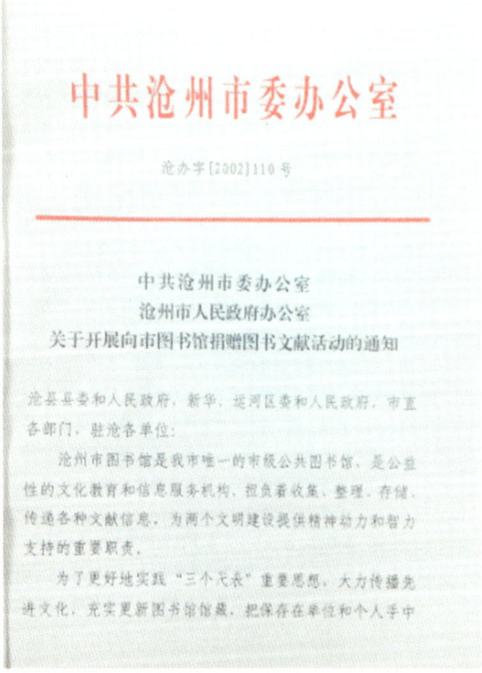

中共沧州市委办公室

沧办字[2002]110号

中共沧州市委办公室
沧州市人民政府办公室
关于开展向市图书馆捐赠图书文献活动的通知

沧县县委和人民政府，新华、运河区委和人民政府，市直各部门，驻沧各单位：

沧州市图书馆是我市唯一的市级公共图书馆，是公益性的文化教育和信息服务机构，担负着收集、整理、存储、传递各种文献信息，为两个文明建设提供精神动力和智力支持的重要职责。

为了更好地实践“三个代表”重要思想，大力传播先进文化，充实更新图书馆馆藏，把保存在单位和个人手中

捐赠图书通知

2004 年 11 月，沧州图书馆对馆藏 6000 多册古籍图书进行分类、著录，并在图书馆网站上以照片和摘要形式介绍了《佩文韵府》等重要文献。

2007 年，沧州图书馆把大运河文献征集保护利用工作作为一项重要工作来抓：一是利用各种载体宣传大运河文明及申遗工作；二是在馆内设大运河专题文献专架，面向全社会征集大运河文献进行整理研究，为读者提供参考咨询服务；三是在图书馆学会《狮城图书馆》刊物中设立大运河研究专栏；四是积极与运河沿岸城市进行大运河文献交流，实现资源共享，为大运河申遗和传承大运河文化、繁荣和发展沧州的经济与文化做贡献。

2007 年，沧州图书馆对地方文献资料分门别类进行整理，并设立了大运河文献、杂技文献、武术文献三个专题文献专架。征集并加工整理出的专题文献有《大运河》《杂技》《武术》《非物质文化遗产》《青沧战役》《家谱》《纪晓岚》《铁狮子》等。这些专题文献资料包括图书、图片、散页剪报资料、复印资料及部室工作人员整理成册的专题资料等。为了方便读者查阅，在专架上设立了专题架标，编制了专题文献（出处）目录，详细揭示了每个专题中每篇文章的出处、图书名称、页码、文献类型、索书号等内容，大大方便了读者查阅。

七、阅读推广活动

2000 年 4 月 9 日，沧州图书馆面向读者正式推出星期日公益讲座。2000 年 12 月，举办沧州市首届读书节，此后，沧州市读书节作为一项重点活动在 2003、2006 年举行两届，成为市民的文化盛会。

围绕全国“图书馆服务宣传周”的主题，结合沧州本地实际，沧州图书馆在 2000 年 5 月开展了以“传播科学知识、宣传科学思想、倡导科学方法、弘扬科学精神”为主题的图书馆服务宣传周活动。活动期间，举办了科普知识展览、《我们只有一个地球》科普知识讲座、编印科普知识专题信息、阵地宣传咨询、特价科普图书展销等多项宣传活动。

沧州市首届读书节宣传页

2001 年，沧州图书馆举办了以“倡导全民读书、实施知识工程”为主题的“全民读书月”活动，共举办活动 12 项 20 多场次，包括现代诗歌朗诵大赛、沧州名人论坛公益讲座、读书有奖征文、少儿书法绘画大赛及获奖作品展、少儿读书演讲比赛、送科技图书信息下乡、夕阳红读书会成立一周年总结报告会等活动，参加活动的读者达 3.6 万人次。

服务宣传周

2004 年，沧州图书馆配合省“燕赵少年读书系列活动”发起“狮城少年读书系列活动”，吸引了全市中小学生广泛参与，社会效益显著。

2006 年“世界读书日”，沧州图书馆为狮城广大读者推出了系列读书活动，免证阅览吸引了众多读书爱好者，并举办了视频公益讲座、趣味读书有奖竞答、优秀图书展销活动等，此后，每逢世界读书日，图书馆精心部署，活动形式不断创新。

为丰富狮城市民的节日文化生活，春节、元旦、“五一”“十一”等节假日期间，坚持开馆并推出多种服务措施，如推出优惠办证、磨损费减半、赠送纪念卡活动、公益讲座、联欢会等。每年的元宵节有奖猜谜活动，吸引众多谜语爱好者的参与。

第四节

转型过渡（2009—2013）

2009 年年底，沧州图书馆馆舍列入沧州市许官屯城中村改造项目，图书馆搬迁至位于文化艺术中心的临时馆继续为读者服务。经过周密部署和精心筹备，沧州图书馆搬迁工作于 2009 年 12 月全面展开。2009 年 12 月 1 日起，在完成设备、文献和办公家具的清点工作的同时，图书馆暂时仅开放报纸期刊阅览室，周六日开放少儿借阅部，其他读者窗口暂时停止借阅，投入全部力量做好馆舍搬迁前期整理工作。

当时沧州图书馆拥有各类文献 20 余万册（件），加上大量的阅览桌椅、铁制书架和期刊架、电脑、网络等服务设备，要在不到一个月的时间内完成搬迁，其难度可想而知。面对艰巨的任务，沧州图书馆科学调度，全体馆员团结一心，连续奋战 20 天，完成了 12 万册普通中外文图书、3 万多册期刊合订本、1 万余册报纸合订本、6000 余册地方文献、5000 余册珍贵古籍、2000 多件视听文献的打包装箱、转库以及 1200 多组书架的拆装、800 多套阅览桌椅和 200 余件办公设备的搬运，同时完成了临时馆舍的装修、网络布线、电脑和服务器以及共享工程卫星接收器及其他相关设备的移位，提前 11 天完成了搬迁任务。在搬迁过程中没有丢失一册文献、没有损伤一页书刊、没有损坏一台设备，保质保量、安全稳妥地完成了全部任务。

图书馆馆员进行馆舍搬迁

2010 年 1 月 22 日，位于文化艺术中心的沧州图书馆在临时馆舍开馆，继续为全市读者提供图书外借、报刊阅览、电子阅览、地方文献阅览、政府公开信息查询等服务。此次开馆，市图书馆上架新书2000余册，报刊由原来的670种增至760多种。

沧州图书馆临时馆

临时馆阅览区

2011年4月23日，沧州图书馆以“世界读书日”为契机，面向社会公众全方位免费开放。报刊阅览大厅、普通图书借阅处、少儿图书借阅处、地方文献阅览室、盲文阅览区等公共空间设施场地免费开放；报刊图书借阅、检索与咨询、数字资源浏览下载等基本文化服务项目免费提供；为保障基本职能实现的一些辅助性服务如办证、注册、存包、饮水等全部免费。读者可凭身份证等有效证件进入这些区域读书学习，无须办理读者证。同时取消了办证工本费、注册费和图书逾期租金等收费项目。

免费开放后的四个月，沧州图书馆接待读者人数直线上升，读者到馆率、办证率、文献借阅率均创历史新高。据不完全统计，从2011年4月23日到8月26日，共办理各类读者证2027个，比上一年同期增长356.99%；外借文献达16399册次，比上一年同期增长330.53%。

为了缓解读者激增带来的压力，实现最大程度的免费开放，沧州图书馆不断完善网络服务功能，更换安装了新的管理软件INTERLIB，首次实现网上预约、网上续借、电子邮件催还和网上荐购等服务功能。读者可通过沧图网站进行馆藏书目查询、浏览新书通报、自行预约图书、办理续借手续等操作，并向图书馆推荐订购图书、期刊和文献等。馆方可通过读者提供的电子邮件对超期图书进行催还。

业务培训方面，2012 年，沧州图书馆新进在编人员 14 名，为了提高新馆员和业务骨干的业务素养，同年 12 月，沧州图书馆学会和市图书馆共同举办了图书馆新馆员及业务骨干培训班，特邀河北大学图书馆学系 4 位教授，系统讲授了“图书馆学概论与信息资源建设”“用户服务与社会阅读”“信息组织与描述”和“信息检索”四门课程。2013 年 3 月，为了筹备新馆开馆，学习大型公共图书馆先进的管理理念和业务建设经验，沧州图书馆组织部室主任和新馆员一行 22 人，赴北京首都图书馆、东城区图书馆、潘家园社区图书馆和天津图书馆参观学习，着重从办馆理念、管理体制、基础业务建设、读者服务、总分馆建设等几方面，与当地图书馆同人进行了学习交流。

2012 年馆员培训

读者活动方面，并没有因为临时馆舍面积小等困难而有所停滞，反而越来越精彩。2010 年，燕赵少年读书系列活动之“领悟经典”名家进校园活动为期一个月，在沧州市第十五中学、第八中学、第七中学等 7 所学校巡回推出 7 场讲座，参加讲座的学生超过 3500 人次；“少年新闻学院”杯沧州市中华成语大赛，来自泊头、黄骅、孟村、南皮及市区的 7 支代表队 42 名小学生参加了比赛；“亲近经典——狮城少年中华传统名篇诵读汇演”在沧州市青少年中广泛掀起了诵读经典名篇的热潮。2012 年举办的沧州市第八届社会科学普及周暨 2012 年度狮城少年读书系列活动，围绕“体验阅读快乐放飞科学梦想”的主题，在全市中小学生中陆续开展科普读物荐读、主题征文、科普手抄报征集评选、科普剧展演等活动，引领未成年人走进神奇的科学世界，探索科学奥秘，提高科技意识和动手能力。

另外，沧州图书馆还举办了“消夏‘悦’读”活动，同时举办庆祝中华人民共和国成立六十周年红色经典影片展映和优秀图书展销活动，每个阅览室每天都座无虚席；举办“我的书屋我的家”沧州市农民阅读讲演活动，由全市14个县（市）新闻出版局和图书馆选送的20余名农民选手参加了比赛。

“消夏‘悦’读”活动

每年春节、元旦、国庆等节假日期间，沧州图书馆读者服务窗口全部免费开放，并推出多项便民措施与精彩活动，使市民度过一个个充实而有意义的文化假日。

第五节

再续辉煌（2013 年至今）

2013 年，对沧州图书馆事业而言，是永远值得铭记并载入史册的一年。31714 平方米的现代化新馆建成，7 月 1 日试开馆运行，9 月 28 日正式开馆接待读者，提升了沧州的文化品位和城市形象。

2013 年文化部面向全国县级以上公共图书馆开展了第五次评估定级工作。经过自评、省专家组实地考评、文化部复核批准，沧州图书馆以其先进的设施设备、优雅的环境、扎实的基础业务建设、深入的读者服务工作和在相关领域取得的成绩，达到地级一级图书馆的必备条件和总分要求，跃升为“国家一级图书馆”。

沧州图书馆半个世纪的风雨历程，见证着一代代图书馆人默默耕耘、无私奉献的精神。普通读者从图书馆获取了知识与信息，通过学习改变了命运；科技人员利用图书馆查询资料，将知识转化成生产力；农民获得了致富信息，提高了生活水平。在信息时代，图书馆又面临新的发展机遇，数字图书馆、虚拟图书馆、真人图书馆等新名词的出现，成为现代图书馆的一大景观。但无论时代如何变迁，一个功能齐备的现代化图书馆，都是人民需要的。服务形式在变化，理念在更新，现代化新馆为更好地发挥知识传播、信息传递、阅读推广、社会教育、文化交流等功能提供了无限的可能性。

第六节

组织体系建设与荣誉奖项

一、人员构成

截至2015年6月，沧州图书馆编制数41人，实有人数33人，其中男7人，女26人。领导班子3人，其中馆长1人，副馆长2人。具有研究生学历1人、本科学历29人、专科学历3人。全部具备专业技术职称，正高职称3人，副高职称5人，中职13人，助理12人；具有多种学科专业背景，图书情报专业2人，其他学科专业人员31人。

二、组织体系建设

沧州图书馆实行馆长负责制，馆长以下设副馆长2人，按照管理、资源、服务、技术、安保5个系列设置15个部门，部门实行主任负责制。

机构名称	职　责
办公室	负责本馆业务工作的组织、管理、协调和督查，负责文秘、接待等综合管理及图书馆学会的日常工作
计划财务和人力资源部	负责本馆财务、人事和固定资产管理等工作
采编部	承担本馆各类文献采选与组织、馆藏文献书目数据库建设与维护等工作，同时承担本市公共图书馆联合编目工作

（续）

机构名称	职　责
网络技术部（共享工程市支中心办公室）	负责计算机设备、网络设备和存储设备软硬件的管理与维护，向读者提供数字资源服务；承担共享工程市支中心的职责
数字图书馆工作部	承担数字图书馆推广工程和沧州市数字图书馆发展规划的制定与实施，负责本馆网站、微信平台的建设与管理，做好本馆数字资源的建设与利用工作
流通部	负责馆藏普通文献和部分工具书的典藏、保管与利用
报刊部	负责管理本馆报纸期刊、视听文献，向读者提供借阅服务
少儿部	面向少年儿童读者入藏相关文献资料，提供借阅服务，开展少儿阅读推广活动
参考咨询部	负责为各类读者和用户提供综合性参考咨询、信息开发和文献检索服务，负责政府公开信息服务
特藏部（市古籍保护中心办公室）	负责古籍文献、沧州地方文献和相关专题文献的收集整理、保存查询、开发利用等工作，沧州市古籍保护中心办公室设在该部
音乐图书馆	负责音乐图书馆的管理与服务
读者服务和宣传推广部	负责本馆的形象宣传、读者信息发布、阅读推广活动策划、统筹与组织；负责读者发展、拓展延伸服务，做好分馆、24 小时自助图书馆和流动汽车图书馆建设、管理与服务工作
安全运行保障部	负责后勤保障、设备管理、安全运行保障
社会活动部	负责全馆性阅读推广活动和公益讲座的策划、组织和宣传，牵头对其他部室的阅读推广活动进行统筹，并整理保存相关资料；接待市内外有关部门和单位来馆参观访问；负责志愿者的招募与管理；负责多功能厅、培训教室、展厅的管理和利用，在保证本馆使用的前提下，对外联系开展会议培训和展览服务
影视制作部	负责非线编设备的使用与维护；负责全馆报告厅和多功能厅灯光、音响设备的调试、利用和维护，完成馆内大型活动的录音、摄像、后期剪辑制作任务；利用现有设备对外开展经营活动

三、荣誉奖项

1995 年沧州图书馆被河北省文化厅评为“文明图书馆”。

1995 年省文明图书馆

1998—2014 年沧州图书馆连续八次被评为市级“文明单位”。

2008—2009 年市级文明单位

2003年沧州图书馆在“海纳杯”全省图书馆知识竞赛中荣获河北省图书馆、河北省图书馆学会、河北日报文艺副刊部颁发的“组织奖”。

2003年“海纳杯”全省图书馆知识竞赛组织奖

2003年沧州图书馆在全省公共图书馆规范服务达标活动被河北省文化厅评为“示范馆”。

2003年省示范馆

2006 年沧州图书馆荣获河北省质量奖审定委员会、河北省质量监督局颁发的“河北省服务质量奖”。

2006 年河北省服务质量奖

2006 年沧州图书馆在全省公共图书馆纪念中国工农红军长征胜利七十周年燕赵少年读书系列活动暨“我的数字生活”系列活动中荣获由河北省文化厅、河北省图书馆学会、河北省图书馆、河北文化信息资源共享中心颁发的“2006 年燕赵少年读书系列活动优秀组织奖”。

2006 年燕赵少年读书系列活动优秀组织奖

2007 年沧州图书馆荣获中国图书馆学会授予的“2006 年全民阅读活动先进单位”称号。

2006 年全民阅读活动先进单位

2008 年沧州图书馆荣获河北省文化厅颁发的“河北省第九届燕赵群星奖一等奖”。

2008 年河北省第九届燕赵群星奖一等奖

2010 年沧州图书馆荣获河北省精神文明建设委员会授予的“全省未成年人思想道德建设工作先进单位”称号。

2010 年全省未成年人思想道德建设工作先进单位

2010 年沧州图书馆荣获由河北省文化厅、河北省教育厅、河北省图书馆学会颁发的“2010 年燕赵少年读书系列活动组织奖”。

2010 年燕赵少年读书系列活动组织奖

2010 年沧州图书馆荣获河北省质量奖审定委员会、河北省质量技术监督局授予的“河北省服务名牌”称号。

2010 年河北省服务名牌

2012 年沧州图书馆在“绘出心中的童谣——全国少年儿童童谣绘画创作征集大赛”中荣获由中国图书馆学会青少年阅读推广委员会颁发的“积极组织奖”。

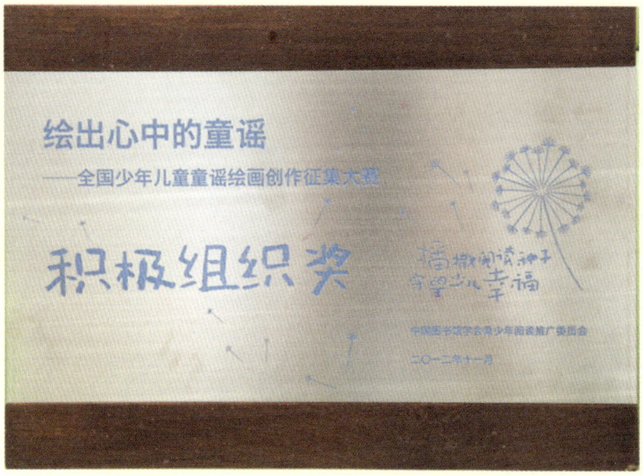

2012 年绘出心中的童谣——全国少年儿童童谣绘画创作征集大赛积极组织奖

2012年沧州图书馆荣获由河北省文化厅、河北省教育厅、共青团河北省委、河北省图书馆学会颁发的“2012年燕赵少年读书系列活动优秀组织奖”。

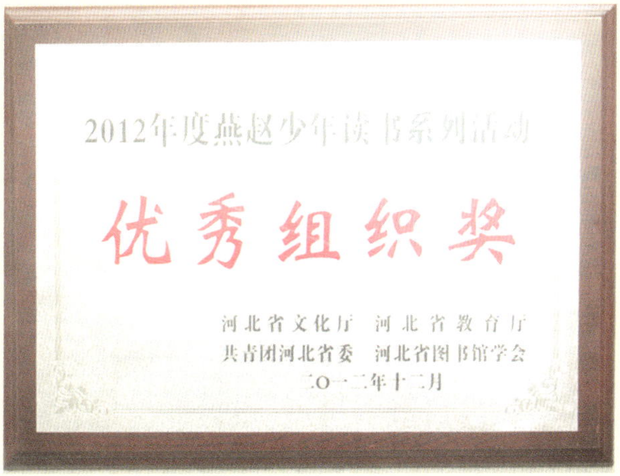

2012年燕赵少年读书系列活动优秀组织奖

2012年沧州图书馆荣获河北省全民阅读活动组委会办公室授予的“2011年度河北省全民阅读活动先进单位”称号。

2011年度河北省全民阅读活动先进单位

2013 年沧州图书馆被中华人民共和国文化部命名为“一级图书馆”。

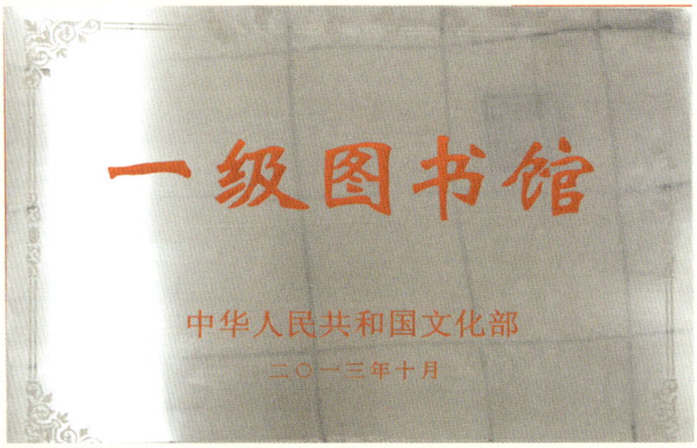

2013 年被命名为一级图书馆

2014 年沧州图书馆荣获河北省质量奖审定委员会、河北省质量技术监督局颁发的“河北省服务名牌奖”。

2014 年河北省服务名牌

读者服务篇

24h自助还书

04

第四章

新馆崛起

第一节

一千三百个日夜建新馆

2008 年，国家文化部会同发改委、住建部、国土资源部相继颁布了《公共图书馆建设用地指标》和《公共图书馆建设标准》，全国各地以图书馆为代表的公共文化服务平台建设列入政府的重要议事日程，各级各类图书馆新馆建设掀起新一轮高潮。沧州图书馆新馆，正是在这一契机和河北省实施“三年大变样，推进城市化进程”活动中应运而生。沧州图书馆适应新网络信息环境对城市图书馆建筑、功能、阅读与人文环境、网络设备、移动阅读平台等方面的需求，在方案设计、功能拓展、内部装饰、借阅设备、自动化系统、弱电网络系统建设等方面做了有益的探索。

在 2010 年 3 月 2 日沧州市政府发布的全市“十大重点工程”中，初步确定沧州图书馆建筑面积 3.2 万平方米，占地 50 亩，投资 3.6 亿元。馆舍工程建筑设计竞标公开后，来自全国各地的 5 家设计公司来沧州实地踏勘，收到 7 套竞标设计方案。经过专家组层层评定，最终东南大学建筑设计研究院的设计方案中标。此方案在设计理念上凸显沧州历史文化元素与现代时尚风格的统一，在建筑造型上体现人文、自然与城市建筑空间布局的有机融合，古朴、典雅、庄重、灵动，突出图书馆特有的文化内涵与视觉美感。馆舍建设施工的中标单位是北京城建道桥集团有限责任公司。2010 年 7 月 2 日，在沧州新城上海路以北、吉林大道以西、市民服务中心广场以南地块，沧州图书馆新馆工程与博物馆、城乡规划馆同时奠基。11 月 16 日完成施工现场的“三通一平”工作，正式开工打桩。

新馆合同评审会

新馆奠基

自2009—2013年的四年多时间里，沧州图书馆馆长宋兆凯几乎走遍了国内先行建设的各级各类图书馆，考察各馆功能，学习管理理念，完成了两万字的新馆建设可行性研究报告，提出沧州图书馆建筑方案、功能分区、人性化服务设计思路和具体设计方案，为政府决策提供参考。同时争取国家发改委投资1200万元，市政府投资3.6亿元。图书馆工程小组在三年的时间里吃住在工地，搞调研、改方案，加班加点，严防死守督工期、抓质量、保安全。至2013年7月1日，国内外一流的现代化、人性化、智能化沧州图书馆新馆建成，并成功开馆运行。

新馆工地

新馆建设中

从临时馆舍向沧州图书馆新馆搬迁过程中，时间紧、任务重、经费紧张、人员不足，困难重重，馆领导班子制定了科学的搬迁方案，组织了全馆搬迁动员，要求每一位员工都要抢时间，抓速度，全力以赴完成搬迁任务。2013年4月1日，临时馆舍闭馆，40多名馆员集中力量进行图书打包登记，不到一个月的时间，即将20余万册图书、期刊、地方文献打包成捆。随之，书刊搬运与上架，计算机设施安装、系统调试以及馆舍内部软装修等工作同步进行，工作紧张而有序，按时完成了开馆前的一切准备工作，被图书馆界誉为“沧州速度”！新馆设立的纪晓岚、沧州作家、张之洞、张岱年、《诗经》、武术、杂技、书画、运河文献专题馆，集专题文献收藏查询、电子文献视频查阅、专题展览于一体，全方位面向读者提供浏览与查阅服务，是国内图书馆专题文献馆建设与特色服务中的成功案例。

选择装修材料

搬迁打包图书

2013 年 7 月 1 日，沧州图书馆新馆试开馆当天，许多市民早上 8 点就来到新馆。在一楼服务台，有大批读者咨询还书、换证、办新证，更多人在馆内参观体验，尝试使用自助检索机、自助借还机、读报屏等先进设备。9 点 30 分，新馆试开馆运行新闻发布会在四楼会议室举行，并通过一楼大厅的大型电子显示屏向读者直播。馆长从设计理念、服务分区、馆藏资源、技术设备、装饰亮点、专题特色馆、开闭馆时间、开馆活动等进行了全方位的通报，并回答了记者提问。河北省 9 家媒体参加了发布会，并进行了相关报道。

沧州图书馆新馆试开馆运行新闻发布会

新馆开放当日，多项阅读推广活动拉开帷幕。“梦想在这里起航”少儿长卷绘画及“好奇小问号之家”两场少儿活动同时开场；由首都图书馆和沧州图书馆联合主办的“阅读的力量”大型图片展在一楼展览区展出；新馆开馆宣传口号征集、“你读书我买单”图书荐购、“我眼中的图书馆”读者摄影活动、“红色阅读共分享”七一荐读等活动也一一启动；“沧图讲座”向读者推出了《阅读的快乐》视频讲座；《如何利用图书馆》读者系列培训讲座向读者介绍了乐儿数字资源、方正阿帕比数字资源平台等数字资源的内容和使用方法。试开馆当天共接待读者6300多人次，开馆后的七、八月份，日均读者流量平均达到7400人次，暑假高峰期日均读者流量达到11000人次，最高一天接待读者16000人次，创造了沧州图书馆事业史的纪录。

“梦想在这里起航”少儿长卷绘画活动

“阅读的力量”展览

沧州图书馆新馆的成功建成与开馆是沧州人民文化生活中的一件大喜事，得到国家、省、市各级领导的一致好评，受到全国各界专家学者及读者的热烈欢迎，成为沧州城市的靓丽厅堂、市民的温馨书房、读者的阅读家园和标志性文化设施。至2015年4月，安全运行20多个月，举办“全民读书月”等活动390余项，共接待各地读者400万人次以上，借阅图书报刊350万册次，接待国家、省、市及外地领导、专家学者、图书馆界同人调研、参观270余次，共计1.6万余人，收到了良好的社会效益。沧州图书馆在馆舍建设、文献信息服务、全民阅读推广、教育培训、文化休闲、学术研究、专题文献馆建设等项工作均走在了全国、全省公共图书馆事业发展的前列，为推动全民阅读，建设书香狮城做出了突出贡献。2013年，沧州图书馆在文化部公共图书馆评估定级工作中跃升为国家一级图书馆，标志着沧州公共图书馆事业进入了一个崭新的时代。

第二节

“斗”形建筑树城市地标

沧州图书馆新馆是沧州市政府投资兴建的大型公益性文化设施，位于沧州新城文化公园内。占地面积 57 亩，总建筑面积 31714 平方米，总投资 3.3 亿元。主体总建筑高度 24 米，地面四层半、地下半层。其建筑造型体现自然、人文与城市建筑空间的有机融合，彰显沧州厚重的历史积淀与文化内涵，突出了公共图书馆特有的文化气息。设计馆藏 260 万册件，阅览座席 2600 个，日接待读者能力 1.8 万人次。

新馆正门

新馆外观设计围绕公共图书馆“传承文明、弘扬文化”的功能属性，以“九宫格”图作为基本布局原型。其中，“九宫格”的中间单元为中庭和内院；四个角部体块，均采用由厚向薄渐变的单元式竖向立面分割，形成书列的形象特征，巧妙暗合了“经史子集”四库之意；四面中部体块凸出，表面均为108个篆体“書”字的活字底板形饰件的集合。同时，新馆外形设计还引入了中国传统文化“斗”的形象元素，构成建筑的基本形体，象征图书馆“仰”望苍穹，对知识与信息的广征博览与兼收并蓄。新馆独特的建筑造型，给人大气内敛的观感，成为沧州地标文化建筑。

图书馆外景

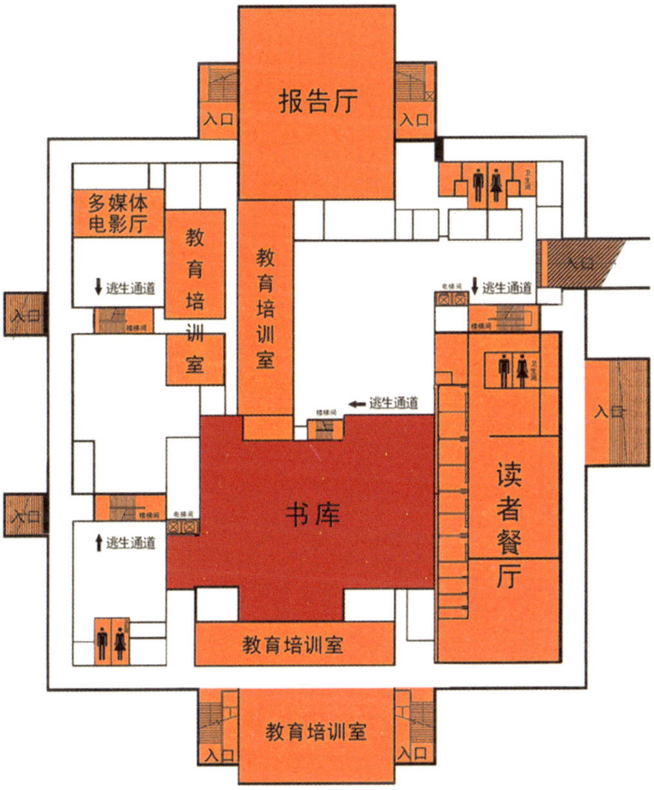

新馆地下一层平面图

新馆负一层设有能容纳338人的报告厅，配备贵宾接待室、化妆间、调音室、LED彩屏舞台背景、专业录播系统及舞台灯光等设施设备，拥有音响师、摄像师等专业服务队伍，可开展高端培训、文化演出、学术交流等文化活动。承办过沧图讲座、河北省图书馆年会等文化活动，沧州籍文化名人王蒙、张家声、白燕升都曾来到这里做讲座。

报告厅

报告厅对面，是一组木板雕刻的《沧州赋》，记述了沧州的人文地理、历史文化，既传播了沧州的历史文化，也营造了报告厅的人文氛围。

《沧州赋》

负一层还设有采编中心、书报刊库、物业管理中心、高低压配电机房、冰蓄冷制冷与热力交换机房、无负压供水机房、读者餐厅（中餐厅）、西餐厅、多媒体电影厅、教育培训区等服务设施设备空间，在保障图书馆安全开馆运行的同时，也为读者提供了休闲和用餐的空间。

书库

读者餐厅（中餐厅）

一层大厅的中心位置设有总服务台，为读者提供办证、咨询、预约、续借、还书等综合性服务。服务台四面开放，中心的管理间内设有电梯和楼梯，向上可直达中庭花园，向下直达书库和采编中心。服务台两侧设有 OPAC 公共检索设备，读者可通过文献名称（书名）、责任者（作者）、ISBN 号等途径检索出所需文献馆藏地点和流通情况。两台自助办证机，读者只需要通过刷二代身份证，根据提示的步骤操作，即可方便快捷地完成读者卡的办理。

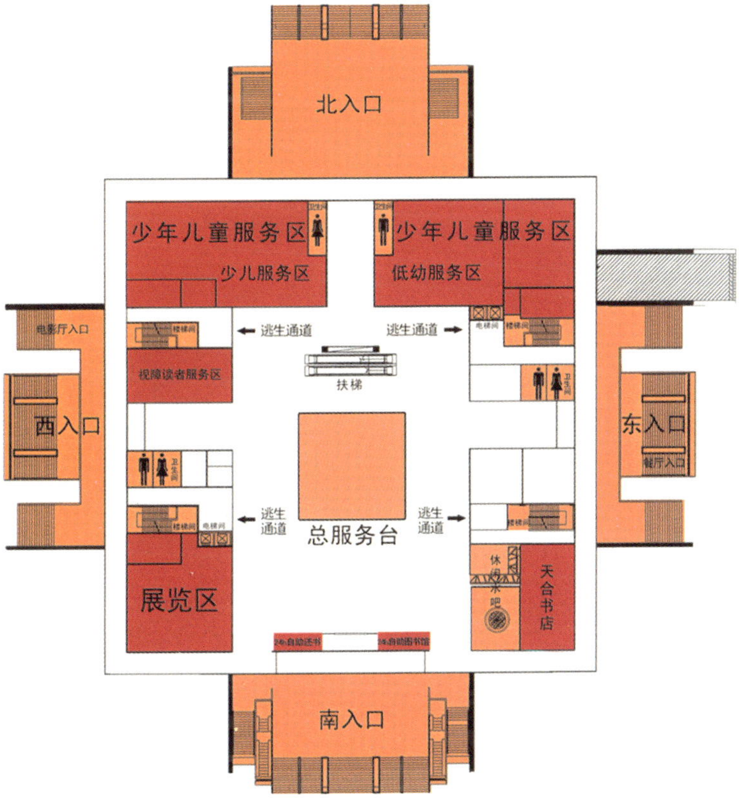

一层平面图

总服务台上方有四面汉白玉浮雕墙，分别是《公共图书馆宣言》节选、《献王集书》《冯道印书》《纪昀纂书》。三位历史人物是地地道道的沧州人，他们广集经典、以书普世的情怀和现代图书馆服务理念不谋而合。

一层北区是少年儿童服务区，根据年龄段划分为少儿服务区和低幼服务区两个部分。低幼服务区700平方米，面向0～6岁年龄段的小朋友开放，针对此年龄段的特点，室内设计得非常有趣，有体现中国传统文化的成语故事墙，也有经典绘本故事中的卡通人物墙，流线型、问号形的书桌和灯池，配以明快的装饰色彩可以提高小朋友的阅读兴趣。现有适宜小读者阅读的亲子类、益智类（学前教育类）、科普类、认知类图书1.5万册，分为绘本类、翻翻类、立体类、纸板类等不同类型。同时设有玩具区和家长休息区，玩具区配备了益智玩具，父母可在休息区陪伴等候。

总服务台

公共检索设备

低幼活动区

少儿梦想小剧场

低幼区的梦想小剧场会定期开展各种亲子活动。孩子们在家长的陪伴下，在这里观看表演，聆听故事，在小舞台上展示自己的魅力。儿童绿色数字资源阅览区，安装了适合未成年人使用的益智小游戏，小朋友们可以在规定时间内上机使用健康数字资源。

低幼区对面的少儿服务区700平方米，服务对象是6～14岁的孩子，主要提供各类少儿图书、期刊、报纸等文献的借阅服务。现有青少年图书5万余册，期刊775种、报纸近120种，阅览座席200余个。

一层西区为150平方米的视障读者服务区，有16个读者座席，配置了盲文图书、普通图书、有声读物以及听书郎、有声阅读机、综合有声播放机、盲文学习机、扩视仪、手持助视器等多种辅助用品，为视障用户提供盲文文献及有声读物借阅、盲人专用电脑上机等服务。

少儿服务区

视障读者服务区

一层南区是360平方米的展览区，可举办各类主题的展览、展示活动。新馆开馆时展出的是沧州图书馆和首都图书馆联合推出的大型展览“阅读的力量”。展览分为四个篇章，内容涵盖阅读史、书史、印刷史、图书馆史及全国各公共图书馆、沧州图书馆举办的阅读推广活动等内容，以丰富的图文展现古今中外有代表性的阅读事件、阅读现象，吸引读者从展览走进阅读世界，感受阅读的力量。

展览区东面是24小时自助图书馆，分为自助借阅区和自助还书区，均面向馆外读者开放。自助借阅区30平方米，不受开馆时间限制，读者随时可以刷卡进入，里面的自助借还系统可以自动识别粘贴有电子芯片的文献，通过触摸屏交互式示范和清晰的语音提示来引导读者，完成文献外借或还书手续，实现图书24小时自助借还。自助还书区50平方米，在后台安装了自动分拣系统，读者在还书时，可以透过玻璃窗看到图书的归还、分拣过程，充分了解和体验新技术所带来的高效便捷的图书馆服务。

24 小时自助图书馆

自助还书机

耳语咖啡

一层东区的休闲水吧，是专为读者打造的文化休闲空间。这里提供各类时尚饮品，钢琴和水幕墙营造出典雅清新的氛围，读者可以在繁忙的工作之余约上三五好友在此欢聚谈心，也可享受一人独处的时光，在此读书品茗、欣赏名曲。休闲水吧北侧设有 60 平方米的贵宾接待室，用于接待来宾，也可为读者与来宾、朋友见面交流提供定制服务。

二层北区是自然科学和社会科学文献借阅区，面积约为 1600 平方米，用白色树形木质隔扇分成三个读者借阅区。书架为钢制银灰、豆绿色，安装有人体感应灯，阅览座椅为木质杏黄色，封闭的墙面为杏黄色木质书墙。两个读者休闲区采用了白色人造皮质休闲椅、杏黄色木质休闲桌和杏黄色木质图书展台，拥有座席 400 多个。在中间借阅区一侧设有半开放式馆员工作服务台。这里有中文文献 15 万余册，涵盖自然科学和社会科学 20 个大类，全部实行开架借阅，引入 RFID 技术及图创图书馆管理系统进行管理服务；同时配备了自助借还机、自助检索机、电子导航屏、计算机等先进的服务设备，为读者提供书目检索、文献阅览、预约借书、文献外借、文献续借、集体外借、电子文献查询、互联网查询等服务。

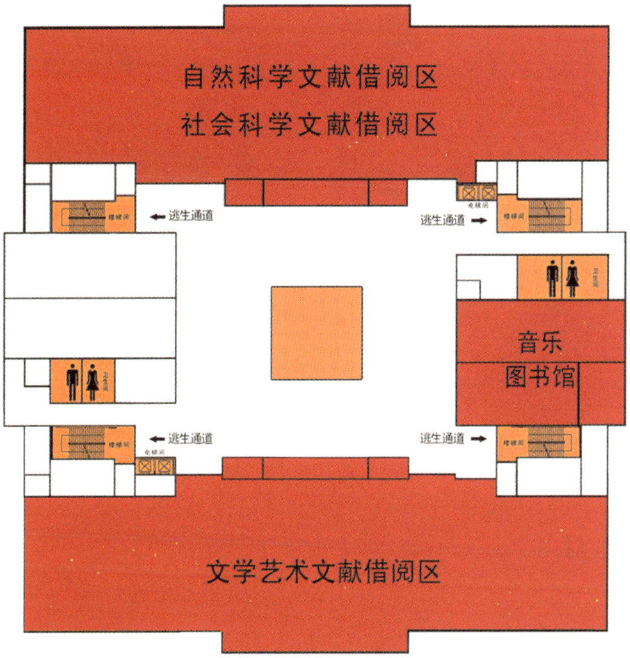

新馆二层平面图

自然科学与社会科学文献借阅区

二层南区是文学艺术类文献借阅区，与自然科学和社会科学文献借阅区在建筑面积、设计风格、服务功能上基本相同。

文学艺术类文献借阅服务区

音乐图书馆服务区位于二楼东侧，设有音乐欣赏区、视听体验区、演播厅、录音棚和非线性编辑室五大功能区。在音乐欣赏区配备了高保真的进口影音视听设备，可供读者欣赏各类影视音像资料，也可举办各类音乐沙龙活动，为音乐爱好者提供交流平台；视听体验区拥有古典音乐、流行音乐、民乐、戏曲等原版影音资料及音乐资源的数据库，并配置专业的耳机，让读者感受音乐的魅力，读者仅凭读者证就可以登录系统，欣赏音乐；演播厅、录音棚拥有目前国内一流的摄像录音设备；非线性编辑室配有 Apple 专业剪辑设备及软件可以制作课件、宣传片等音频、视频资料。

音乐欣赏厅

音乐图书馆——视听体验区

中心机房位于新馆二楼西侧，面积 200 平方米，是图书馆的数据服务中心和网络运行中枢，机房建设遵循国家标准和规范要求，运行环境要求严格，配有 3 台 STULZ 精密空调，6 台柜式七氟丙烷气体灭火装置，一有火警状况立即自动启动灭火装置。机房供配电系统完善，配备两台模块化 UPS 机组，保证外部停电后机房内部正常供电 2 小时。机房配有联通、电信、移动三套光纤网络，专线接入，带宽共计 250 兆，通过负载均衡设备，合理分配网络带宽。目前配备的主要设备有华三核心交换机 2 台，华三汇聚交换机 2 台，负载均衡设备 2 台，KVM 切换设备 1 套，曙光天演服务器 2 台，专用服务器 20 台，安装有图书馆正常运行所需软件、数据库等资源，戴尔存储设备 3 台，可存储 120T 数据资源。全馆实现无线网络覆盖，设有 35 个 AP 点，通过网络机房无线认证设备可登录无线网络。

非线性编辑设备、录影棚

二层南北环廊装饰有两面文化墙，取名“知识之门”和“百沧图”。“知识之门”融入了中国古典设计元素，取材为唐、宋、元、明、清不同时代最具代表性的门，门的演变是历史文化的缩影，反映的是中华文明的不断传承与发展，鼓励读者借助书籍的力量去探寻历史，在历史长廊中借古鉴今。“百沧图”由一百种不同字体的“沧”字印章组成，包含了篆书、隶书、楷书、行书等，字体的变化反映了汉字的演变过程。汉字不仅是一种应用体，更是一门艺术，是中华文明的最好见证，而文字又是书籍最基本的组成元素，“沧”字是最能代表沧州地方特色的汉字，此设计凸显出沧州图书馆独特的地域文化氛围。

知识之门

百沧图

新馆馆内的导视牌为铝合金材质，由铁灰、杏黄和红色三色构成，每个导视牌都印有馆徽。馆徽的设计元素包含了汉字“人”、打开的书、沧州图书馆新馆建筑造型、发光的星星、沧州历史名人张之洞手书等。五个用笔画相连的“人”，构成五本打开的书相互连接的形象，相连的“人”代表图书馆人和读者心手相连，相连的书的形象代表“书”和“读书场所”，体现了图书馆的基本功能内涵、服务本质和面向世界兼收并蓄的现代理念；馆徽中心是图书馆新馆的建筑造型，体现沧州图书馆唯一性的地标性建筑特色；“星光”的外观寓意沧图会以一个崭新的形象照亮狮城，用知识的光芒照亮每一个读者的心灵，用五星级的服务给每一位读者送去温暖；“沧州图书馆”几个大字是通过高科技手段复原张之洞本人的手书字体。馆徽整体设计形式大气、内涵丰富，形象地传达了沧州图书馆“以人为本、服务读者”的办馆宗旨。

滄州圖書館
Cangzhou Library

馆徽

新馆内一至三层的中庭被设计为空中花园，高大的棕榈树、海枣树、茂盛的啤酒椰子树错落有致。绿树丛中别致的四角小亭中、弯弯的石子甬路上、造型独特的喷泉鱼池、路

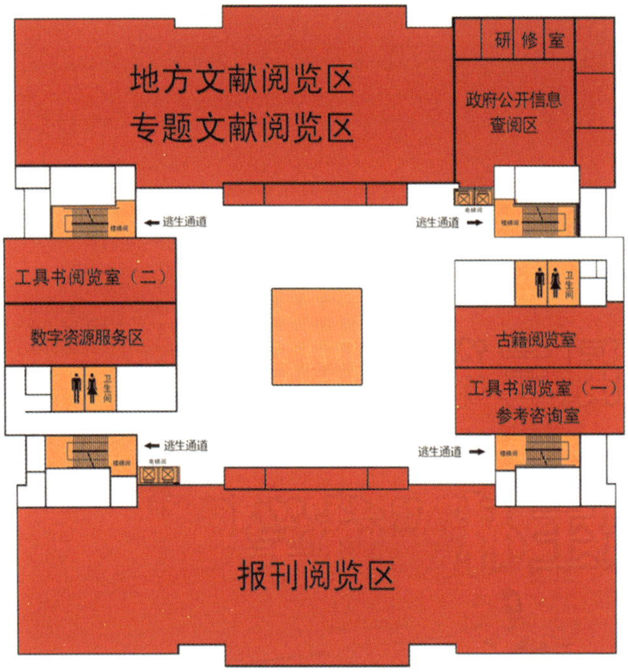

三层平面图

灯下阅读的孩童、中年女士和老人的雕塑，构成了一幅全民阅读的精美画卷。花园四周为图书馆外观“正斗”形的白色钢架与透明玻璃相交织的围栏，读者置身二、三层环廊，可以透过玻璃围栏在盎然绿意中享受阅读的温馨与惬意。

三层北区是地方文献服务区，与二层文献借阅区装饰风格一致，同时又增加跃层设计装修，既增加了使用面积，又有了跃层阁楼的新鲜感觉，现藏各类地方文献共计3631种，11533册。

地方文献服务区

地方文献服务区西侧的运河专题文献馆，入藏包括京杭大运河在内的世界各地的运河文献。巨大的船形书架给人以直观的感受，读者还可通过电子大屏查询与运河相关的数字信息。地方文献服务区东侧为政府公开信息查询区和专家研究室，为读者查询政府公开信息、开展课题研究提供了良好的服务平台。

运河文献专题馆

三层南区是面积1600平方米的报刊阅览区，分为期刊借阅区、报纸阅览区、期刊阅览区、读者休闲区，拥有阅览座席500余个，为读者提供报刊阅览、期刊外借、数字资源阅览服务。室内的跃层设计有效地利用了空间，体现了“人在书中，书在人旁”的特点，报刊架之间的座椅安排使读者阅读更具方便性和随意性。为了提供充足均匀的光源，杜绝光影和暗角，阅读区域采用了自然光和人造光结合的采光方式，便于读者集中注意力，整个阅览室在日光和灯光的照明下显得舒适宁静。本区书墙、报刊架、阅览座椅、馆员工作服务台的材质与色彩均与二层文献借阅区装饰风格一致，体现了整体性、统一性的原则。

报刊阅览区

读者在读报

三层东区是政府公开信息查询区、专家研修室、工具书阅览室、古籍阅览室。古籍阅览室配置单独的精密空调系统和气体灭火系统，确保了温湿度的自动调节和消防安全。室内的装饰古典雅致，实木地板铺装，用榆木定制的古籍书架、明式条桌与圈椅高档典雅，墙面悬挂中国古代名家书画复制艺术品更增加了收藏传承沧州历史文化的丰富内涵。

政府公开信息查询区和专家研修室

工具书阅览室

古籍阅览室

三层西区是数字资源服务区，现有机位 80 余个，采用网络集中管理模式，是集数字资源阅览、咨询、培训服务为一体的现代化多功能阅览室。在此读者不仅可浏览网络资源，还可以查阅本馆入藏的万方数据、龙源期刊、超星数字图书馆、CNKI 中国知网全文数据库等丰富的数字资源。

数字资源服务区

百家姓文化墙

三层南北环廊的两面文化墙是“知识之窗”和“百家姓”。“知识之窗”在造型风格上和二层的“知识之门”相类似，门和窗的演变是历史文化的缩影，反映了中华文明的不断传承和发展；中国的姓氏文化源远流长，每一个姓氏都包含了其独特的文化内涵，每一个姓氏都有其代表人物。图书馆本着“开放、平等、免费”的办馆理念，面向所有市民敞开知识的大门，是“百姓”的大书房。将“百家姓”作为印章墙设计主题，意在使每一位读者都感受到一份归属感，自觉自愿到图书馆获取知识、提升素养，从而达到丰富市民精神文化生活的目的。

四层南区是办公区，分布设置了多功能厅室 6 个、贵宾接待室 2 个、茶室 1 个；北区分布多功能厅室 2 个、接待室 1 个。多功能厅室、贵宾接待室、茶室均用吸音木板、软包装、地毯和国画、油画装饰。室内配有电视、音响、调音台、投影机、LED 彩屏等高端设备，可开展讲座、培训、会议、新闻发布会、各种沙龙活动、文艺活动、剧目演出、学术交流、来宾接待等活动，是沧州全民阅读活动的主阵地。

知识之窗文化墙

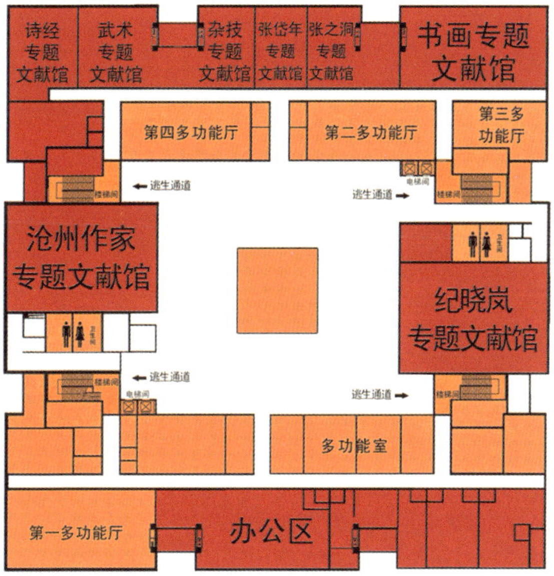

四层平面图

贵宾接待室

第一多功能厅

四层余下区域分布着 8 个专题馆。东区为纪晓岚专题文献馆，面积为 400 平方米。一代文宗纪晓岚作为沧州最具代表性的历史人物，因主持修订《四库全书》闻名于世。馆内装饰有精美的古典木质长廊，清代古朴的建筑极具文化气息。展览陈列区分年代展示了纪晓岚的生平和文学成就，玻璃展柜中展示了《四库全书》清版本复制品和纪晓岚的笔记仿品。典藏阅览查询区配置了榆木仿古防虫古籍书柜、榆木仿古条桌和圈椅。专业常温常湿自动调节空气设备、七氟丙烷灭火设备、书目检索和电子书查询设备一应俱全。馆内典藏阅览查询区收藏有现代版本文津阁《四库全书》、文渊阁《四库全书》《续修四库全书》、纪晓岚文献的古籍版本与现代版本以及后人关于纪晓岚与《四库全书》研究、开发利用的图书文献。同时收藏了中鼎文化有限公司复制的99方纪晓岚藏砚的端砚艺术品以及中国书法大家张海、沈鹏、旭宇有关纪晓岚文化的书法作品，丰富并提升了纪晓岚专题文献馆馆藏内涵。

第二多功能厅

第三多功能厅

纪晓岚专题文献馆

纪晓岚专题馆书库

沧州作家专题文献馆

四层西区为沧州作家专题文献馆，面积为400平方米。馆内装饰以白、绿和粉红为主色调，环绕式的书架颇具现代风格。沧州文学发展概况展板采用大地色系，寓意着沧州这片热土培育出质朴纯粹又饱含力量的沧州文学；历代沧州作家及其作品编年表，采用绿色系展板，寓意着从土地上生长出的森林，构成沧州由古至今文学的传承脊梁，也似一座座不朽的文学丰碑，双层森林状的设计使得读者需探身浏览，让展览更富有参与感，体现读者对沧州文学历史的探索与敬意；在圆形书架的外侧是古代沧州作家与作品展示；粉红色系展板展示的是现当代沧州籍著名作家与作品简介，读者走到这里都需抬头，以一种仰视的姿态“阅读”当代大家，以表敬意。沧州文学记忆墙整体造型是抽象的运河，展示了沧州文学发展历程。橘黄色的大圆桌为广大文学爱好者和研究人员提供了探寻文学圣地的平台，在这里曾多次举办各种文学沙龙和研讨活动。

四层北区分别设有《诗经》、武术、杂技、张岱年、张之洞、书画6个专题文献馆。

历代沧州作家及其作品编年表

《诗经》专题文献馆

《诗经》专题文献馆，面积为120平方米，分为展览区、文献收藏区和查询研究区。展览区以大卷轴的形式展示了《诗经》概貌、地位影响、重要书目及沧州作为《诗经》的传播地的传承普及等内容。两根通顶的黄色柱子上镌刻着《诗经》代表作品节选，全方位立体地展示这部中国最早的诗歌总集。文献收藏区藏有清刻本和日本亨保至明治时期（清中后期）刻本《诗经》相关文献20余种，现代版本《诗经》相关文献800余种，3000余册，在全国《诗经》文献收藏界具有一定影响力。

武术专题文献馆

武术专题文献馆，面积为120平方米，分为展览区、文献收藏区和查询研究区。沧州有“武术之乡”的美誉，中国129个武术门派中，沧州占了53个席位，展区设计成小四合院，仿古的青瓦、中国红大门，寓意着沧州武术的门派众多。“小院”里展示了武术十八般兵器的仿制品，四面墙上的展板上展示了武术套路、沧州武术历史、代表人物等内容，让普通读者通过展示能对中国武术、沧州武术留下一个深刻印象。

杂技专题文献馆

杂技专题文献馆，面积为 120 平方米，分为展览区、文献收藏区和查询研究区。沧州吴桥一向有“杂技之乡”的美誉，展区以展板方式展示了杂技的历史变迁、江湖文化、行业规则、民间杂技作艺的主要形式、沧州杂技之乡的由来、民间杂技绝活“八大怪”、国际知名杂技赛事等内容，三个杂技造型雕塑展示了杂技的精湛技艺。文献收藏区收藏杂技纸质及数字文献资源、吴桥国际杂技艺术节、武汉杂技节海报、文件、工作证、入场证等。

张岱年专题文献馆，面积为 120 平方米，分为展览区、文献收藏区和查询研究区。张岱年是沧州献县人，中国现代哲学家、哲学史家。展区的展板装饰采用中国传统太极图的造型，集中展示了张岱年的生平、哲学思想等内容。白色的立体书山造型上，镌刻着张岱年的代表作品，让读者直观地看到大师的学术成就。

张岱年专题文献馆

张之洞专题文献馆

张之洞专题文献馆，面积为120平方米，分为展览区、文献收藏区和查询研究区。张之洞是沧州南皮县人，晚清“四大名臣”之一。展示区设计上采用深色钢铁质感的框架，给人一种略带压抑的感觉，正暗合了张之洞所处的晚清时期的年代特征。在这些框架之间几处明亮的展牌记录了张之洞与大清帝国、与近代工业、与中国传统文化以及与家乡沧州之间的关联和他的贡献。文献收藏区收藏了有关张之洞的纸质及数字文献资源，为读者研究张之洞提供了丰富的史料。

书画专题文献馆，面积为400平方米，分为美术史展览区、书画文献收藏和查询研究区、书画艺术品展厅、书画创作交流室。收藏有各类书画专题文献和名家画作，集文献收藏、书画创作、展览交流为一体。展览区域分为世界美术史、中国美术史、沧州美术概况三个部分。

第一部分是世界美术史，用发现和探寻的眼光梳理世界美术发展脉络，通过选取的代表作品让普通读者走进美术世界，主题为“发现之美”；第二部分是中国美术史，主题为“眼界与境界”，与西方绘画的写实不同，中国的书画作品不单追求技法而是讲求意境深远，展览选取的作品正体现了中国书画的精髓；第三部分是沧州美术概况，主题为“沧海一粟”，这里展示了部分沧州籍画家的书画代表作品和沧州画家的获奖情况。

书画艺术品展厅展示的是中国古代精品书画的高清复制品，这些作品的真迹在全国乃至世界各大博物馆收藏。由于部分作品年代久远纸色黄旧，复制过程中经过技术处理，让这些国宝又重新焕发光彩，展览的目的是让市民近距离接触中国优秀历史文化，提高书画鉴赏水平。

书画专题文献馆

书画专题文献馆画作展示区

书画创作交流室设有 2 间画室及 1 间茶室，为读者书画创作、研究与交流搭建了平台。

四楼的中央是露天文化休闲园，四周的仿古环廊和绿植营造出中国传统院落的空间感受，三条环廊，一座假山，几把大伞，给人们提供了一个释放压力、沟通思想、修身养性、畅想未来的美妙境地。

书画专题文献馆画室

文化休闲园

文化休闲园外侧环形通道侧面为四面文化装饰展示墙。

东面文化墙展示了《二十四史》《四库全书》《永乐大典》《资治通鉴》等中国传统经典著作。南面有两块文化墙，一面是“沧州非物质文化遗产”，分为民俗、传统音乐、美术、舞蹈、曲艺、传统戏剧、传统技艺七大类别，图文并茂地介绍了盐山千童信子节、青县盘古文化、河间歌诗、青县哈哈腔、沧州武术、吴桥杂技等内容；另一面是“沧州文化古迹印象”，记述了陶器、陶俑、瓷器、铜器、玉石器、铁狮子、建筑、遗址、墓葬、墓志等沧州古迹。西面文化墙展示了法国《百科全书》、德国《资本论》、阿拉伯《古兰经》、日本《源氏物语》、古希腊《荷马史诗》、印度《摩诃婆罗多》等国外经典著作。北面文化墙是“世界图书馆大观”，记述了英国国家图书馆、美国国家图书馆、丹麦皇家图书馆、芬兰国家图书馆、中国国家图书馆、印度国家图书馆等 29 个国家图书馆的历史、馆舍建筑、馆藏文献和读者服务等情况。让进馆的读者深入了解世界图书馆功能和发展概况，从而对公共图书馆这座知识殿堂、城市厅堂、市民书房产生喜爱与敬畏之情，更多地走进图书馆，利用图书馆，增长知识，增长才干，更好地服务社会。

同时，在四层办公区环廊设置了中国风光展示墙；在各层楼梯电梯间设置了世界著名科学家、文学家、哲学家展示墙；在各层卫生间设置世界精品建筑大观展示墙，目的是营造一种氛围，让阅读无处不在。

新馆的二、三、四层环廊通道以外区域为读者自习区，是读者学习、交流的空间，设有免费存包柜、阅览座椅、休闲沙发、电子阅报屏，每层设有两台饮水机，为读者免费供水。

世界图书馆大观

读者自习区

第三节

现代多元的建筑风格

公共图书馆职能的科学定位为城市图书馆建设与发展提供了标准的规划原则与设计依据，图书馆建筑首先要满足其功能需求，然后才是建筑方案设计优化和亮点呈现。沧州图书馆建筑的设计理念体现在以下四个方面。

一、打造绿色建筑

沧州图书馆新馆作为公共建筑，在设计上按照绿色建筑的要求，注重新能源的综合利用，引入节能设计，采用节能设施，特别是再生能源的综合利用设施。最大限度地节约资源（节能、节水、节材），保护环境和减少污染，为人们提供健康、适用、高效的，与自然和谐共生的学习交流空间。新馆建筑采用尽可能方形的外观，以获得适宜的体积系数；外墙以厚重的石材为主，辅以覆土草坡、百叶、格栅等保温隔热措施，在充分满足采光要求的前提下，保证建筑的节能功效；采用自然通风采光、雨水收集与中水系统、太阳能光伏发电系统、绿化微喷灌、蓄热式电采暖系统、地源热泵等技术，综合节能效果达到较高水平，实现了“节能、环保、生态、自然”的发展策略。

室外生态环境保护措施主要是绿化，尽可能提高绿地率，提高绿色植物的可观赏性。保持与周边景观的协调一致，选择与周边自然环境相协调的色彩，同时配以草坪、花圃、雕塑点缀，使整个图书馆区域绿色环绕、优雅清爽，既丰富了建筑艺术，又构成了城市中亮丽的文化风景线。

二、体现人文精神

新馆外观体量宏大，气势宏伟，历史与现代人文气息浓厚，高度控制在 24 米，与周围的建筑项目规划相协调。作为现代化的城市图书馆，新馆突出开放性、智能化、人性化、灵活性、多功能、艺术性和花园式的特点。实现了思想观念开放、活动形式开放和文献资源开放的高度统一，走出了藏、借、阅、管分离的传统管理模式，构建了“人在书中、书在人旁”的现代格局。在建筑上实践了同层高、同荷载、同柱网的模数式设计理念，同时还显现了大天井、大空间等图书馆建筑特点。

新馆内部俯瞰图

在新馆内部环境艺术设计中，利用家具、灯饰、字画、雕塑、橱窗、盆景等装饰性安排，通过色彩、造型等丰富了活动空间效果，强化了图书馆建筑的文化内涵。如一层总服务台上方的四面浮雕墙，《公共图书馆宣言》展示了图书馆的服务理念，三位沧州籍历史人物的故事展现了广集经典、以书普世的人文情怀。二层的“知识之门”，通过四种造型各异的门反映了秦汉至明清不同历史时期的建筑变化；“百沧图”采用 100 种不同字体书写的“沧”字，通过字体的变化展示了汉字的演变过程。三层的“百家姓”印章文化墙用隶书篆刻，展现了图书馆开放、平等、免费和打造市民大书房的办馆理念。四层的环廊文化墙上展示了“世界图书馆大观”“沧州非物质文化遗产”等专题文化知识，让读者置身于一种浓郁的文化氛围当中。

三、采用先进技术

在新馆建筑设计中，根据未来信息化社会的要求，综合采用了中央空调、分区单体空调、音乐播放系统、语言图像传送系统、传送图书及其他材料载体的垂直及水平自动化传送装置、客货运电梯、残疾人无障碍通道，自动喷淋消防设施、安全监控自动报警系统，设防火、防盗系统中央监控室，采取温感、烟感自动报警装置和消防喷淋系统，在不适合水消防的部分（如古籍库等）设烟温感双重报警加气体灭火装置。

沧州图书馆作为地区中心馆，对县（市）、区人口、外来人口的服务，包括数据共享、资源整合等基础设计，体现了集约、集成、集群的现代理念。引进了现代化图书馆的管理手段，达到了设备现代化、界面人性化、管理智能化目标。建筑物内部的综合性网格化布线，将图书馆业务活动的计算机集成管理系统与为读者提供服务的数据传输系统、语音播报系统、RFID 文献智能化管理系统、电子图书阅览平台以及全国文化信息资源共享工程沧州市支中心服务平台和安全监控系统等各种需求的线路系统组合于标准的布线系统，使之能适应沧州图书馆业务活动的发展需求。全馆舍内实现了无线网络覆盖，读者可以获得灵活便捷地移动网络服务，获取各种文献信息和数字资源。

少儿益智游戏大屏

自助检索机

免费 WIFI 登录界面

四、实现多元功能

新馆的专业设计具有文献保存、社会教育、学术交流、读者自习、文化休闲等基本社会功能，数字化网络技术的应用更拓展了阅读推广、知识传播等创新型服务需求。图书馆能同时满足各类文献保存及借阅，不同读者群体的阅览与活动、信息咨询与服务、专题文献开发与研究、非书类音像资料利用、学术报告与交流、讲座与会展等多种需求。

根据当代图书馆社会服务的发展趋势，新馆在平面功能布局上，根据图书馆专业活动的不同特点，遵循动静分区的原则，设计了动区、次动区、次静区和静区。

读者西餐厅

根据新馆面对的用户人流和活动空间等需求，与图书馆基础阅览功能差异较大的会议报告厅、培训教室、餐厅等功能区域，安排于地下一层，此为动区；读者与文献流通量最大的开架阅览区，设置于一、二层，包括一层总服务台、少儿服务区、低幼服务区，二层中文图书借阅区、音乐图书馆等场所，即为次动区；读者与文献流通量相对稳定的开架阅览区置于三层，包括报刊阅览区、地方文献阅览区、政府公开信息查询室、专家研究室、古籍阅览室、专题文献馆、数字资源服务区等场所，即为次静区；公务接待、行政办公、会议室、部分专题文献馆设在四层，即为静区。同时，图书馆的基本书库、采编部、设备用房、停车场等也安排在地下一层，形成低藏高阅的整体格局。这一布局充分利用了馆舍空间，保证了图书馆业务流程中各个环节之间有效连接，使馆藏文献更能紧密贴近读者，提高图书馆的服务效率。

新馆南门

05

第五章

城市图书馆服务

社会公众文化服务是城市图书馆存在的前提，也是图书馆工作的出发点和归宿。沧州图书馆不断创新服务手段，深化服务层次，延伸服务范围，完善服务体系。

图书馆将书刊借阅服务、网上数字资源服务、参考咨询服务、专题服务进行系统整合，所有文献全部对读者开放，所有读者均可以享受到平等、免费的图书馆服务。图书馆每周举办公益讲座等多种阅读推广活动，为公众搭建与文化学者、行业专家面对面交流的平台。图书馆通过政府公开信息查询、馆际联合咨询、馆际互借等服务以及编印《信息参考文摘》等，为沧州政治、经济、社会发展提供信息支持。通过送图书下乡，建立农家书屋，服务新农村文化建设。主动关注社会特殊群体，如为残疾读者送书上门，帮助老年读者和进城务工人员学习电脑操作，举办丰富多彩的少儿活动等。

伴随新馆开放，沧州图书馆确立打造“城市靓丽厅堂、百姓温馨书房”的服务理念，同时明确了“平等、免费、开放、人性、文明、高效、多元、休闲”八个服务特色。在人员紧张的情况下，依然将开馆时间调整到每周62小时。图书馆人坚持每周学习例会制度，强化技能培训，完善礼仪服务。图书馆还开设了许多便民服务项目，如免费饮水、存包、存车，开放读者餐厅等，为读者提供温馨、便捷的服务。

存包柜

第一节

“沧图讲座”——百姓讲坛

“沧图讲座”最初名为“星期日公益讲座”，2000 年 4 月起推出，内容包括文学艺术、科学知识普及、沧州历史文化和社会经济发展等公众关注的热点问题。2013 年 7 月 1 日改名为“沧图讲座”。经过十多年的探索与创新，“沧图讲座”逐渐固定为每周一讲，并形成了多个主题的系列，成为河北省公共图书馆讲座的品牌之一，在国内图书馆同行中有较高的声誉。

沧州是河北省的地级城市，在全国属三线城市，名家、学者资源急缺，沧州图书馆因地制宜，采取外地名家视频讲座与本地学者到馆开讲相结合的方式，同样把讲座办得有声有色。每个月的讲座内容会提前在网站和馆内的公告栏上发布，供读者自由选择。视频讲座活动之前，主持人先简要介绍把主讲人和讲座内容，给听众以重点提示。沧州本地讲师都经过精挑细选，讲座内容要求积极正面，并有一定的专业深度。同时注意讲演语言通俗易懂，风格生动有趣。图书馆每年都会就讲座活动进行读者调查，汇总反馈，然后依据读者需求和喜好，安排下一年的讲座内容。

星期日公益讲座

沧图讲座——商隶君

沧图讲座——张旭

沧州图书馆公益讲座活动已经养成了相对稳定的听众群体，也获得了政府部门的信任和社会各界的关注，与图书馆合作举办讲座成为一种社会风气。

2002 年 4 月至 5 月，沧州市多家中小学与图书馆联合举办了“成长的阶梯”系列讲座，邀请高校教育系讲师、幼儿教育专家担任主讲。五场讲座共吸引了 2000 余名家长的参与。听众事后普遍要求图书馆讲座能持续下去，为家长和孩子提供更多的学习方法和教育心理知识。

2009 年 9 月，由中共沧州市委宣传部主办，沧州市文化局协办，沧州图书馆承办的第十届沧州文化艺术节“同在一方热土、共建美好家园——沧州历史文化系列讲座”在市图书馆举行。活动以“涵养城市文化内涵、滋育城市人文气质”为主题，五位沧州历史文化学者分别以“壮阔沧海灿烂狮城——沧州优秀历史文化”“盛世文化之星——纪晓岚”“沧州武术的历史渊源与发展前景”“京杭大运河及其文化漫谈”“吴桥杂技及吴桥杂技文化”为题进行了五场演讲，他们以精练的语言、渊博的知识和严谨的治学态度诠释了沧州历史文化概貌，客观、全面地评价了一代文宗纪晓岚的历史功绩和学术成就，解读了沧桑厚重的大运河文化、沧州武术和吴桥杂技。先后吸引了 3000 多名市民参与，许多听众特地从沧州各县市赶来，一场不落地听完了系列讲座。

沧州历史文化系列讲座

沧州图书馆新馆开放后，“沧图讲座”获得了更多高水平名师的青睐，得到了更多新老听众的关注。图书馆紧扣大众关注的社会焦点，精心策划讲座内容与系统安排。2014年，先后推出的沧州籍著名演播艺术家张家声主讲的“口才与人生”、沧州籍青年作家李浩及学生吕漪萌主讲的“马尔克斯与文学可能”、辽宁师范大学心理学系副教授李灵博士主讲的“幸福——你心中真正的中国梦”、沧州籍知名电视主持人白燕升主讲的“这个时代依然需要信仰”、沧州籍文化名人王蒙主讲的“王蒙与读者见面会”等讲座，一票难求，座无虚席。15 年来，“沧图讲座”已举办 1000 余场，累计接待听众达 40 余万人次。

著名演播艺术家张家声沧图开讲

马尔克斯与文学可能 ——李浩、吕漪萌

沧图讲座—— 白燕升

沧图讲座——延参法师

第二节

数字时代——把图书馆带回家

随着数字化、网络化、信息化在全球迅速兴起，世界各国图书馆相继进入数字化时代。图书馆服务不仅包含读者到馆服务，还要满足读者及时获取服务、按需获取服务、任何人都能获取服务的要求。

沧州图书馆充分整合各种资源和技术，应用各种数字服务手段突破时空限制，把服务送到读者身边，扩大数字图书馆服务人群的覆盖面，彰显信息公平和均等化服务。

一、互联网与数字资源

沧州图书馆计算机总数为 419 台，其中供读者使用的 386 台。除了三楼数字资源服务区的 80 台计算机外，全馆各服务区都设置了数量不等的连接互联网的计算机，18 岁以上读者可凭读者证自助上机，随时使用馆内和互联网上的数字资源。

一楼低幼区设有少儿数字资源阅览室，里面的 30 台计算机，未直接连接互联网，儿童可持少儿读者证到服务台开通上机，每人每天限时 1 小时，可浏览馆藏少儿数字资源，看动画片，玩益智游戏。

二楼的视听体验区收藏音像资料 1545 套 5344 盘，内容涵盖戏曲、民乐、古典音乐、流行音乐、音乐会、演唱会、戏曲、纪录片等，供读者免费自助视听。全馆实现无线网络全覆盖，18 岁以上读者输入读者证账号及密码即能登录免费使用。

沧州图书馆拥有目前拥有资源数据库 16 个，包括电子图书、电子期刊、电子报纸、学位/会议论文、数值事实、音视频资料等，内容涵盖自然科学、人文社会科学各个领域。正式购买资源有以下几种。

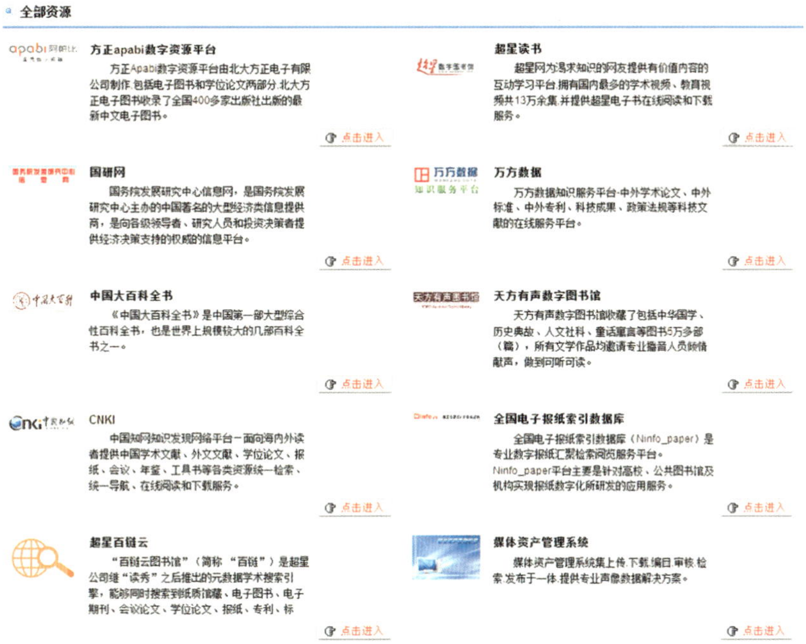

部分正式购买数字资源

（1）方正阿帕比数字资源平台：包含政治、法律、文学、艺术等种类齐全电子图书 6 万余种，8 万余册。

（2）超星数字图书馆：包含政治、法律、文学、艺术等种类齐全电子图书 7.5 万册。

（3）万方数据：涵盖期刊、会议纪要、论文、学术成果、学术会议论文的大型网络数据库。沧州图书馆已订购学术期刊、学位论文、学术会议、中外专利、科技成果、中外标准、图书等全部资源。目前包含学术论文 6000 余万篇、图书 4 万余册等。

（4）万方视频：以科技、教育、文化为主要内容的学术视频知识服务系统，目前万方视频共有资源 32 万多分钟，每年预计新增 12 万分钟。

（5）万方数据中小学数字图书馆：会集整理了我国基础教育领域的期刊、学位论文、会议论文、图书、视频、试题、微课，全面涵盖了中小学十几门学科。

（6）天方有声数字图书馆，是为了适应数字化出版时代的要求应运而生的电子产品。收藏了包括中华国学、历史典故、人文社科、童话寓言、幽默笑话、音乐美术、生活百科等图书 5 万多部（篇）。

（7）中国大百科全书数据库：以《中国大百科全书（第一版）》《中国大百科全书（第二版）》等全部内容及相应更新资料为基础数据，内容共计逾 20 万条目，80 万知识点，

2亿文字量，并配含数万张高清图片、地图。数据库收有国家、人物、世界遗产名录、国家级非物质文化遗产等多种附录数据，并设“历史上今天”“大事年表”（收录各学科具有重大历史意义的事件）等特殊数据资源。

（8）超星百链云：专业的学术搜索门户，其包含海量的中外文文献数据，目前包含264个中外文数据库。

（9）全国电子报纸索引数据库：专业数字报纸汇聚检索阅览服务平台，目前平台包含684份报纸，更新无时滞，报纸数量在不断扩充。

（10）书香沧州：中文在线特别为沧州图书馆推出的“基于互联网数字图书馆”服务，目前该网站上已推出10万册数字图书和3万集有声图书。

（11）维普考试资源系统：维普资讯专门研发的集日常学习、考前练习、在线考试、模拟测试等功能于一体的大型教育资源数据库。维普考试题库资源涵盖了英语、计算机、公务员、司法、经济、考研、工程、资格、医学等领域。

（12）乐儿数字资源平台：包含原创《乐儿》科普教育动漫数字资源、原创《大话孔子》国学教育动漫数字资源、《世界童话名著》绘本有声电子书（中、英、日三种语言版本）益智游戏、科普知识问答等。

（13）库克数字音乐图书馆：收藏了世界上98%以上的古典音乐以及世界各国独具特色的民族风情音乐、爵士音乐、电影音乐、新世纪音乐等多种音乐类型，并配备有丰富的文字资料介绍，会聚了中世纪到近现代9000多位艺术家、100多种乐器的音乐作品，50多万首曲目。

（14）国研网：国务院发展研究中心主办的中国著名的大型经济类信息提供商，是向各级领导者、研究人员和投资决策者提供经济决策支持的权威的信息平台。其子库包括国研视点、宏观经济、区域经济、金融中国、行业经济、企业胜经、世经评论、高校参考、国研数据、规划报告、行业研究报告。

（15）龙源期刊：由龙源期刊网根据读者的需求，专门定制的大型人文类期刊网上阅览室，与纸版刊物同步发行，目前收录了3000种人文大众类期刊，内容涵盖时政、党建、管理、财经、文学、艺术、哲学、历史、社会、科普、军事、教育、家庭、体育、休闲、健康、时尚、职场等领域。

试用的数据库有读秀、知识视界、雅乐校园经典影院数据库、中华经典古籍库等，到

2015 年 4 月 16 日拥有本地镜像资源 46TB。2013 年 7 月至 2014 年底网站访问者 110899 人，浏览量 314280 PV；数字资源进入次数 12721 次，点击次数 232303 次，数据流量 60199MB。

二、数字大屏

沧州图书馆现有 8 台触摸屏综合展示平台。此平台集读书、看图、读报于一体，通过自定义触摸屏首页，展示沧州图书馆各种信息，如馆情简介、沧图讲座预告、活动通知、照片等内容。同时引进期刊数据库与触摸屏相结合，将传统阅读习惯和高科技数字化阅读理念相结合，带给读者全新的数字阅读体验。

读者站在触摸屏前，只需要在屏上轻轻点击，即可方便的选择、浏览全国百余种期刊、报纸，并可随意移动、放大、缩小和翻阅报纸页面。所有报纸都是当天在线自动更新的，与纸质报纸保持同步，无须人工导入，资讯及时、准确。每日根据综合报、都市报、晚报、行业专业报及各省市地区进行分类，报纸版面的变化随当日出版内容进行网络实时传输数据更新，读者通过分类、地区和首字母三种查询方式进行查询，就会出现以最新报纸的头版版面缩略图为导航的报纸列表，方便读者查询新旧报纸内容。

数字大屏

三、移动服务平台

2013 年，沧州图书馆开通短信服务，读者可通过手机获取图书到期提醒、预借取书通知、讲座通知等。

沧州图书馆微信平台

2014 年，沧州图书馆微信公众平台开通认证，成为河北省首家认证微信公众号的公共图书馆。截至 2015 年 4 月 16 日有 5600 余人关注。为了更好地方便读者，沧图将微信与“超星移动图书馆”进行整合，通过微信可以使用我的图书馆、云阅读、常用服务等功能模块，读者还可将读者证号绑定微信，从而实现随时随地续借、查询等服务，及时了解沧州图书馆的各项活动、馆讯等信息，还有海量电子书刊可以随时阅读。

沧州图书馆还开通国家图书馆移动阅读平台，分享电子图书 4 万余册。

第三节

参考咨询——资讯导航站

参考咨询服务是公共图书馆为社会提供深层次服务的主要形式。计算机技术、网络技术和信息技术的飞速发展，为参考咨询服务提供了更为广阔的发展空间。馆员依托丰富的馆藏纸质资源及海量数字资源，为读者提供专题检索、事实查询、馆际互借、文献传递、读者培训、网络资源链接导航等咨询服务。

一、服务内容

沧州图书馆参考咨询服务区分为政府公开信息查询区、工具书阅览室、专家研修室三个部分，共设有读者查阅座位 60 个，读者电脑 4 台。

政府公开信息查询区收存全市 50 多个单位每年报送的政府信息。读者可以免费查询纸质或电子版政府公开信息，还可登陆沧图网站查找所需资料。

工具书阅览室拥有藏书 1 万多册，包括社会科学、自然科学各类百科全书、字典、词典、手册、精品文集、部分国家标准、专利、外汉—汉外工具书等书籍供读者阅览查询。本室同时履行参考咨询室的职能，在为到馆读者提供现场咨询服务的基础上，还通过电话、电子邮件、实时交流软件、网上联合参考咨询等为馆外读者提供参考咨询服务。7 个专家研修室为读者开展专题性学习研究和学术探讨提供场所。

二、服务对象

1987 年，沧州图书馆成立信息辅导部（后改名为“参考咨询部”），创办了《城乡信息》《图书馆简讯》和《参考文摘》三个内部刊物，除为社会管理决策者、科研教育和企事业单位提供参考咨询服务外，更多的是为社会公众提供信息查询服务。《城乡信息》为双月刊，主要面对企业和农民，其内容为科技信息、卫生保健、科学种植、养殖及各行业预测。《图书馆简讯》为双月刊，主要内容为文化工作政策、学术研究、图书馆（室）活动、读者之声、业务知识等。《参考文摘》为不定期活页，配合本市经济工作开展情况，选摘中央、外省市工作经验、动态，供本市政府决策。2007 年《参考文摘》更名为《信息参考文摘》，增设了“热点关注”“政务舆情”“民生”等栏目，更快更好地为社会管理机构提供信息服务。《信息参考文摘》还不定期加印专题文摘，如《三农专题》《武术专题》《文化专题》《十八大专题》等。2013 年新馆开馆后，参考咨询部推出了《馆员通讯》，为馆员提供信息参考服务。

信息参考文摘

三、服务方式

参考咨询部工作人员根据读者的不同信息需求，提供代查代检、课题服务、剪报服务、专题咨询等不同层次的服务。

（1）利用各种馆藏数据库内的数字信息资源，通过网上文献检索、全文获取、原文传递和印制馆藏文献等方式，为用户快速及时地提供所需信息。

（2）利用互联网搜索引擎，根据用户提供的文献资源线索，经过真实性、准确性和完整性确认后，将结果传递给用户。

（3）与国家图书馆、首都图书馆、上海图书馆、河北省图书馆等国内各级公共图书馆、高校图书馆建立合作关系，开展馆际互借服务，及时准确地满足读者的文献需求。

（4）利用“全国图书馆参考咨询联盟”，通过在线传递原文、发送电子邮件、在线实时解答等方式免费为全国各地读者提供参考咨询服务。每年接受全国各地读者咨询上千次，内容包括电子图书、期刊论文、学位论文、专利文献、古籍、家谱等资料信息。

四、特色活动

参考咨询部工作人员在接受读者咨询的过程中，及时汇总工作中的常见问题，将用户咨询最多的问题分类后，组织专题专家讲座，为公众普及知识、答疑解惑。如2014年7月开展的“与律师面对面”法律咨询月活动，由沧州图书馆联合市区5家知名律师事务所，免费为市民提供了6次法律咨询服务。为使咨询者能够深入地了解相关的法律法规，增强活动的实效性，在图书馆三层工具书阅览室设立了法律类书籍展示区，并辅导读者使用网络查询法律法规和政府公开信息，同时以网络资源导航形式向广大读者推荐所收集整理的法律法规类网站信息。

法律公益讲堂

第一季法律咨询月活动过后，很多读者依然通过到馆或电话、网络等渠道咨询法律问题。参考咨询部工作人员对咨询信息进行汇总整理，针对市民集中关心的房屋遗产纠纷、农民工工资拖欠、宅基地纠纷、债务纠纷、物业纠纷、劳动合同纠纷等问题，结合各个律师事务所的专长领域，在“十一”黄金周期间，再次联合五家律师事务所，推出了五期“让法律知识走进您的生活——法律公益讲堂”活动，内容涉及《婚姻法》与妇女维权、婚姻财产纠纷、《遗产法》《合同法》《交通法》等方面的实用法律知识，帮助百姓深入了解相关法律法规，解答现场观众提出的法律问题。为了满足读者与律师进行沟通与交流的要求，几乎每场讲座都延长半小时到一小时，受到读者赞扬。

第四节

社团活动——以书会友

一、夕阳红读书会

夕阳红读书会是由沧州图书馆老年读者自发组织的读书团体，成立于2000年，现有会员108名，其中年龄最大的87岁。读书会的成员多是离退休干部职工、部分在岗工作人员，日常活动包括交流读书心得、举办社员作品欣赏会、编辑出版个人专著和作品选集等，每周在市图书馆开展一次交流活动。

夕阳红书画展

建会14年来，读书会开展了一系列群众性读书活动，先后整理出版了《烽火岁月》《不落的太阳》《夕阳放歌》等十部文集，其中《烽火岁月》和《不落的太阳》分获沧州市社科出版物一等奖和二等奖。会员出版个人专著28部，在各级报纸杂志发表作品达1000余篇。

他们把出版或收藏的图书捐赠给社会各界，组织发起"捐一册图书，送一片绿洲"爱心捐助活动；2004年12月25日，在毛泽东诞辰110周年前夕，读书会举办了纪念毛泽东诞辰110周年座谈会暨红色收藏展；2006年10月，读书会部分成员在沧南监狱为服刑人员做国学知识公益讲座；2011年9月，夕阳红读书会的16位会员向运河区南新村社区图书室捐赠了200多册图书和一批报纸杂志，包括文学类、科普类等，既有老人收藏的，也有专门购买的，还有的是老人自己的著作；2012 年重阳节举行的“夕阳红诗歌朗诵会”，吸引了 200 多位老人参加，年纪最大的 85 岁。有的老年人因行动不便，还专门让子女将自己创作的作品带到活动现场，一首首原创诗歌表达了老人对祖国的歌颂，对以往岁月的感慨，对老年生活的感悟。

2013 年，在中国图书馆学会指导、中国图书馆学会阅读推广委员会主办的“图书馆‘书友会’优秀案例征集”中，沧州图书馆报送的“夕阳红读书会”项目获得全国图书馆“书友会”优秀案例二等奖。这是河北省在此次活动中获得的唯一奖项。近年来，随着规模的日益扩大，夕阳红读书会已成为中老年人展示自身才华的平台，不仅向社会推荐了书目，也大大激发了广大书友和文学爱好者的写作积极性。

二、大圆桌读写沙龙

大圆桌读写沙龙是沧州图书馆新馆建成后，由沧州本地的作家、写作爱好者、文学青年自发组织的文学研讨活动。沧州作家专题文献馆宽阔的大厅，橘黄色的大圆桌，承载历代沧州作家经典作品的弧形书架，充分契合文学沙龙的艺术氛围，搭建了一个文学交流的平台。

大圆桌沙龙合影

成立之初，读写沙龙的文友们每个月聚会一次，没有固定的主题，没有固定的参与人数，谈读书，谈写作，谈困惑，谈生活，谈人生，读读自己的作品，让大家提提意见。渐渐地有了主题，包括讲座、单个或多人作品分析、新书发布会、各专门体裁的作品研讨以及读书感悟、读书经验分享等内容。

2013 年 10 月 18 日，沧州籍著名作家王蒙应邀来到沧州图书馆与读者见面，在作家专题馆挥笔留下了“取精用宏”“诗书继世长”的题词，并与文学爱好者进行了短暂的交谈。2014 年 1 月 19 日，举行大圆桌读写沙龙“春之韵”诗歌朗诵暨研讨活动，大家朗诵了自己或别人创作的诗歌，并谈了自己的诗歌创作感想，包括诗歌与我、诗歌的创作自由、诗歌题材、诗歌语言、诗歌和大学生等多方面内容，文友们敞开思想，直抒胸臆，在交流中擦出创作的灵感与火花；4 月 17 日，沧州籍马来西亚华人女作家戴小华最新著作《文协四十年——文化的弘扬与创新》捐赠仪式在市图书馆举行，捐赠仪式上她回顾了前几次回乡的经历，阐释了新书的创作意图与过程，并与沧州本地作家进行了探讨与交流；5 月 18 日，“文学的自由与精神质地暨杨健棣中篇小说《农村青年崔栓桩的人生理想》研讨会”在沧州作家专题馆举行，沧州本地作家与文学爱好者以及外地应邀参加的作家一起分析了小说创作的理性要素与思想内蕴、故事构架与情节展开和一些必不可少的技术性问题，大家各抒己见，指出作品的优点与不足。

大圆桌读写沙龙目前已经举办活动 20 余场，参与人数 500 余人次，为文学爱好者提供了一片交流的园地。

第五节

特殊人群服务——用心创意，用爱创造

一、未成年人服务

阅读对少年儿童来说至关重要，英国哲学家弗朗西斯·培根说：“读书可以陶冶个性，每一种心理缺陷，都可以通过聪明的阅读来弥补。”少儿阅读不仅是提升少年儿童阅读学习能力、开发智力、培养科学精神和完整人格的重要手段，更是消除教育鸿沟、紧密家庭关系、传承民族文化、帮助少年儿童了解和适应社会的重要渠道。沧州图书馆历来重视未成年人服务，在新馆设计之初就首先考虑少儿服务区的位置、功能布局，在一楼北区针对不同年龄段的儿童设立了两个服务区，远离成人阅览区，为孩子们提供了一个开放、自由、专属的阅读空间。

1. 好奇小问号之家

沧州图书馆少儿部低幼区的阅览座席设计独特，从高处俯瞰下去，是一个“?”和一个“!”的造型，寓意让孩子们在阅读中产生疑问，不断探寻直至找到答案。少儿讲座活动“好奇小问号之家”便由此得名。聘请的讲师有幼儿教育专家、老师或学生家长，主要是讲给家长听，解答家长的教育疑问，如“做少儿阅读的点灯人”“让孩子爱上阅读，让快乐伴随成长”系列讲座告诉家长怎样以身作则，培养孩子的阅读习惯；“好习惯才有好成绩”“如何规划孩子的学习之路”则

沧州高级中学教师刘宝增谈高考阅卷

教授家长如何引导孩子掌握科学有效的学习方法；“爱生气的孩子怎么教”“你的孩子快乐吗”等讲座从心理学角度分析孩子的行为，让家长更加理解孩子，从而建立更加密切的亲子关系。新馆开馆以来，“好奇小问号之家”已经举办了 30 余场讲座活动，参与读者达到 2000 多人次。

2. 梦想故事屋

低幼区的梦想小剧场是一个令孩子们着迷的地方。海洋般蓝色的地毯、满墙的卡通人物、各式各样的玩具、高大的榕树、闪亮的小舞台，为孩子们提供了一个释放天性、展示自我的空间。绘本是最适合幼儿的读物，儿童通过一张张图画认识世界，通过读图建立与世界的关系，通过扮演书中的人物走进书的世界，从而爱上阅读。“梦想故事屋”是一个读绘本、演绘本的活动。少儿部馆员根据绘本内容制作成幻灯片，在大屏幕上展示出来，配合音乐，带孩子们走进故事世界。故事讲完后，还有表演环节。小朋友自愿报名，穿上道具服装，扮演绘本中的人物、动物、植物。孩子们的表演富于童真与想象，有些完全脱离了绘本内容。“梦想故事屋”活动在新馆开馆后共举办了 20 余场活动，有近 1000 名孩子与家长参加了活动。

“梦想故事屋”活动

3. 电影总动员

少儿部每周的电影放映活动起名“电影总动员”，春节、暑期等节假日都会有电影连映。选择的影片有儿童电影、动画片、纪录片，像《爱丽丝梦游仙境》《借东西的小人阿莉埃蒂》《海底总动员》《快乐的大脚》等经典影片，小读者可以提出建议或提供影片资源。新馆开馆一年半的时间共放映儿童影片 120 余场，观影人数约 6000 余人次。

“电影总动员”活动

4. 周老师手工作坊

“周老师手工作坊”系列活动包括少儿绘画、彩绘、亲子手工制作等，旨在培养小朋友的观察与动手能力，由咔咔美术学校周敏老师免费教授小朋友和家长。2013 年 7 月 1 日新馆试开馆当天，“周老师手工作坊”之“梦想在这里起航”少儿长卷绘画活动在一楼少儿服务区外大厅举行，小朋友们手持彩笔，在百米画卷上描绘出心中的世界；2014 年元宵节举办了“亲子灯笼彩绘活动”，在了解关于元宵佳节的来历与风俗后，孩子们在家长的帮助下，一个执棒燃爆竹的孩子、一篮丰盛的新年礼物、一串串金闪闪的元宝、一朵朵彩色的花边等形象呈现在灯笼上；2014 年暑期，“周老师手工作坊”举办了 6 期针对 5 ~ 12 岁小朋友的周老师手工制作活动：帽子彩绘、超轻黏土小木镜、宫扇彩绘、T 恤彩绘、扭扭棒小章鱼、超轻黏土卡通相框，背包彩绘等。每次活动后还举办了彩绘作品展览。截至 2014 年底，“周老师手工作坊”共举办活动 20 余场，参与读者达到 2000 多人次。

亲子彩绘活动

5. 义务小馆员

志愿服务是公共文化服务的重要内容，图书馆作为社会公益文化机构，通过招募志愿者参与图书馆服务与管理活动，提高公众对图书馆服务的认知度，尤其是青少年志愿者的招募，得到了众多学生与家长的积极响应。

2008 年，沧州图书馆开始在暑期招募“义务小馆员”从事志愿服务。当时正值北京奥运会召开，也是读者到馆高峰期，市图书馆于 7 月上旬在《沧州晚报》和沧图网站发布了招募小志愿者的消息，仅一个星期报名人数就已过百。经过选拔，最终有 23 名同学成为 2008 年暑期志愿者，图书馆向每名志愿者发放印有志愿者标志的服装和工作证。在启动仪式上，23 名志愿者庄严宣誓：“尽己所能，不计报酬，帮助他人，服务社会，践行志愿精神，传播先进文化，为建设团结互助、平等友爱、共同前进的美好社会贡献力量。”自 7 月

21 日起，这些志愿者在图书加工整理、图书流通、报刊阅览、计算机管理等 10 余个工作岗位志愿服务一个多月，圆满地完成了服务工作，得到读者的普遍认可。图书馆向每个志愿者颁发了志愿者证书，并把表扬信寄发到学校，以感谢他们的义务付出。

志愿者 活动启动仪式

小志愿者在整理书架

新馆开馆后，每年寒暑假都会招募近百名义务小馆员，年龄段为 7 ~ 18 岁的在校中小学生以及少数高校学生。7 ~ 14 岁的义务小馆员主要从事少儿服务区的图书上架整理、读者咨询、秩序维持等工作，15 ~ 18 岁的小馆员主要从事中文图书借阅区的图书上架、整理等工作，也根据他们的意愿、特长随时调整岗位。小志愿者通过面试后要先进行业务培训，了解工作岗位的内容与职责；接着进行业务实践，主要是小志愿者自主学习，在服务中就遇到问题随时请教馆员，提高解决实际问题的能力；图书馆还定期安排服务礼仪培训，帮助小志愿者提高服务能力，增强自身素质。

自志愿者活动开展至今，先后有 380 余名少儿读者参加了义务服务，有 200 余名小志愿者获得了沧州图书馆颁发的“优秀义务小馆员”荣誉证书。

二、残障人士服务

与正常人群相比，残疾人在获取信息方面更需要图书馆提供服务。沧州图书馆一直把残疾人列为重点服务对象之一，用信息服务为残疾人打开生命中的另一扇窗，充分保障残疾人自由、平等、无障碍的获取服务。

新馆开辟了残疾人“绿色通道”，配备无障碍电梯、通道、卫生间，残障读者优先办理所有事宜。开通电话续借服务和网上续借服务，免费送书上门，定期为残联图书室捐书。

新馆开馆后多次组织残疾人参观图书馆，体验无障碍设施，学习各种先进设施设备的使用方法，将爱心、细心、恒心落实到残障读者服务工作中。

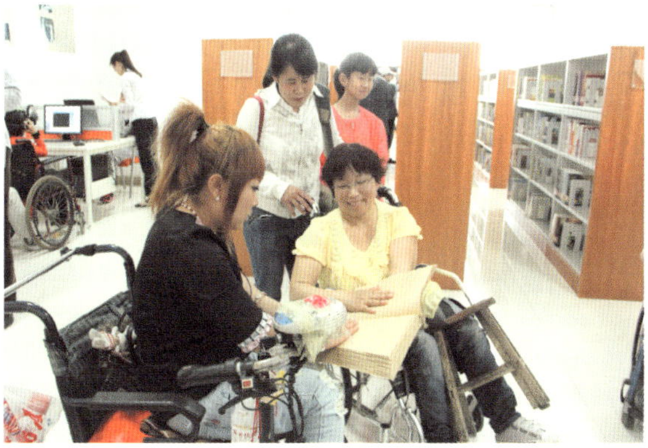

残疾人到馆阅读

盲人读者在“听”书

新馆一楼西区设置的视障读者服务区，主要面向盲人及低视力读者开展阅读服务。该区域现有16个读者座席，配置了500册盲文图书、200册普通图书、100多张有声读物，内容涉及医疗保健、文学艺术、生活法律、历史故事、心理学等门类。此外，图书馆还配备了智能阅读机、电子助听器、点显器、听书郎、盲文计算机系统等盲人专用设备。盲人和低视力读者借助这些先进的阅读辅助设备，不但能阅读盲文图书，还可以通过视、听、触等多种方式，阅读浏览原先只能供视力正常读者阅读的普通文字书刊和电子资源。

沧州图书馆将为社会弱势群体服务列入长期工作计划，不断拓展渠道开展帮扶活动。2008年12月28日，沧州图书馆精心挑选了300余册价值1000余元的最新少儿读物，送到沧州爱幼堂聋儿语训学校师生手中，并在经费紧张的情况下帮助该校建起图书室，为渴求知识的聋儿们带去了无限欢乐。从2014年开始，沧州图书馆招募朗读志愿者，把诗歌、故事录制成光盘免费送给盲人朋友，让他们与正常人一样感受阅读的乐趣，获得心灵滋养。

三、老年人服务

沧州图书馆针对老年读者开展公益文化和培训活动，丰富老年人的精神文化生活，让老年人学有所得，老有所乐。

“全民E时代电脑培训”是沧图开展的免费电脑培训活动，老年读者占大多数。培训半个月举行一次，由图书馆网络部馆员担任讲师，手把手教授计算机基础、电脑文件和文件管理、中文 Word 使用、计算机病毒与网络安全、网上炒股、网上读报、网上购物、QQ 聊天、电子邮件收发等常用知识。“打开桌面上那个蓝色的‘e’图标，然后点击网页上的电视剧”“在昵称栏输入给自己起的网名，以后就能用 QQ 和朋友交流了……”老年人专注地边听边操作，还不时用笔记录下来。除了集中培训，图书馆电子阅览室在平日也提供免费咨询服务，老年人在电脑操作中遇到问题可随时咨询工作人员。

老年人电脑培训活动

二层的音乐视听室设有“老年人作品专架”，专架上陈列的是 20 世纪 30 至 80 年代的老歌曲、戏剧、电影电视、评书等音像资料，老年人通过先进的高保真视听设备随意收听、收看自己喜欢的作品。音乐图书馆还不定期举办“最美夕阳红”音乐沙龙，吸引了众多老年音乐、戏曲爱好者的参与。

四、进城务工人员服务

进城务工人员是我国经济建设和城镇化进程中涌现的一类新型社会人群，主要分布在建筑业、第三产业等劳动力密集型产业或产业链的低端位置。他们的生存现状还不理想，日常生活水平较低，几乎没有任何形式的娱乐，大多面临着就业培训、社会保障、等许多公共服务不足的问题。沧州图书馆主动为他们及其家庭提供信息服务，帮助他们完善生存环境。

2009 年 5 月，由沧州市委宣传部、市文化局主办，沧州图书馆、群艺馆承办“农民工文化服务月”正式启动。启动仪式上，沧州图书馆与沧州高级技工学校签订了《沧州图书馆技工学校分馆建设与管理协议书》，并向技工学校赠送图书 1000 册、期刊 100 种、价值 1 万元的共享工程卫星接收设备 1 套及部分电子资源。在一个月的时间里，市图书馆为进城务工人员推荐阅读书目，包括专业技术类、心理类、求职类图书和报刊资料，以方便他们随时学习，提高自身素质和竞争能力。同时在进城务工人员较为集中的工地或聚居地派发宣传手册，举办展览，介绍图书馆的地址、交通路线、馆藏资源、服务项目以及阅读的价值等内容。

新馆建成后，为方便包括进城务工人员在内的职工到馆学习，沧州图书馆设立24小时自助图书馆、自助还书机，图书馆日常开馆时间为早9:00至晚7:30，6月至10月闭馆时间则延长至晚9:00，使进城务工人员有更多的时间到馆读书。考虑到进城务工人员子弟与外界接触较少，沧州图书馆专门邀请他们参加“沧图之旅”活动。首先在讲解人员的带领下参观新馆，了解新馆的功能布局、资源分布情况，随后在三楼的电子阅览室参加电脑知识培训，最后在一楼少儿部参加少儿活动，阅览少儿电子资源。

以后，每到节假日期间，有许多进城务工人员子弟来到图书馆，看书、参加活动、做作业，有的还报名当上了“义务小馆员”，与同龄的孩子一样享受图书馆服务，同时为他人提供服务，这让他们的父母既开心又放心。

“沧图之旅”活动

06

第六章
四季之“阅”浸润书香

城市化是人类现代生活不可回避的发展趋势。一座城市真正的、内在的美，在于这座城市人们的气质与品位，美的城市应当拥有热爱阅读的市民。城市图书馆是公民终身读书和接受继续教育的学校，持续有效的开展各类阅读推广活动成为图书馆业务的重要组成部分。沧州图书馆通过广泛开展群众性阅读活动，倡导阅读理念，弘扬阅读文化，营造书香城市，让读书学习真正成为广大市民群众自觉追求的一种生活方式，为塑造城市新文化培育良好的人文环境。四季轮回，书香不绝。

第一节

春意盎然——改变从阅读开始

春回大地，乍暖还寒。图书馆员从新春伊始就开始了一年的忙碌。春节、元宵节、世界读书日、服务宣传周……在春日里为读者撒播阅读的芬芳。

一、元宵猜灯谜

灯谜，即写在彩灯上面的谜语，又叫“灯虎”，猜灯谜又叫“射灯虎”。春秋战国时期，出现了“隐语”或“庾词”；秦汉时期成为一种书面创作；三国时代，猜谜盛行；宋代起人们将谜条系于五彩花灯上供人猜射，自此在民间十分流行。

自1999年开始，沧州图书馆每年春节照常开馆。大年初一，馆长携馆员向到馆读者拜年。每年元宵节图书馆都会举行有奖猜谜会。通常都在两天以上，在馆内外悬挂张贴几千个谜条，内容涵盖文学、科学、成语、动物、植物、天文地理、名人名著等多个方面，读者根据答对数量获得相应奖品。开始是图书馆去企业寻求赞助，随着元宵猜谜会的知名度与影响力不断提升，现在是企业竞相要求赞助。15年间，有20余万名市民参与此项活动，许多市民也是从参加猜谜活动开始，养成了去图书馆读书的习惯。

2014年元宵节读书猜谜会

二、世界读书日

沧州图书馆在每年 4 月 23 日都会开展形式多样的活动，比如中小学生读书报告、课本演讲会、家庭藏书知识竞赛、诗歌朗诵会等。近几年，特别是新馆开馆后，沧图在读书日开展的活动更加丰富起来。

2014 年的读书日当天，沧图与沧州朗诵社联合举办了诗人阿紫“生命如诗”专场诗歌朗诵会，300 余人参加了活动。朗诵会分为吟诵亲情、感悟生活、珍惜生命三个篇章，由沧州朗诵社社员朗诵阿紫的部分代表作品，饱含热情的朗读带领现场观众走进诗的世界，听到《趁父母还在》《如果有那样一个黄昏》等诗歌时，许多观众流下了热泪。阿紫也亲临现场，与诗歌爱好者交流创作思想，分享人生感悟。

读书日开始的一周时间里，沧图还举办了优秀少儿图书推荐、沧州图书馆官方微信平台推广、“书在电光声影中”主题电影展映、“悦读”进社区、“图书馆故事随手拍”、数字资源掘宝大赛、“网络书香 · 掠美瞬间”等活动，共有 3000 多名读者参与其中。

三、服务宣传周

在每年的科普宣传周活动中，沧州图书馆通过公益讲座、文化展览、电影展播、读者调查、专题服务等读者活动把图书馆服务和资源延伸至城乡各地，提供给社会各阶层读者。

2014 年 5 月 26 日—6 月 1 日“图书馆服务宣传周”期间，图书馆举办了科普专家工作站揭牌仪式暨首场科普报告会，邀请中国气象科学研究院陆龙骅研究员做了题为《雾、霾与大气污染》的科普报告。在一个多小时的报告中，陆研究员详细讲解了雾、霾、PM2. 5 的概念、特征以及大气污染的危害，提出“雾、霾只是两种天气现象，古今中外都有，我们要治理的是污染，而不是雾霾”的科学观点，介绍了国内外治理大气污染的成功案例，并阐释了公众如何配合政府做好大气污染治理和环境保护工作。报告会最后，陆研究员还就南北极的环境保护、空气净化器的使用效果等问题与现场观众进行了互动问答。

宣传周期间图书馆还举办了服务进社区、“端午粽香·书更香·爱亦浓”——端午传统文化联谊会、“电影总动员”“不可不看的中国传统文化经典书籍”、开放科技体验区荐读等丰富多彩的读者活动，吸引了20000余名读者的参与。

宣传周包粽子亲子活动

第二节

生如夏花——书香伴你清凉一夏

夏季的炙热让许多市民选择到图书馆休闲阅读。沧州图书馆每年策划暑期书目推荐、少儿活动、讲座、展览等多样化的阅读活动，伴读者度过一个清爽有益的假期。

一、少儿活动应接不暇

2014 年的夏天特别热，来图书馆消暑学习的孩子也特别多。少儿部设立少儿经典名作推荐书架，推荐经典图书 100 余种；每周日下午推出的“电影总动员”活动，播放了《冰河世纪》《波鲁鲁冰雪大冒险》《辛巴达历险记》《查理和巧克力工厂》等 8 部经典影片；梦想故事屋“卡梅拉系列”之《我想去看海》和《我想有颗星星》吸引了 200 多儿童和家长的参与；招募青少年志愿者 42 人，并以表扬信方式对 8 名志愿者提出表扬和感谢。

暑期少儿活动

图书馆少儿部暑期还举办了蝴蝶展、科普体验、亲子集邮课堂、少儿礼仪培训、绘本讲读等亲子活动，让孩子们在图书馆度过了一个清凉、快乐、颇有收获的假期。

二、听讲座，学电脑，读经典，与律师面对面

2014 年暑期，共推出“沧图讲座”九期，其中《漫谈莫言》《做少儿阅读的点灯人》《亲子集邮课堂》《成长中的关键词》等讲座引发读者的关注，几乎场场爆满。同时，为使老年读者、农民工及家庭困难人员更好地适应网络时代，市图书馆在暑期举办了两期免费电脑培训活动，吸引了百余名读者报名学习。

魔幻现实主义文学代表人物、诺贝尔文学奖得主马尔克斯在 2014 年 4 月逝世，为了纪念这位文坛泰斗，7 月 28 日至 8 月 3 日，“无限的文学可能——马尔克斯作品阅读推广周”活动在沧图举行。活动期间举办了马尔克斯作品推荐阅读、经典影片播放、微信答题、马尔克斯作品经典语录推送、马尔克斯给读者的告别信推送、名家讲座等系列活动，专门入藏马尔克斯作品 8 部，放映根据马尔克斯作品改编的电影《霍乱时期的爱情》4 场，让广大读者充分领略了马尔克斯魔幻现实主义文学的魅力。

7 月 26 日至 8 月 30 日，图书馆在每周六上午举办“与律师面对面——法律咨询月”活动，邀请市内多家知名律师事务所的专业律师，面对面解决读者提出的法律问题。工具书阅览室专门设立了法律类书籍展示区，供咨询者和法律工作者使用。此外，还推出了家庭教育专题、旅游专题、武器专题、中国好书等阅读推广活动，各种活动 80 余场。

2014 年暑期，沧州图书馆总共接待读者 80 万人次。

三、燕赵（狮城）少年读书系列活动

燕赵（狮城）少年读书系列活动是由河北省文化厅、省教育厅、团省委联合主办，河北省图书馆学会和全省公共图书馆承办的河北省青少年品牌读书活动之一，从 2004 年开始举办，至今已经走过了十几年历程。

由沧州图书馆和市图书馆学会承办的狮城少年读书系列活动，在这十几年中以不同的主题，在全市城乡中小学生中广泛开展了近百项青少年阅读推广活动，30 余万青少年朋友踊跃参加，每年均有数百名小选手在全省燕赵少年读书活动中获奖，获奖人数在全省 11 个设区市中名列前茅。

2014 年燕赵（狮城）少年读书活动在 6 月份拉开序幕，以“品读乡情乡味爱我大美燕赵”为主题。活动为期 4 个月，开展了燕赵（狮城）少年读书系列活动十年回顾暨优秀作

品展、乡情乡思美文推荐活动、主题摄影图文展示活动、河北文史知识竞答等丰富多彩的读书活动15项，并自主策划了“狮城少年手拉手”青少年阅读接力、“情系狮城声动你我”——沧州市青少年原创诗歌朗诵会，全市十余万青少年积极参与，在中小学生中营造了更加浓厚的读书氛围，为提高广大青少年的思想道德素质和科学文化素质起到了推动作用。“情系狮城声动你我”沧州市青少年原创诗歌朗诵会获2014年书香燕赵拼图特色读书活动创意奖。

2014年度燕赵（狮城）少年读书系列活动启动仪式

第三节

秋叶静美——尽享城市阅读盛宴

一叶知秋，硕果累累。沧州图书馆秋季举办的“读书节”“读书月”活动是全年活动的重头戏，是一场城市的文化盛宴。

一、读书节

沧州图书馆曾经承办过三届读书节活动。读书节由沧州市委宣传部、市文化局、市教育局、市社科联等九家部门联合主办，沧州图书馆承办，几十家单位协办，每届读书节活动都有固定的主题，旨在推广全民阅读，吸引更多人走进图书馆。

2000 年，沧图承办了沧州市首届读书节。首届读书节包括开幕式、万人读书签名、专题读书知识竞答、特色馆藏文献展览、唐诗宋词欣赏、现代生物技术及其应用公益讲座、传统诗词朗诵比赛、夕阳红读书会成立大会、社会各界文献捐赠仪式、送科技图书、信息下乡服务活动、我与图书馆征文活动、优秀读书成果评选活动及报告会、诗集《微言琐吟》评论研讨会等近 30 项读者活动，共吸引 5 万余名读者的参与，办理各类借阅证 500 多个，《沧州日报》《沧州晚报》、沧州电视台、电台对各项活动进行了跟踪采访和报道，在醒目位置刊发活动消息报道 30 余篇、图片 10 余幅，播发活动新闻 8 条，报河北电视台 1 条，同时制作了专题片在《狮城视点》播出，首届读书节还被《沧州晚报》评为当年十大新闻之一。

2003 年，沧图承办沧州市第二届读书节活动。历时 1 个月，参与读者近 8 万人。此次读书节以“倡导全民读书，共建学习型社会”为主题，以提高市民的思想道德素质和科学文化素质为宗旨，举办了沧州读书论坛、《图书馆——人民的终身学校》图片展、个人藏书展、红色收藏展、图书馆知识竞赛、读书知识竞赛、家庭读书知识竞赛、大中学生英语短剧大赛、好报好刊进家庭、普通话名篇朗诵等 38 项活动。

2006 年沧图承办沧州市第三届读书节。举办了“书香溢四方——关注弱势群体爱心捐赠”“国学公益讲座”、国庆书展、优秀讲座及影片展映、小学生主题演讲大赛、“沧州市中小学优秀中英文课本剧表演大赛”、国学讲坛等 16 大项 60 小项活动，参与读者 9 万余人。本届读书节以其广泛的参与性和独特的创造性，成为提高市民文化素养的一次重要盛会。

沧州市第三届读书节

二、全民读书月

沧州图书馆在 2001 年、2002 年、2004 年、2013 年、2014 年共举办过五届“全民读书月”活动。2013 年新馆落成后，各种先进设施得以充分利用，当年的读书月活动吸引了 40 余万读者的参与，自此决定把“全民读书月”活动定为每年一届。

1. 2013 年全民读书月活动概览

2013 年全民读书月以“打造书香狮城共建精神家园”为主题，举办了王蒙与读者见面会、“书香满园墨影流芳”庆国庆读书游园会、全市大学生读书知识挑战赛、“我与图书馆的故事”主题征文、优秀图书推荐、邀您走进图书馆、汉字听写大会、“读千古美文作少年君子”青少年经典美文诵读、宝宝故事秀、校园舞台剧展演、“幸福悦读知识共享”晒书会、“你好，图书馆——光影与文字之间”图书馆青少年摄影大赛、“魅力家庭秀”阅读成果展示会等 22 项 60 多场主题活动。

1）学者回家

“王蒙与读者见面会”是本届全民读书月最受读者期待的活动。王蒙祖籍沧州南皮县，1934 年出生于北京，中国当代作家、学者。他此次回家乡与家乡父老见面，还带来了他的新作《王蒙八十自述》。在见面会上，王蒙说：“时隔六年，再次回到家乡，沧州市区面貌一新，我感触很深。我们正从贫穷走向小康，从封闭走向开放，这让人很欣慰。适逢沧州图书馆新馆建成开放和全民读书月活动的进行，这表现了家乡政府对文化事业的重视，让人振奋。”他通过回忆儿时旧事，表达了自己对家乡的眷恋：“虽然我在进入学龄以后并没有在沧州生活，但我身上还是有沧州人的那股劲儿。我受大运河的滋养，难忘燕赵悲歌。”他与在场读者分享了自己八十载沧桑繁华的人生感悟，表达了对故乡热土的回望、怀恋和报答。王蒙虽已年至耄耋，但讲起话来气定神闲，思维敏捷，与青年朋友谈青春，谈人生，没有丝毫距离感，尤其是不时冒出的家乡话，引得现场读者掌声不断。

2013 年全民读书月“王蒙与读者见面会”

2）读千古美文做少年君子

为激发全市青少年热爱阅读、重视阅读、参与阅读的热情，增强中小学生阅读经典的兴趣，全民读书月期间在沧州各县市中小学中开展青少年经典美文诵读活动。经过层层选拔，其中 11 个在沧州图书馆进行了集中展演。舞台上，来自各个学校的表演者身着靓丽的演出服装，身后大屏上播放着画面，朗诵了《少年中国说》《满江红》《春韵》《悠悠寸草情》《蒹葭》《毛泽东诗词》《三字经》等中华经典名篇诵读节目，表达了孩子们对经典作品的喜爱与传承。

青少年美文朗读活动

图 152 “书香满园 墨影流芳”庆国庆读书游园会

3）“书香满园 墨影流芳”庆国庆读书游园会

国庆期间到馆读者数量骤增，举办游园会是个新的模式。电影厅安排了经典电影放映，7 天中观众达 3000 余人次。少年儿童服务区、文学艺术文献借阅区、自然科学和社会科学文献借阅区均设立了书评展牌和书评卡，让读者们用一句话评介自己喜爱的书籍，活动期间共收到一百余条读者的“一句话书评”，被选上登在网站的读者还获得了小礼品；通过借阅系统查询、筛选出借阅率最高的图书、杂志，制作成“悦”读排行榜推荐给读者，让更多读者一起分享优秀作品，并对读书月期间借阅图书排名前 10 位的读者进行表彰。

4）汉字听写大会

2013 年全民读书月期间，由沧州市委宣传部、市文明办、市文广新局、市教育局主办，沧州图书馆承办的“汉字听写大会”活动在沧州图书馆举行。此次活动以《通用规范汉字表》公布为契机，以比赛的形式提供了一个正字、正音的平台，在推广普通话和推行规范汉字的同时让青少年感悟到中国汉字博大精深的文化内涵。

“汉字听写大会”活动

活动分为中学组和小学组，面向全市中小学生，采取二级赛制。活动初赛由各学校自行组织，发放笔试考题，考题内容为100个不同难度的词汇，由参赛学校组织考试选拔出3名选手作为正式代表队成员参加比赛。经过层层选拔，全市共有31所中小学代表队进入决赛，其中小学组27支代表队，中学组4支代表队。经过激烈角逐，31支代表队分获得一、二、三等奖。18名同学被授予“汉字英雄”称号。

2013年全民读书月活动历时两个月，参与各项活动的人数达到40余万，省、市媒体高度关注，累计刊发新闻报道20余条，专版3个，5家本地主流门户网站转载或报道了读书月活动。

2. 2014年全民读书月活动概览

2014年，全民读书月于9月27日在沧州图书馆隆重开幕。本次活动以“书香润泽生命，阅读成就梦想”为主题，本着“市县配合、逐级落实、各有侧重”的原则，沧州市委宣传部、市文广新局、市文明办、市教育局、共青团市委、市社科联、市科协、市妇联、市文联、沧州日报社、沧州广播电视台11个主办单位密切配合、精心组织，通过承办单位沧州图书馆和图书馆学会的努力，共举办了16大项70多场主题活动，在全市城乡掀起了全民阅读的新高潮。

在为期一个月的时间中，各项阅读推广活动相继推出，精彩纷呈。全市青少年原创诗歌朗诵会、书目推荐、沧图之旅、阅读体验儿童剧展演、少儿手工制作及作品展览、我爱阅读“故事大王”选拔赛、全市大学生知识挑战赛、精彩视频大放送、读书摄影作品征集等活动，吸引了30余万读者的热情参与。

全民读书月推荐书目

儿童剧展演

1）原创诗歌朗诵会

来自沧州市区、各县市 13 个中小学的学生创作并朗诵的“爱我家乡”诗歌，声情并茂，感人至深。其中沧州市实验小学表演的童谣《家乡颂》、献县第二中学和献县实验小学共同表演的《文化献县谱新歌》、肃宁县第三中学表演的《情系狮城声动你我》、沧州市光明小学表演的《运河气魄，光明前行》、泊头市实验小学表演的《美丽校园，我成长的摇篮》、黄骅市骅西小学表演的《我多想》等节目表达了孩子们对家乡的热爱之情，赢得在场观众阵阵热烈的掌声。

2）全市大学生读书知识挑战赛

为开拓大学生的知识视野，激发他们的读书积极性，在读书月期间，市委宣传部、市文明办、市文广新局、市教育局、共青团沧州市委共同主办了全市大学生读书知识挑战赛，由沧州图书馆和图书馆学会承办。决赛分为“个人必答题”“团队必答题”“抢答题”“风险题”四个环节，内容涵盖生活、计算机、文学、体育、网络常识等多个方面，覆盖面广且贴近大学生生活。五支参赛队在比赛中各显风采，经过四轮角逐，沧州师范学院代表队以优异的成绩夺得一等奖，北京交通大学海滨学院和河北工程技术高等专科学校代表队获得二等奖，沧州医学高等专科学校和沧州职业技术学院代表队获得三等奖。这次活动让大学生在体验竞技乐趣的同时，也增加了知识储备，文化修养等综合素质获得提升。

原创诗歌朗诵会

大学生知识挑战赛

3）主题阅读推广周活动

“科学之美”——科普文献阅读推广周

由中国科学院老科学家科普演讲团副团长徐文耀主讲《发现科学中的美》，讲座吸引了300余名读者聆听；自然科学、社会科学文献服务区、报刊服务区推荐科普文献500余种；科技互动体验区正式对读者开放，让孩子们从小就体验到科学的奥秘和乐趣。

成长的阶梯——儿童早期教育阅读推广周

图书馆邀请全国知名早教专家悦萌作题为“让孩子爱上阅读让快乐伴随成长”的讲座。四场讲座分别在沧州市三家公立幼儿园和图书馆举行，吸引了近700名家长朋友的积极参与。活动期间还向30个家庭赠送了“少儿阅读大礼包”。

“科学之美”宣传周推荐专架

儿童早期教育讲座走进幼儿园

图书馆面向全市幼儿推出了“我爱阅读”故事大王选拔活动。进入决赛的21名小朋友们绘声绘色地讲述了《爱美的小公鸡》《一封鸡毛信》《小熊数面包》《三只小猪盖房子》等耳熟能详的儿童故事，经过评委现场打分，颁发了证书和奖品。

读书月期间，少儿部还举办了“故事妈妈”培训班、儿童心理健康咨询、“照亮童年”——绘本发展简史暨中外优秀绘本展、“装点我的阅读空间”——少儿手工制作及作品展览等活动，帮助更多的家庭开展亲子阅读，培养儿童早期的阅读兴趣和能力。

心灵的阳光——塑造健康心理阅读推广周

由辽宁师范大学教育学院心理学系副教授、中国心理学会学校心理学分会理事李灵博士主讲“幸福——你心中真正的中国梦”，以幸福为主线，从心理学角度，从世界幸福地图、蒙娜丽莎的幸福指数、怎样拥有幸福、感恩你的成长、愿景等几大方面进行了讲解。现场300多名观众同做手指操，并通过小纸条像李灵教授进行了提问。自然科学和社会科学文献服务区推荐心理类的图书200多册。

李灵教授心理学讲座

健康心灵讲座

戏剧的魅力——经典戏剧作品阅读推广周

由沧州师范学院副教授赵静春以“中国话剧百年经典《茶馆》赏析”为题作的讲座，用生动的语言讲述了北京人艺经典剧目《茶馆》的故事情节、人物性格及作者老舍生平，从艺术构思、戏剧结构、人物语言、时代背景、作品影响等五个方面深刻剖析了这部经典作品，展现了那个动乱时代独有的世间百态和小人物的悲怆命运，带领观众走进经典，感受经典作品的艺术魅力。来自全市的文学、戏剧爱好者共计 200 余人聆听了讲座。

在戏剧作品阅读推广周活动期间，沧州图书馆在少儿服务区、中文图书借阅区及报刊借阅区设立经典戏剧作品展示专架，同时通过馆内海报、电子屏、网站和微信平台同步进行书目荐读活动，引导读者阅读；同时在二楼音乐欣赏厅播放了《雷雨》《茶馆》《哈姆雷特》等根据同名话剧改编的电影，并在图书馆网站和微信平台推出经典戏剧作品知识答题活动，对答题正确率较高的 10 位幸运读者赠送了精美礼品。

4）沧州人回家说“信仰”

白燕升是沧州黄骅人，1991 年毕业于河北大学中文系，曾先后在保定电视台、河北电视台、中央电视台、香港卫视，做过记者、导演、主持人、制片人、副台长。2001 年荣获“金话筒”奖。白燕升即将莅沧举办讲座的消息在《沧州晚报》刊登后，受到各界读者的热情关注，电话预订和来馆领取讲座门票的读者络绎不绝。

讲座开始，白燕升从个人最喜爱的文学作品《命若琴弦》谈起，以传统戏曲艺术为切入点，深入浅出、声情并茂地讲述了中国传统文化的博大精深，诠释了老一辈艺术家对舞台、对艺术的深情敬畏和每日三省吾身的内心修行，讲述了自己多年来对于人生和艺术的思考以及从戏曲艺术中感悟到的中华传统文化精髓，提出“经济的快速发展需要文化的支撑，每个人都要有一个为之坚守一生的信仰”的观点。讲座结束后，现场还举行了白燕升新书《大幕拉开》的签售活动，200 余名读者踊跃参加了签售。

《茶馆》赏析

白燕升新书签售活动

5）“沧州好人”真人故事会

沧州近年来努力打造“好人之城”，大力弘扬“沧州好人”的感人事迹。“沧州好人”故事会采取“真人秀”的形式，以富有艺术性的短剧和讲述形式呈现了 6 位沧州好人的感人故事。

沧州好人故事会

几位讲述人饱含深情地进行了讲述：20 年关爱失足少年、无私扶老济贫的民警王红心，抛家舍业、几十年如一日照顾孤寡老人的青县康复敬老院院长周汝珍，无偿捐献 20 余架珍藏飞机的民间收藏家张长生，任劳任怨、无怨无悔照顾瘫痪公婆、丈夫、小叔的青县马厂镇村民赵春梅、七年风雨无阻背残疾同学上学的好少年吕希庆、做了一辈子好事的“雷锋奶奶”谢清洁的感人事迹。部分好人及亲属、邻居来到现场与观众见面，用朴实的话语表达了自己的心声，在场观众无不被他们的浓浓大爱所感动。

2014 年全民读书月期间，沧州各县（市）阅读推广活动也蓬勃开展。泊头市开展了新书推荐、我爱阅读“故事大王”选拔赛、“镜头里的书香生活”读书摄影作品征集活动；黄骅市组织开展了乡情乡思美文推荐、主题摄影图文展示活动，并报送多篇优秀作品；献县举办了“伟大复兴路共圆中国梦”图片展；东光县图书馆开展了红色经典影片放映、“于志祥、于磊美术摄影作品展”、阅读体验儿童剧等活动，受到广大读者的一致好评。

第四节

冬日暖阳——让阅读温暖心灵

冬天窗外银装素裹，图书馆内却暖意洋洋。沧州图书馆为到馆读者准备了形式多样的活动。

2015 年元旦期间，爱看电影的读者在图书馆负一层电影厅欣赏了根据经典名著改编的《傲慢与偏见》《灰姑娘》《悲惨世界》《在人间》《爱丽丝梦游仙境》《阿 Q 正传》等 6 部电影，并同时在二楼文学艺术借阅区的“书影同播”专架，借阅了同名书籍，在阅读与观影中感受经典作品的魅力；三楼数字资源服务区，年满 18 周岁的读者只需登记身份证就可以上网两个小时，有空位的话还可向工作人员申请延时，满足了许多临时到馆、没有借阅证的读者的上网需求；通过网站的数字资源推送“惠农资源”200GB，京剧资源 200GB，有 200 余人次进行了浏览；1 月 1 日—2 月 28 日，张仲瀚将军百年诞辰图片展在图书馆特藏部展出；“大年小戏闹新春”视频节目征集展播、“让我读给你听——经典名篇朗读暨光盘赠送”、“让我们一起聊聊书——微书评征集”、迎双节赠期刊等活动同时开展。

元旦诗歌朗诵会

少儿部在 1 月 1 日为小朋友们放映《爱丽丝梦游仙境》和《借东西的小人阿莉埃蒂》两部经典动画片；“最美笑脸”征集活动，读者将笑脸照片报送到少儿部，并配有 300 字以内的文字介绍，讲述笑容背后的故事，入围照片在少儿服务区展出，并赠送纪念品一份。节日期间许多小朋友都要和家长在图书馆待上一天，在节日里共享亲子阅读的美好时光。

春节亲子灯笼彩绘活动

2015 年元旦期间沧州图书馆共办理读者证 300 余个，接待读者 3 万余人次。

GERBES
CHINOISES
SIENHSIEN
10.34

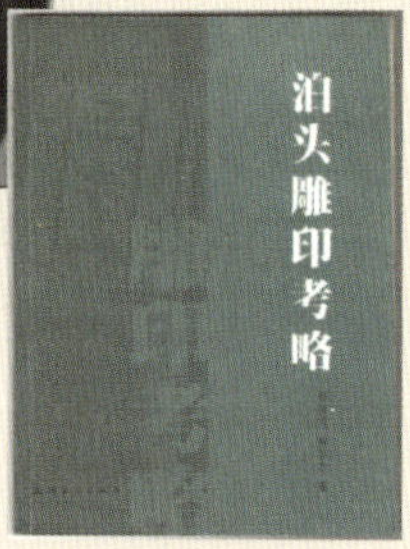
泊头雕印考略

07

第七章

城市图书馆公共文化服务体系建设

第一节

中心馆—总分馆建设——城乡居民同享文化权益

公共图书馆服务体系建设的目标是：结构合理、发展平衡、网络健全、运营高效、服务优质、覆盖全社会，保障公众书刊阅读等大众文化活动的基本权益。。

沧州市设新华区、运河区 2 个区，辖黄骅市、任丘市、泊头市、河间市 4 个市，沧县、青县等 10 个县及沧州渤海新区、沧州经济开发区、沧州高新技术产业开发区，总人口 720 万，总面积 1.4 万平方千米。市区面积 3.3 万平方千米，人口 78 万。沧州图书馆作为市级公共图书馆，承担了本地区中心图书馆的角色，肩负着县及以下公共图书馆（图书室）的业务组织、指导、协调等多项服务职责。

由于多种历史原因，沧州市公共图书馆服务体系起步较晚。2008 年，沧州市建成第一个社区分馆，开始探索沧州公共图书馆服务体系的建设路径。沧州图书馆以市图书馆学会为依托，在沧州城市图书馆服务体系中发挥中心馆的协作、协调作用，在开展馆际业务交流、下基层辅导调研、举办各类业务培训班的同时，注重中心馆、总分馆建设和延伸服务。经过几年的努力，在中心馆—总分馆网络化管理、文献资源共建共享等方面已初见成效，市县两级分馆框架已基本形成。

馆外服务点

沧州图书馆作为中心馆，负责管理县级总分馆的业务活动。①根据中心馆—总分馆制的基本要求，研究制定并组织实施总分馆长远发展规划和短期工作计划；②研究制定县级总分馆各业务工作标准和规则；③组织落实统一采购、集中编目、通借通还、数字资源库建设、等工作任务；④由市图书馆建立统一的网络信息平台，提供计算机集成系统和网络系统的技术支持和维护等工作；⑤组织建立沧州图书馆统一平台的书目查询系统，强化中心馆—总分馆之间的信息存取和利用功能；⑥组织建立文献物流传递系统，合理周转中心馆—总分馆之间的文献资源，最大限度地满足读者需求，实现资源共享；⑦开展网上参考咨询服务，解答总分馆读者及工作人员的疑难问题；⑧对总分馆人员进行业务培训和考核。

沧州图书馆授权的县级总分馆有泊头市、黄骅市、任丘市、献县图书馆，中心馆—总分馆已经实现了联合编目、馆际互借、通借通还和馆藏数字资源共享，同时其他县级图书馆也完成了分馆软件购置。为使各分馆业务人员尽快掌握管理软件的使用方法，2014 年 3 月，市图书馆组织了“沧州市公共图书馆 INTERLIB 系统培训班”，用两天的时间集中讲解 INTERLIB 集群自动化管理系统的操作和日常的管理维护工作，提升了基层图书馆馆员的知识水平与业务能力。5 月下旬，市图书馆学会部分组织人员参加了由中国图书馆学会举办的“新型城镇化与图书馆服务体系建设研讨班”，学习先进图书馆服务体系建设理念，对沧州公共图书馆总分馆制建设项目开展调研和论证。

在沧州市区，沧州图书馆于 2008 年开始图书馆分馆建设，采用的模式是由分馆承办单位提供场所、设备、人员、日常服务和物业管理，由市图书馆负责文献资源的配送和专业指导，从而以规范化的管理形式，提供优良的文献信息服务。

沧州图书馆将“延伸公益文化服务”作为工作重点，在有一定的硬件设施和管理条件的企业单位、部队、学校、社区、建立分馆，实行文献资源的统筹分配、动态管理。在幞园社区、欣怡社区、维康社区、颐和文园社区、沧州高级技工学校等单位建立分馆 6 个，在空军驻沧部队、沧南监狱、老年公寓等单位建成馆外服务点 18 个，帮建农村图书室 10 余个，与市委宣传部合作创办了全市首个机关图书室，与市残联联合创建了首个盲人阅览室，将图书馆服务触角延伸到了社会各个领域，年平均轮换外借图书 15000 余册次。

通过联合书目、通借通还等区域内协作协调实现文献资源共享，为用户提供沧州图书馆馆缺藏资源，提高了本馆文献服务水平。2015 年 5 月 26 日，沧州图书馆利用中鼎文化传播有限公司免费提供的 200 平方米的二层临街门市房装修开办了沧州图书馆晓岚阁分馆，内设图书文献借阅区、阅读活动推广区、新技术利用体验区，配置自助借还、云链接数字图书借阅、电子读报、阅读导视、数字检索、RFID 门禁、馆员工作站等先进设备，馆藏图书 1 万册，实现与总馆的通借通还以及无线网络全覆盖。馆内装饰从顶棚到墙面均使用防腐木，书架、阅览座椅也为防腐木材质，达到欧式木屋式装饰的统一性与完美性。这是一家完全由市图书馆出资开办，由中鼎文化传播有限公司提供场地支撑的，位于闹市区主要干道一侧临街的为市民读者免费服务的市级公共图书馆分馆。读者流量大，社会效益好，开国内市级图书馆分馆临街建设之先河，具有极大的引领作用。

第二节

“共享工程”沧州市支中心——传播创新文化资源

2002 年，由文化部、财政部共同开始组织实施“全国文化信息资源共享工程”，沧州市文化信息资源共享工程于 2004 年启动，“共享工程”沧州市分中心设在沧州图书馆（2007 年改名为“沧州市支中心”），总投资 22 万元，配置了 20 余部电脑，1 台服务器，240 交换机，投影设备，卫星三级站及场地桌椅等；2005 年 6 月沧州市分中心进行扩容，新增 IBM 服务器一台、方正计算机 4 台，使原有服务器内存空间由 100G 增加到 400G，建成开通泊头、河间、任丘、黄骅、孟村、交河、辛店、梁召、苟庄等九个基层中心，在市十四中建成开通基层服务点；2006 年 12 月底全市已建成分中心、基层中心和服务点 51 个，遍布全市各县及部分乡镇和村民中心。截至 2014 年底，共建成 1 个市级支中心，16 个县（市、区）级支中心，4823 个乡镇（村、社区）基层服务点，初步形成了以沧州市文化信息资源共享支中心为核心的市、县、乡、村四级基层文化服务网络。

共享工程设备安装

一、管理和队伍建设

沧州市共享工程领导小组建立了完整的全市共享工程建设利用情况档案，明确了各支中心和基层服务点的具体负责人，并督导其做好记录工作，定期上报共享工程的业务开展情况，制定了《共享工程县支中心工作规则》《基层服务点工作规则》等规则，规范工作流程。同时，各县支中心协助市支中心担负着对乡镇和村基层服务点的管理、资源更新、技术维护、人员培训和绩效考核等职责。截至 2014 年底，沧州市文化共享工程依托全市县级图书馆、乡镇文化站等基层文化单位，建立了约 4000 多人的专兼职队伍。

共享工程培训

二、培训工作

沧州市支中心利用《河北省文化信息资源共享工程培训教程》，通过专业技术集中培训、上门辅导、远程指导等多种途径，加强对县、乡、村（社区）基层服务网点技术人员的业务培训。近年来，为提升共享工程服务水平，市支中心还多次组织县（市）支中心和乡镇基层服务点的业务骨干赴天津、唐山等地实地考察，学习先进的服务理念和服务手段。

三、资源建设

沧州支中心联合全市公共图书馆、群艺馆、博物馆、艺术研究所等机构，建立了文化信息资源联合目录，收集整理了沧州地方文献、大运河文献、杂技文献、武术文献等多个专题的文献资料，建立了沧州市特色信息数据库。

四、利民惠农服务

沧州市支中心在共享工程阅览室开辟了共享工程优秀资源推荐专栏，定期向读者介绍名家讲座、科普知识、法律、农业等栏目中的优秀资源，供读者查阅参考。注重信息的收集与整理，准确了解群众需求，及时下载最新信息，解决了农村群众科学种植、养殖的实际问题。据统计，自 2005 年以来，各级支中心共下载家禽家畜饲养、苗木、花卉栽培等相关信息达 10 万多字，并印成资料分发到村民手中。

送科技讲座下乡是惠农的又一具体举措，沧州市支中心在各县级支中心、基层服务点的配合下，根据当地的种植特色和发展需求，先后在泊头市郝村镇贾庄、黄骅市羊三木乡羊三村、吴桥、青县等地举办了“梨园病虫害防治”“怎样种梨”“培养健康的生活方式”“果树的栽培技术”“种子的真伪辨别”等科技知识讲座，将科学知识送到了田间地头，满足了农民对科技知识的需求。

各县支中心和基层服务点根据市支中心的统一部署，结合自身实际情况，面向基层，开展了“春节、元宵节经典电影大放送”“科技致富系列公益讲座”“ 春节戏曲网上跟我唱”等多种形式的惠民服务活动。

五、宣传推广活动

沧州市支中心及各县（市）支中心充分利用共享工程的设备和资源，采取多种手段，利用各种媒体的优势，因地制宜地开展形式多样的宣传推广活动。例如举办周日共享工程系列视频公益讲座，先后推出了“现代民俗解读系列”“解读传统文化经典系列”“成功家长教子系列”“蔡礼旭国学讲座系列”“科学发展观与和谐社会”等系列讲座，打造沧州市支中心品牌服务项目。

同时，针对未成年人这个重点目标人群，除了定期在馆内开展各种活动，市支中心还与教育局、体委等部门联合，深入各中小学校开展活动，引导广大未成年人关注、利用共享工程。

目前，支中心系统存储容量 131TB，应用服务器 26 台，网络带宽 150M，通过支中心网站和客户端向基层点广大群众开放的资源超过 45TB。

第三节

沧州图书馆学会——沟通城市图书馆的桥梁

1988 年 11 月，由沧州图书馆牵头成立了河北省第一个市级学会——沧州图书馆学会（Cangzhou Library Society，CLS）。该学会业务主管单位是沧州市文化广电新闻出版局，挂靠沧州图书馆，办公处所设在市图书馆内。接受沧州市社科联、市文广新局和河北省图书馆学会的业务指导，接受市民政局的监督管理。现有会员单位 27 个，会员 300 余人。学会下设秘书处、学术委员会、《狮城图书馆》编辑部。

沧州图书馆学会的主要业务范围是：组织学术研究，开展学术交流；编辑出版图书馆学书刊和图书馆学专业资料；介绍、推广和评定图书馆学研究成果；对会员和图书馆工作者开展继续教育和培训工作，普及图书馆学基本知识，传播推广先进技术，发现和推荐人才；为沧州市经济建设、社会发展的重大决策和图书馆事业发展中重大问题提供咨询服务。

沧州图书馆学会成立 24 年来，坚持“百花齐放、百家争鸣”的方针，坚持弘扬“尊重知识、尊重人才”的风尚，倡导献身、创新、求实、协作的精神，坚持独立自主、民主办会的原则，认真遵守学会章程，不断壮大会员队伍，团结全市各级各类图书馆，积极开展学术交流与研究，促进馆际间合作与协调，举办各种类型的业务培训班，组织形式各异的阅读推广活动。

学会每年举办一届年会和县级图书馆馆长联席会，不定期地邀请国内知名图书馆学专家学者举办高水平的学术报告会，并于 1999 年和 2010 年两次成功承办河北省市公共图书馆馆长联席会议，2000 年成功承办河北省图书馆学会图书馆地方文献工作学术研讨会；2008 年举办了纪念学会成立二十周年系列活动；2005 年至今每年承办一届狮城少年读书系列活动；2000—2006 年成功承办了沧州市第一至三届读书节，并因此荣获河北省第九届燕赵群星奖服务奖；2013 年成功承办了河北省图书馆学会年会。由于成绩突出，学会两次被评为全国大中城市先进学会。多次被河北省图书馆学会和市社科联评为优秀学会。

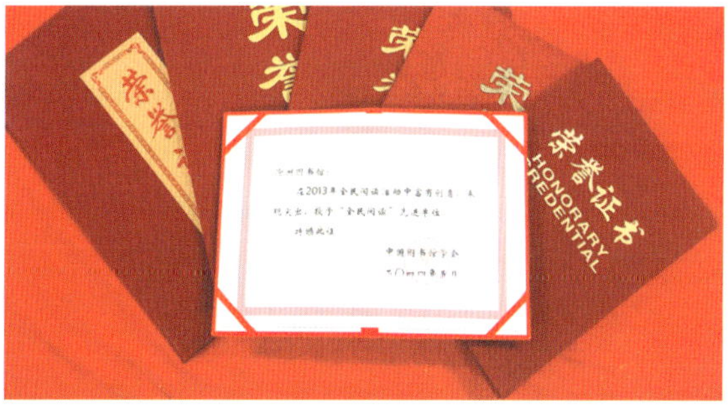

沧州图书馆学会荣誉

一、开展学术研究，扩大对外交流

学会非常重视学术研讨与学术研究的开展，每年都会组织不同主题的研讨会与学术交流活动。

1. 组织会员参加国家和河北省学术交流活动

学会积极发动会员参加中图学会年会和河北省图书馆学会年会的征文，十多年来收获颇丰。2013 年，有三篇论文分获中图学会年会一、二、三等奖；2014 年，又有一篇论文获得二等奖。2014 年的河北省图年会上，“沧州市 2014 年全民读书月”活动获得第一届服务创新比赛二等奖，“音乐图书馆服务创新案例”获得三等奖。同时学会还积极组织会员参加中国图书馆年会、河北省图书馆学会年会、中国社区、乡镇图书馆发展战略研讨会、川吉苏桂冀五省（区）图书馆学会学术研讨会、中国图书馆学会“百县馆长论坛”、河北省图书馆学会青年论坛等一系列高端学术交流活动，会员论文获得多项不同等级的奖项。

2011 年 10 月，由沧州图书馆学会牵头，沧州图书馆和部分县（市）图书馆参与编辑的《沧州市公共图书馆馆藏沧州地方文献提要目录》，由中国水利水电出版社正式出版。

纪念沧州图书馆学会成立二十周年大会既学术报告会

本书收编了沧州、泊头、任丘、黄骅、河间、南皮、吴桥等七个县（市）图书馆馆藏沧州地方文献，依据文献标准著录格式著录，并加入了内容提要，成为第一部反映沧州市各级公共图书馆地方文献资源建设成果的书稿，也是记录沧州历史文化发展的具有史料价值和学术价值的书目文献。

2012 年沧图学会申报立项了两项市级课

题，分别是重点课题“对沧州名人纪晓岚研究文献的研究”和一般课题“高校图书馆与公共文化服务体系构建”。

2014 年 6 月，组织部分会员参加了在广西南宁举办的川吉苏冀桂五省（区）图书馆学会第十四届学术研讨会；9 月 24—27 日，选派业务骨干参加了国家图书馆在天津举办的第五届全国文献采访工作研讨会；10 月 10—12 日，组织部分会员参加了在北京举行的 2014 年中国图书馆年会，沧州图书馆获得“全民阅读先进单位”荣誉称号，并作为获奖单位代表上台领奖。这是沧图第二次获此殊荣，并获得了申报“全民阅读示范基地”的资格；11 月 12 日学会理事长带队参加了在长沙举办的全国出版界图书馆界全民阅读年会，与文化界同仁就开展跨界阅读推广活动进行了交流与探讨，沧州图书馆报送的活动案例“无限的文学可能—马尔克斯作品阅读推广周”荣获优秀案例二等奖；12 月 11 日，部分会员参加了在江苏常熟举办的“中国图书馆学会 2014 年全民阅读推广峰会暨‘阅读推广人’培育行动”启动仪式。

2. 开展业务培训，组织参观学习

沧图学会自成立伊始，就十分重视对会员的业务培训工作，特别是近十年以来，学会每年都会组织会员参加国家、省级业务培训班，并自编教材，对业务骨干和新进馆员进行专题培训，提升了沧州图书馆从业者的业务水平。

2011 年 5 月，市图书馆学会组织部分会员馆的 12 名业务骨干参加了河北省图书馆学会举办的《中国图书馆图书分类法》（第五版）培训班，学习了其修订概况、分类体系与分类规则（实例说明）、《中国分类主题词表》Web 版等内容；11 月，学会组织部分公共图书馆业务人员参加了省图书馆学会举办的古籍保护培训班，系统学习了古籍整理和保护的相关知识。

2012 年 12 月，举办新馆员及业务骨干培训班，特邀河北大学管理学院图书馆学系四位教授，系统讲授了图书馆学概论与信息资源建设、用户服务与社会阅读、信息组织与描述和信息检索四门课程。培训活动历时 8 天，全市各级各类图书馆的 80 余名会员和图书馆人参加。

赵俊玲学术报告会

馆员礼仪培训

2013 年 6 月 26—28 日，在学会支持下，沧州图书馆对全馆人员开展了《公共图书馆服务规范》、服务礼仪、数字资源、交互设备使用的专题业务培训。

2014 年，学会选派业务骨干参加了中图学会举办的全国图书馆员绘本讲读高级研修班、新型城镇化与图书馆服务体系建设研讨班、图书馆阅读（数字阅读）推广专题研讨班，组织会员参加省图书馆学会举办的参考咨询培训班、古籍保护培训班。

为了更新图书馆管理和服务理念，学习其他省市馆的先进办馆经验，沧州图书馆学会定期组织会员参观学习。2011 年 4 月，学会分批组织会员赴深圳图书馆、广州图书馆、东莞图书馆、长春图书馆参观考察。围绕公共图书馆免费服务、图书馆智能化管理与服务、总分馆制的运行模式、公共图书馆阅读推广活动的组织开展等重点工作进行了交流和学习。

2012 年 8 月，学会理事长随河北省图书馆界代表团出席在芬兰赫尔辛基举办的第 78 届国际图联大会，参观访问了芬兰国家图书馆、丹麦皇家图书馆以及部分公共图书馆和汽车图书馆。

2012 年 10 月至 11 月，学会代表在参加五省（区）学术研讨会和中国图书馆年会期间，在省图书馆学会组织下参观了扬州图书馆、常州图书馆、深圳图书馆、深圳少儿图书馆和东莞图书馆，与部分图书馆建立了业务联系。

2013 年 3 月 25 至 27 日，学会组织沧图部室主任和新馆员一行 22 人，赴北京首都图书馆、东城区图书馆、潘家园社区图书馆和天津图书馆参观学习，从办馆理念、管理体制、基础业务建设、读者服务、中心馆—总分馆建设等几方面，与当地图书馆同人进行了学习交流，为新馆开馆打下基础。

3. 召开年会、馆长联席会，举办专家学术报告会

沧州图书馆学会多年来一直坚持每年一届年会、馆长联席会。年会力求内容丰富、形式多样、学术性强，全方面展示各会员馆、馆员的亮丽风采；馆长联席会则对各会员馆一年的工作进行总结深化，并对地方文献、总分馆建设等问题进行通报讨论。

2014 年馆长联席会

学会年会每年举办 1 ~ 2 场专家学术报告会。2011 年，邀请北京大学信息管理系李国新教授作题为“公共文化服务体系中的图书馆”的学术报告；2012 年，邀请河北大学图书馆副馆长（时任管理学院图书馆学系主任）金胜勇教授作题为“关于我国图书馆事业发展的战略思考”的学术报告；2013 年，由沧图承办的河北省图学会年会上，北京大学图书馆馆长朱强以“图书馆数字化转型的挑战与对策”为题，杭州图书馆馆长褚树青以“公共图书馆的非专业解读”为题分别作了学术报告；2014 年，邀请华东师范大学信息学系范并思教授作了题为“阅读推广与当代图书馆员的使命”的学术报告。高水平的学术报告开阔了会员的学术视野，提升了学会年会的学术水平。

中国图书馆学会副理事长、北京大学图书馆馆长朱强在 2013 年河北省图书馆学会年会上作学术报告

杭州图书馆馆长褚树青在 2013 年河北省图书馆学会年会报告会上发言

二、集思广益，确保会刊顺利发行

《狮城图书馆》是由沧州市文化广电新闻出版局主管、沧州图书馆学会和市图书馆主办的市级图书馆学术期刊（季刊）。1996 年创刊，2006 年全面改版。创刊以来，《狮城图书馆》积极推动图书馆学理论研究，及时发布业界动态信息，推广先进办馆经验，在普及图书馆学基本知识，传播先进办馆理念，引导馆员学术研究方面做了大量卓有成效的工作。

学会会刊《狮城图书馆》

面对资金困难、稿源枯竭等难题，编辑部广开思路，通过召开专题研讨会、征文比赛等方式，保证了会刊刊印的连续性、学术性和可读性。从 1996 年至今，共出刊 24 期，发表文章 400 多篇，其中有“动态信息”“公共图书馆”“高校图书馆”“他山之石”“图苑文摘”等专栏，每年还会推出年会专刊，记录年会的重要议题与重要活动。

馆藏资源篇

GERBES
SIENHSIEN
10.34
河北
獻縣

泊头雕印考略

08

第八章

馆藏资源建设

沧州图书馆的馆藏突出综合性和通用性，并呈现一定的地方特色，对沧州本地出版物及有关本地的文献收集较为齐全。沧州图书馆现有馆藏80万册件，其中普通图书50万册、报刊5000余种、古籍1万余册、沧州地方文献和专题文献3.1万册。以武术、杂技、运河、诗经、纪晓岚、张之洞、张岱年等专题文献为特色资源，在馆内建成了九个专题文献馆。沧州图书馆还拥有万方数据、龙源期刊、天方有声图书馆、方正阿帕比全文数字图书、中国知网全文数据库等丰富的数字资源，可供读者查询和下载。

第一节

馆藏简史

一、书刊馆藏

1956 年沧县图书馆开馆时，藏书仅为 2918 册，报刊 10 余种。1958 年购置图书 4 万册。1961 年沧县图书馆改为沧州图书馆，藏书达 6 万册，报刊 40 余种。1974 年恢复开馆时，藏书 74115 册。1982 年迁入西环中街新馆，藏书 98159 册，报刊 400 余种。1985 年藏书 10 万余册，报刊 420 种。至 1989 年底，达到 108000 册，其中中文书籍 10 万册，外文书籍 2900 册，期刊 427 种，报纸 73 种，另有《四库全书》一套。2009 年，馆藏文献 20 余万册，包含 12 万册普通中外文图书、3 万多册期刊合订本、1 万余册报纸合订本、6000 余册地方文献、5000 余册珍贵古籍、2000 多份视听文献。2010 年暂迁文化艺术中心的临时馆址时，上架新书 2000 余册，报刊由原来的 670 种增至 760 多种。

2013 年，沧州图书馆迁入上海路 3 万平方米新馆，购置大量图书，馆藏达到 80 万册件，其中普通图书 50 万册、报刊 5000 余种、古籍 1 万余册、沧州地方文献 2 万册，专题文献 1.1 万册。

二、数字资源馆藏

2001 年，沧州图书馆投资 60 万元建成多媒体阅览室，配备计算机 28 台，为读者提供电脑培训、多媒体教学、上网浏览信息、查询资料、阅览图书、欣赏音乐和影视作品、远程访问和下载资料等服务。

2007 年，沧图购入中国知网“重要报纸全文数据库”，12 月上旬正式开通“文史哲”

与“教育社科”两个专题数据库，供读者免费查询。中国知网“重要报纸全文数据库”收录了2000年以来中国国内重要报纸刊载的学术性、资料性文献的连续动态更新数据，共收录国内公开发行的重要报纸1000余种，其中中央级报纸202种，地方报纸735种，累积报纸全文文献645万多篇。

2011年4月，沧州图书馆安装了interlib集成管理软件，实现了网上预约、续借、e-mail催还和网上荐购等服务功能，同时购入部分数字资源库，包括方正阿帕比数字资源、万方数据资源、超星电子图书、国研网、龙源期刊网全部数字资源以及各类电子图书60多万种、艺术精品图片25万张、各类报纸1000多种、人文大众畅销类期刊2000多种以及大量的期刊、学位/会议论文和政策法规、经济信息、科技成果、工具书、年鉴等数字资源。网站设计安装了门户认证软件，实现了单点登录，读者在网站首页输入读者证号和密码即可进入各个数字资源库进行检索、阅读，下载所需文献信息。

三、接受捐赠

社会各界人士的图书捐赠对沧州图书馆馆藏发展有重要意义。1995年，沧州籍台湾商人张毅先生曾向少儿阅览室捐赠图书2000册，丰富了少儿阅览室的馆藏资源；2007年3月，河北省新闻出版局向沧州图书馆捐赠了价值1万余元的图书；2014年3月23日，台湾新北市重庆中学原校长许秋德向沧州图书馆捐赠其编著的《刘云樵大师全集》。刘云樵祖籍

沧州籍马来西亚女作家戴小华捐书

沧州，后定居台湾，全书分为《武坛宗师》《笑尘武集》《武道思想》等10册，内容包括刘云樵所遗武术手稿、相片资料等，丰富了武术专题文献馆的馆藏；2014年4月17日，沧州籍马来西亚华人女作家戴小华女士向沧州图书馆捐赠其新著《文协四十年——文化的弘扬与创新》，旨在推动与马来西亚的文化交流。

四、购书经费

购书经费是一个图书馆馆藏的重要支撑，随着沧州经济的发展，沧州市政府加大对图书馆的经费支持力度，购书经费由1998年的每年4万元，渐渐增加到2008年的60万元。2013年沧州图书馆新馆落成时，当年购书经费达到了600万，2014年为500万。

第二节

馆藏分类

一、普通图书

沧州图书馆流通部有中文图书 11 万余种、29 万余册。偏重于综合性和通用性，门类齐全，涵盖了《中图法》的 5 个部类，22 个大类，以满足社会各界人士的阅读需求。总体馆藏以社会科学类图书为主，同时注重科普类自然科学类图书，有选择地集藏文学价值高、格调高雅的中外名著以及其他文学作品。

流通部图书

少儿图书有 3 万余种，9 万余册，语言、文学、艺术三类图书在少儿图书中占有较高比重，另有部分绘本、纸板立体形态的低幼儿童图书。

二、期刊报纸

现有社会科学、自然科学、文学和综合性期刊等 1000 余种，涵盖时事政治、社会文化、商业财经、文学创作、文摘荟萃、娱乐时尚、旅游美食、家庭养生等领域。

报纸现有 300 余种，入藏有《人民日报》《光明日报》《参考消息》等全国性主流报纸和《沧州日报》《沧州晚报》《河北日报》《燕赵都市报》等地方报纸。其他各种报纸内容覆盖了都市生活、财经金融、法制、科技、教育、体育、文艺、旅游、军事、电子、航天航空等多个公众关注的领域。

报刊阅览区

三、特色资源与古籍

1. 沧州地方文献

地方文献包括沧州古代文献、地方报刊、民俗文献、年鉴家谱等，力图重现沧州的历史全景和各领域的发展变迁。凡文献具有沧州地域文化内容，且有保存价值和使用价值的各类文献，不论类型、载体、形式、出版地和语种，都是沧州图书馆地方文献采集范围，力求系统、完整。

地方文献主要通过接受缴送、购买、交换、征集、受赠、交拨、复制和纂辑等多种方式获取。目前馆藏3631种，11533册，完整、系统地收藏了沧州各县（市）当代编纂的地方志（包括传统旧籍的电子版）以及水利志、地名志等汇编资料。

沧州图书馆收集的地方报纸有沧州炼油厂编印的《沧州石化》、市中心医院编印的《沧州健康卫士》等；期刊有市文联编辑的《无名文学》、工商联编辑的《民营视界》、社科联编辑的《百家论坛》等60余种3000余份。还收集了一些出版年代久远的创刊号，例如：1964年9月创刊的沧州地区第一份文艺刊物《沧州地区文艺作品选》；由沧州地区革命委员会文教局创作组创办的《沧州文艺丛刊》；1974年创刊共编印三期的《阳光灿烂照海河》；1975年编印的《小姐俩》；1976年编印的《工业盛开大庆花》；1988年创刊的《沧州地委党校学刊》等，具有较高收藏价值，合订精装本438册。

沧州图书馆加工、整理、复印了《建国县专辑资料》《沧州地下热水资源》《沧州地区自然灾害概况》《沧州地区浅层地下淡水分布规律及其合理开发问题》《河北省水文地质远景区划报告》等100余种专题资料；还汇集了各种报刊上连载的零散地方文献，整理出2004—2009年在《沧州晚报》上“沧州人文”刊登的资料30余种。

其他地方还有地图、家谱、油印稿本、口述资料和影像资料等，抢救了大批珍贵的沧州历史文献资料。

2. 古籍

古籍室现藏文献400余种，1万余册。其中线装古籍170余种，1700余册，其中有明版《朱子通鉴纲目》，乾隆末期的递修本《晋书》和一些清刻本。这些古籍反映了清代版刻风格。还有一些地方志、族谱。

古籍阅览室

近年购藏新版古籍有《永乐大典》《古今图书集成》《丛书集成初编》等大型类书，海外文献影印丛书有《日本宫内厅书陵部藏宋元版汉籍选刊》以及多种现代影印传统典籍。

3. 工具书

沧州图书馆目前有工具书6340种，9389册，包括各类科学百科全书、字典，词典，手册、文集、国家标准、专利等。

图书馆注重收集读者普遍需求的最新版工具书，如中外年鉴、统计资料、名录等。同时连续订购社会科学类的连续出版物。入藏的中外文百科全书、史料、传记类精品书近7000册，如《清代诗文集汇编》《东方杂志》等。

工具书阅览室

徐福志

南皮县志

09

第九章
馆藏精品

第一节

地方文献

一、《沧州市志》

本书细致记述了沧州的历史和现状，内容涉及行政建置、自然环境、人口、城乡建设、交通运输、邮电、供电、水利、经济发展、工业、农业、建筑业、金融、保险、财政税收、军事、体育、教育、科技文化等方面，是全面了解沧州历史特别是当代发展历程的重要资料。

《沧州市志》

二、《名沧州》系列丛书

本书力求从政治、经济、文化等方面展示沧州的文明成果，包括对名胜古迹、非物质文化遗产、历史名人、优秀文学作品、武术杂技发展史以及对中国历史发展进程产生重要影响的历史事件等。

《名沧州》

三、沧州所辖部分县市地方志

包括东光、孟村、黄骅、肃宁、青县、任丘、吴桥、盐山、海兴、南皮、河间等地，记载了各县市历史上特别是中华人民共和国成立以来的发展状况。

(1) 泊头市地方志编纂委员会编《泊头市志》(中国对外翻译出版公司)。

沧州部分县市县志

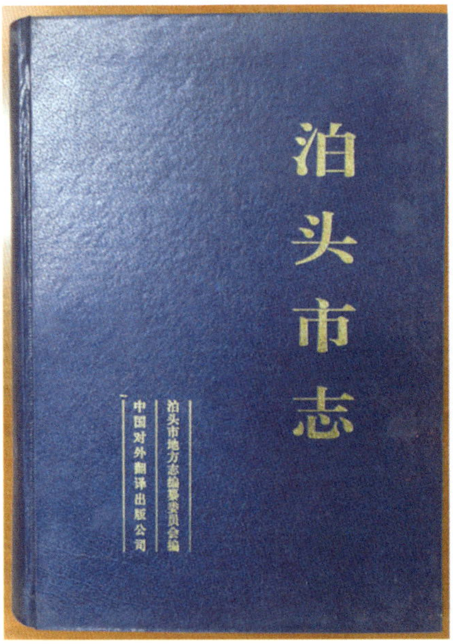

《泊头市志》

(2) 不同时期的沧县志（沧州新志），涉及地理沿革、历史遗迹、文化传统等多方面内容，全面反映沧县历史风貌与发展变迁的重要文献资料。

(3) 黄骅县地方志编纂委员会编《黄骅县志》(海潮出版社)及黄骅市地方志编纂委员会编《黄骅市志》(方志出版社)。

各版本《沧县志》

《黄骅县志》及《黄骅市志》

（4）河间市地方志编纂委员会点校《河间县志》。

（5）《河间县志》（书目文献出版社）及《河间市志》（中国三峡出版社）。

《河间县志本》（单）

《河间县志》及《河间市志》

四、《沧州集》《沧州后集》（孙楷第著）

孙楷第（1898—1986），字子书，河北沧县王寺镇（今属南皮县）人。中国古典文学研究家。《沧州集》《沧州后集》是孙楷第的学术代表作之一。其中，《沧州集》所收论文按内容分为六卷。卷一、卷二皆论小说，卷三、卷四皆论戏曲，卷五论诗歌词赋兼论史事，卷六涉及训诂学。《沧州后集》收录了孙楷第关于小说故事、文史方面的考证论文以及对杨树达、陈垣、符定一等学术专著的评介。

《沧州集》及《沧州后集》

各县地名汇编

五、沧州及所辖县市地名资料汇编

介绍了沧州市、区、街道办事处、乡镇、村的主要地名概况、来历、含义等信息，并着重介绍了现状及沿革，是读者了解、回味村庄历史传统的重要参考资料。

六、村志

记载农村历史文献，对乡村的地理、历史、经济、风俗、文化、教育、物产、人物等方面的状况进行盘点，追溯乡村历史渊源，填补文献空缺，总结乡村发展进程中的经验教训，特别是较详细地反映现当代乡村发展变化的轨迹。

七、沧州及所辖各县市《水利志》

涉及河渠洼淀、水资源、水旱灾害、河渠治理、除涝治碱、水利管理、基础工作等内容。对有史以来特别是中华人民共和国成立以来本地区兴修水利，发展水利事业，提高水利科技的内容、过程、绩效和现状加以记述，保存了水利发展时期的珍贵史实，反映了沧州水利事业的发展面貌和历史变迁。

村志

各地水利志

八、《沧州回族》（吴丕清著，中央民族大学出版社）

达吾德·吴丕清，回族，生于1946年生，河北省孟村回族自治县人，沧州市民委副主任、中国民族政策研究会会员、中国回族学会理事、河北省民族古籍编委会委员。

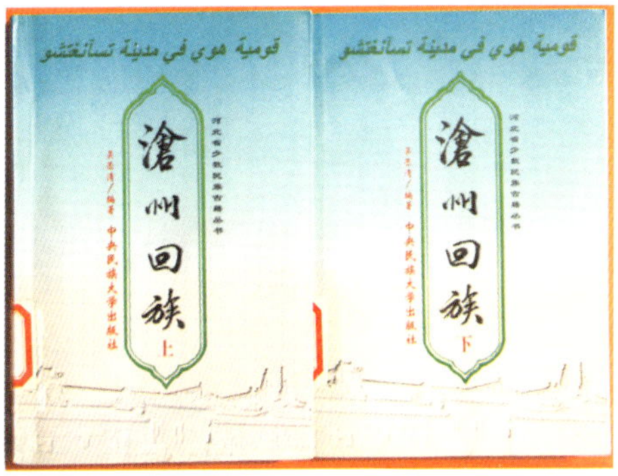

《沧州回族》

九、家谱

（1）《乐陵宋氏家谱》（民国23年（1934年）排印本）。

反映了宋哲元将军的家族脉络，书前收录冯玉祥、章炳麟、张自忠、于右任等民国重要人物的手书序言题词。

《乐陵宋氏族谱》

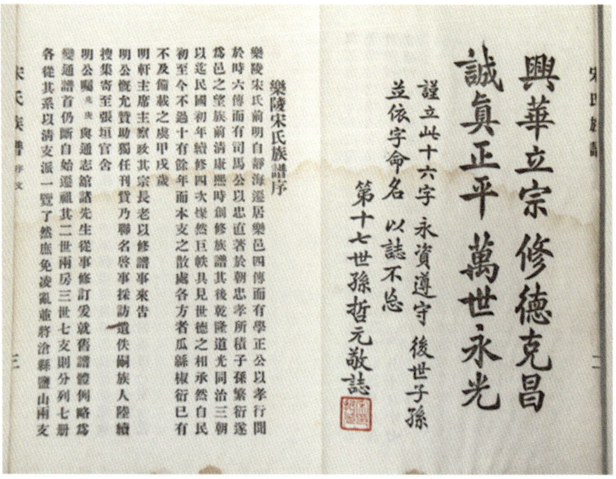

宋氏家谱内容

（2）《河北省青县李氏家谱》。

（3）《渤海韩氏族谱》。（渤海韩氏族谱编修委员会编）。

（4）《申氏家谱文存》。

《李氏家谱》

《渤海韩氏族谱》

《申氏家谱文存》

十、《邢府君墓志》

1956年春于河间市（县）沙洼乡南冬村东出土，志石长67.5厘米，宽63厘米，厚13厘米，铭文计26行，522字。现藏河间市文物保管所。

邢伟（496—514），字叔隽，河间鄚人，出身仕宦之家。墓志的出土，为研究北魏时期的金石碑刻提供了宝贵资料，书法字体工整、结构严谨，刚柔相济，不愧为魏碑代表作。

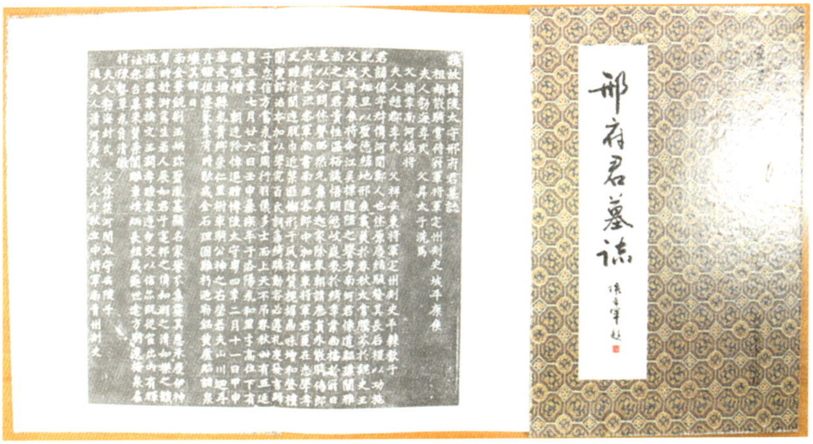

《邢府君墓志》

十一、《中盐长芦沧盐志》（中国标准出版社）

沧州沿海地区盐业发展源远流长，世世代代的沧州百姓在这里煮海为盐，为国民经济的发展做出了重要贡献，用自己的勤劳智慧在我国盐业发展史上写下了重要的篇章。本书全面、细致地记述了长芦黄骅盐场的发展过程。

《中盐长芦沧盐志》

十二、《徐福志》（中国国际徐福文化交流会编，中国海洋大学出版社）

在我国东部沿海以及朝鲜、韩国、日本等地，有不少与徐福有关的地名和遗迹。沧州千童镇，历史悠久，传说就是徐福东渡的出海口。《汉书·地理志》记载：“汉高帝五年（公元前202年，即徐福东渡后八年）置千童县，以千童城为县治”。《太平寰宇記》卷六十五记载：“千童城，秦始皇遣徐福將童男女千人入海求蓬萊不死之药，置此城以居之，汉曾为县”。《元丰九域志》卷二记载：“千童城，齐記云，秦使方士徐福將童男女千人求蓬萊筑此城”。今天千童附近有秦台一座，遗址现存面积约半平方千米，比周围地面高出1米左右。《无棣县志》载：“秦台，在县东北五十里，相传秦始皇遣徐福入海求神仙，筑此台而望之。”今天千童镇一带还有一个流传了近两千年的民俗节日——信子节。农历三月二十八，被当地认为是亲人离家出海的日子。在这一天，千童人登上高杆，向东眺望，呼唤亲人。经过两千年的发展，如今已演化成一种文艺演出活动，成了古代民俗活动的一个“活化石”，而这一民俗又为徐福出海提供了证据。

《徐福志》

十三、连环画

连环画以连续的图画叙述故事、刻画人物，是老少皆宜的一种通俗读物。反映沧州地域文化的系列连环画，包括沧州铁狮子的传说，扁鹊、大刀王五等沧州名人的传奇故事。

连环画

十四、刘春霖殿试策（复制品）

刘春霖（1872—1942），字润琴，号石箕。清直隶河间府肃宁县（今河北肃宁）付佐乡北石宝村人，中国科举制度中最后一位状元。他博学多才，对文史、金石、训诂、音韵等学问深有造诣。擅长小楷，是近代著名书法家，当时有“大楷学颜（真卿）、小楷学刘（春霖）”之说。

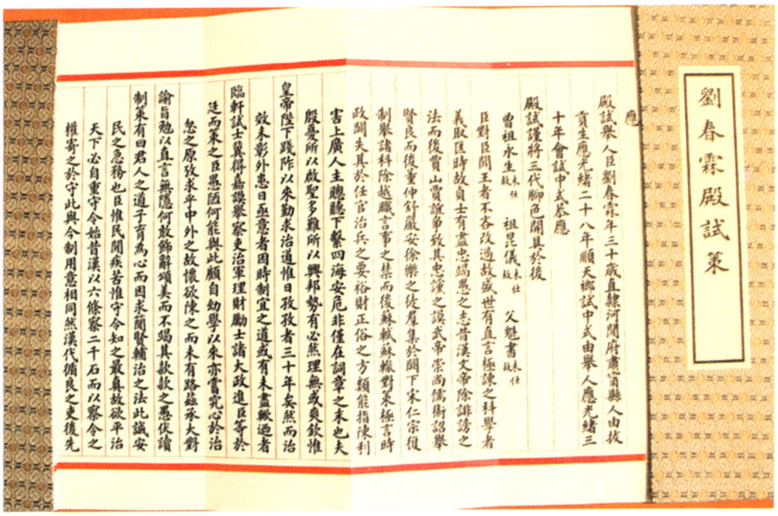

刘春霖殿试试卷

第二节

珍贵古籍

一、明清递修本《晋书》

据统计，版心所刻年代标记达 17 种，从明正德十年（1515）到清乾隆五十五年（1790 年），跨越 275 年，对了解其间各个时期的版刻风格变迁很有参考价值。

二、民国 22 年（1933 年）修《沧县志》

分为方舆志、经制志、文献志、事实志四个部分，详细记载了疆域沿革、河流分布、建置变迁、名胜古迹、赋税情况、历代职官、历史人物、传世著作、宗教信仰、物产礼俗、金石碑刻、逸闻逸事等历史信息，是了解沧州文化的重要历史文献。

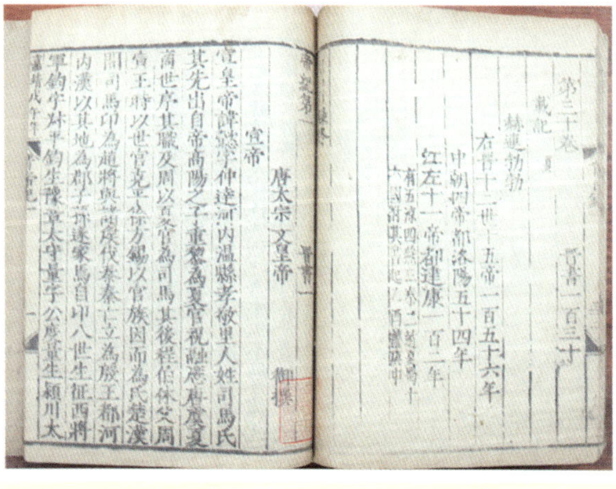

《晋书》

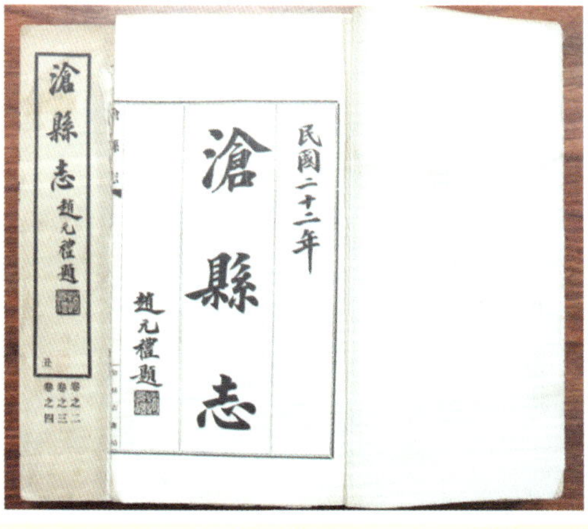

《沧县志》

三、《三国志·魏志》三十卷，明万历二十四年刻本

四、民国13年（1924年）重修《季氏家谱》开封二酉山房石印

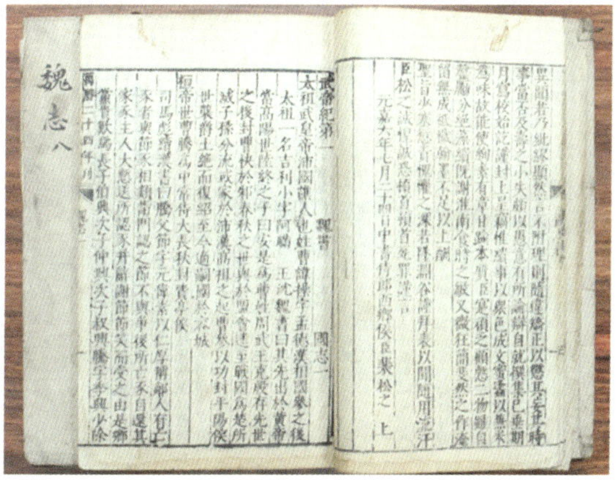

《魏志》

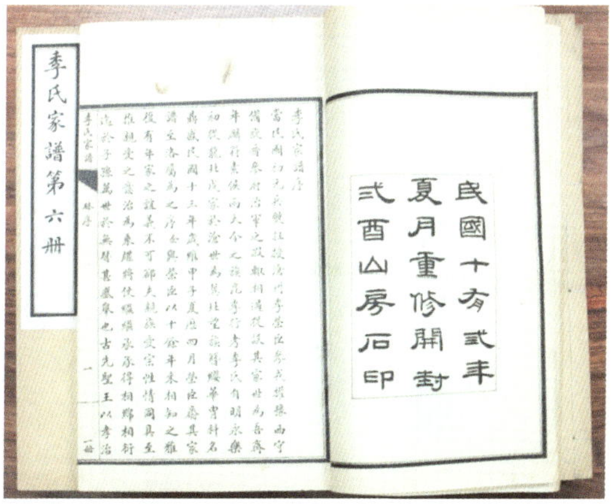

《季氏家谱》

五、《左传事纬》马骕，清康熙刻本

马骕，清初著名经史学家。字宛斯，又字聪御，山东邹平人。康熙十二年（1673）去世，入祀名宦祠，私谥“文介先生”。

《左传事纬》是马骕长期研究《左传》的结晶。他将《左传》所记史实编写成历史事件108篇，计十二卷，另有《附录》八卷，成为一部以纪事本末体叙述春秋时代历史的通史。《四库全书总目》称：“骕于左氏实能融会贯通，故所论具有条理，其图表亦皆考证精详。”著名思想家、大学者顾炎武也称此书为“必传之作”。

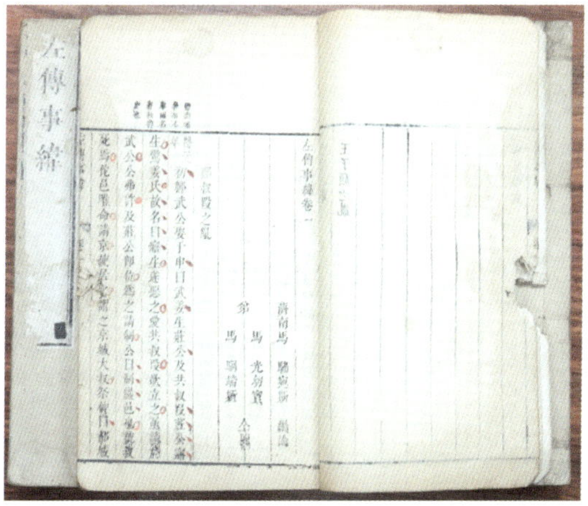

《左传事纬》

六、（元）陈澔集说，《奎壁礼记》十卷，清光绪刻本，善成堂版

七、（清）华希闵撰，《重订事类赋》三十卷，清道光丁未年（1847年）刻本

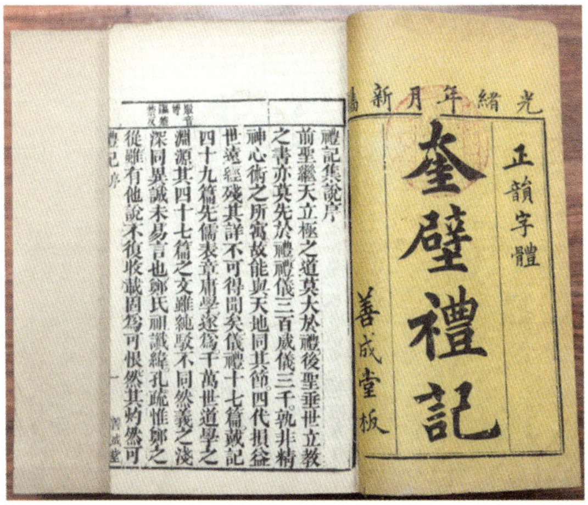

《奎壁礼记》

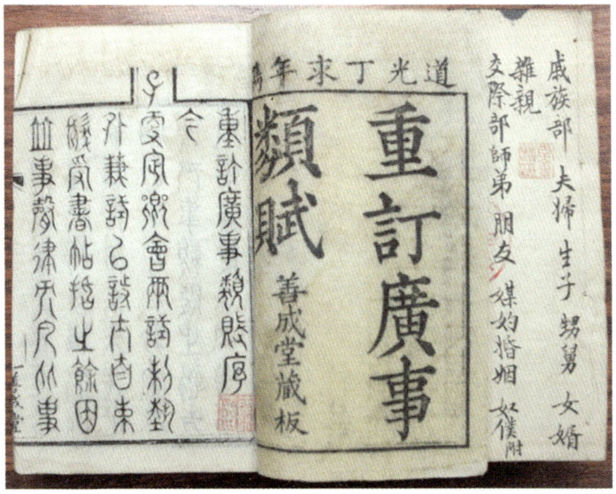

《重订事类赋》

八、（宋）吴淑撰注，《事类赋》三十卷，清康熙三十八年（1699年）刻本

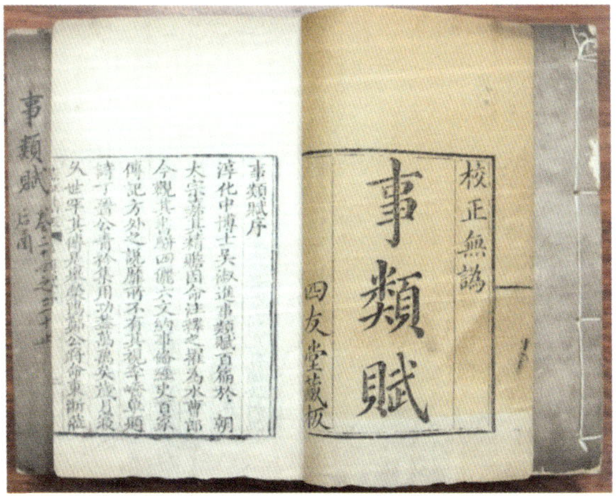

《事类赋》

九、《渔洋山人精华录》十卷，清王士祯撰

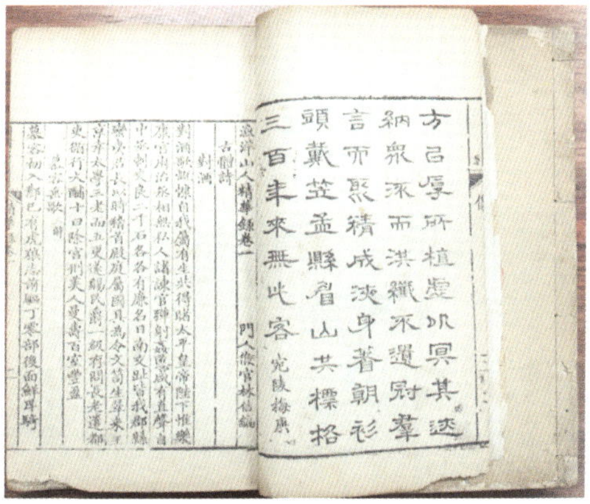

《渔洋山人精华录》

清康熙三十九年（1700 年）写刻本，十一行二十一字白口左右双边。旧装一函四册。全书由王士祯门人林佶手书上板，为有清一代写刻本中声名最著者。“林佶四写”此为其一。

王士祯（1634—1711），原名王士禛，字子真，又号渔洋山人，谥文简。山东新城（今山东桓台县）人，清初杰出诗人，与朱彝尊并称“南朱北王”。博学好古，精于赏鉴及金石篆刻，书法高秀似晋人。诗论创神韵说。著有《渔洋山人精华录》《蚕尾集》《池北偶谈》《香祖笔记》《居易录》《带经堂集》《感旧集》等。

十、《痴说》清纪荫田著清嘉庆刻本

十一、《朱子通鉴纲目》，明崇祯刻本

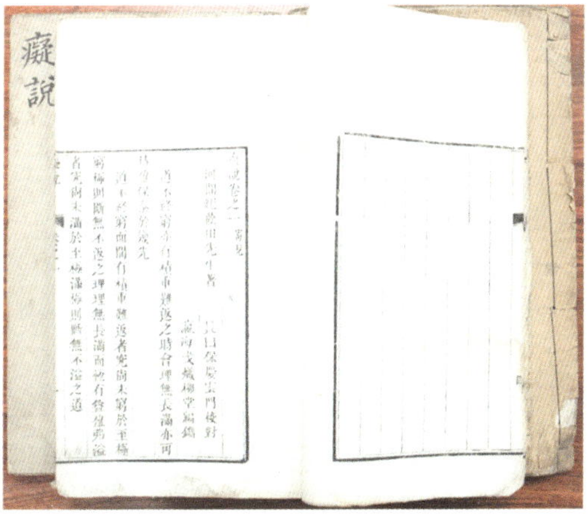

《痴说》

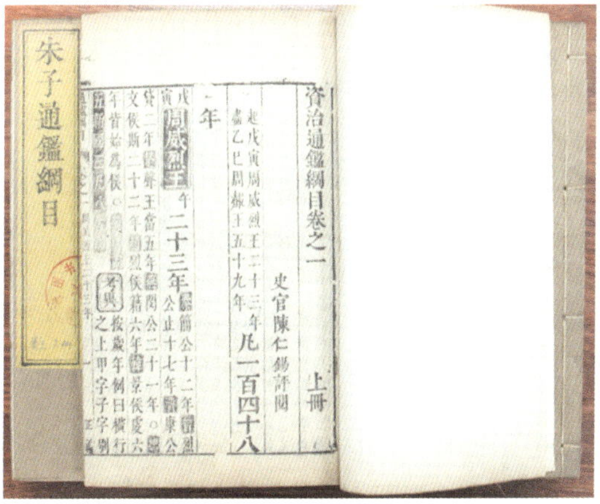

《朱子通鉴纲目》

《朱子通鉴纲目》，五十九卷，序例一卷。朱熹与其门人赵师渊等据司马光《资治通

鉴》《举要历》和胡安国《举要补遗》等书，依照儒家思想体系，简化内容，编为纲目。其中，纲为提要，模仿《春秋》；目以叙事，模仿《左传》，意在用《春秋》笔法“辨名分，正纲常”。

十二、清严可均辑《全上古三代秦汉三国六朝文》

严可均，字景文，号铁桥，浙江乌程人，嘉庆五年举人，道光二年（1822年）曾任建德县教谕，后称疾辞官，专心著述，精通金石小学，长于辑轶考据，著有《铁桥漫稿》《说文校议》等十三种。

《全上古三代秦汉三国六朝文》

全书清嘉庆十三年（1808年），朝廷开馆辑《全唐文》，严认为唐以前文章亦应编集，遂独自编纂，毕27年之功始成。从别集、总集、史书、类书到金石拓片等，莫不广搜博采。全书以“文”为编选对象，载文而不载诗；按朝代先后排序，分为《全上古三代文》至《全隋文》十四集，七四一卷，收作者3400多人。朝代不明的文章则别为《先唐文》一集列后。同一朝代的作者，以帝后、宗室、贵族、百官、群雄、士庶、列女、释道、阙名等次序排列。

十三、《钦定古今图书集成》，齐鲁书社2006年12月影印清雍正铜活字印本

清代编纂的大型综合性类书，陈梦雷原集，初名《古今图书汇编》。康熙五十五年（1716年）进呈，康熙赐现名。同年设馆继续增辑，参与纂辑者80人。雍正继位，命蒋廷锡重编，雍正四年（1726年）告成。共1万余卷，目录40卷，约1.6亿字。武英殿修书处以铜活字印64部，每部5020册，是中国现存规模最大、体例最完备的一部类书。光绪二十年（1894年）上海同文书局石印描润铜活字版印本，附龙继栋《考证》二十四卷，订正原书错漏约2万条。1934年，中华书局据铜活字本影印成缩印本。

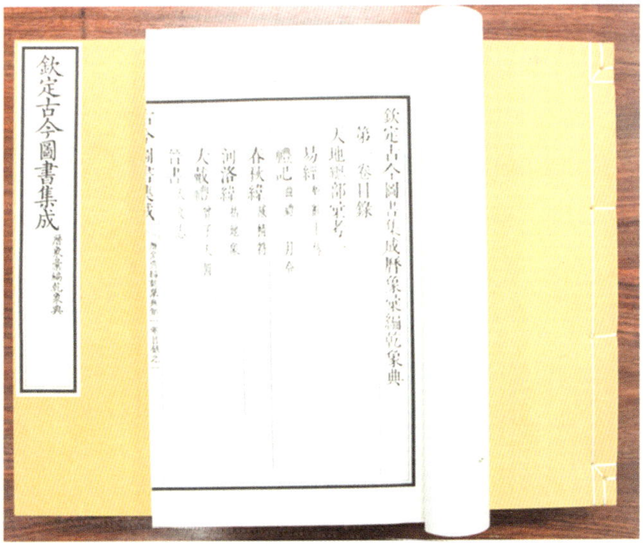

钦定古今图书集成

十四、《丛书集成初编》，中华书局 1985 年版

《丛书集成初编》4107 种 4000 册，王云五主编。1935—1937 年商务印书馆排印、影印本。该丛书系选择宋代至清代重要丛书一百部，去其重复，重新分类编排而成。已出 3467 册，未出者 533 册。1985 年起中华书局用上海商务印书馆本影印，未出者亦补齐，共 4000 册。

《丛书集成初编》

十五、日本宫内厅书陵部藏宋元版汉籍选刊

本书是一部大型古籍丛刊，共收66种中国古籍，系中国宋、元时期刊刻、后流传到日本，现保存在宫内厅书陵部的珍贵典籍。所收典籍或为海内外孤本，未见其他藏书机构收藏的；或者在同书诸多版本中宫内厅藏本是初刻本或较早版本的；或者中国国内藏本是残本，而宫内厅藏本是足本或较全的；或是学术价值甚高，而海内外至今未有影印本或排印本的。

十六、二如亭群芳谱，清康熙刻本

《二如亭群芳谱》，简称《群芳谱》，明代王象晋辑，全书30卷，40余万字。

王象晋，万历三十二年（1604年）进士，官至浙江右布政使。1607—1627年间，王象晋在家督率佣仆经营园圃，种植各种疏果，广泛收集古籍，以10多年时间编成此书，全书三十卷。记载植物达400余种，牡丹的记载品种达185个。此书初刻于明天启元年（1621年），清康熙四十七年（1708年）汪灏、张逸少等人奉敕在《群芳谱》基础上进行扩充，而成《广群芳谱》一百卷。

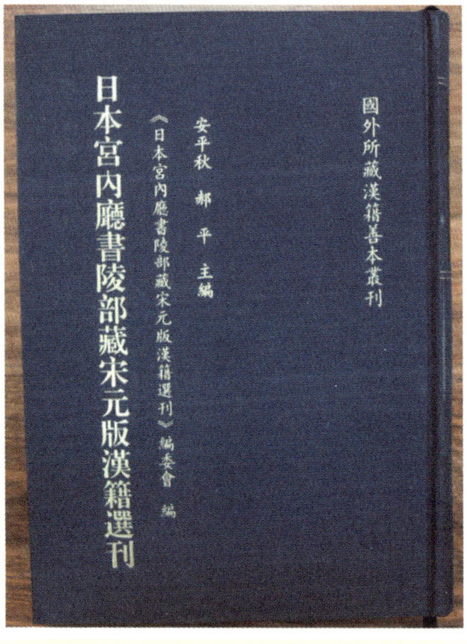

《日本宫内厅书陵部藏宋元版汉籍选刊》

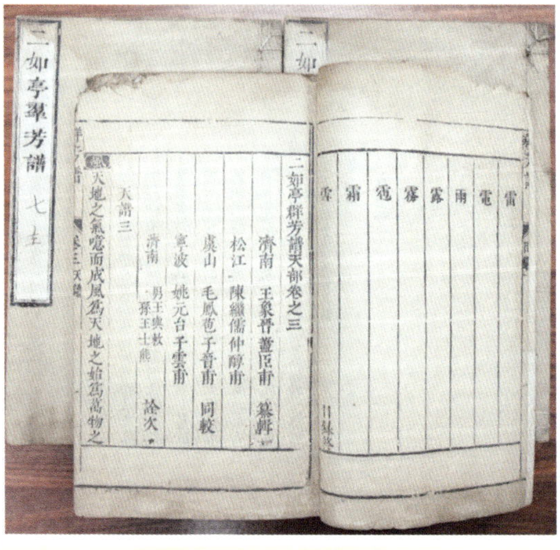

《二如亭群芳谱》

第三节

专题文献

一、《诗经》专题文献

《诗经》是中国现存最早的诗歌总集，沧州是《诗经》的重要传播地之一。今天我们读到的《诗经》，就是汉代河间国大儒毛亨、毛苌所传的《毛诗》，相传河间的诗经村就是当年毛公传经的地方。

1.《诗广传》五卷，清王夫之撰

王夫之（1619—1691），字而农，号姜斋，湖南衡阳人，晚年隐居衡阳石船山，学者尊称为船山先生。崇祯十五年（1642 年）壬午科举人。王夫之自幼从学于父兄，聪敏好学，博览群书，十四岁即考入衡阳县学，成为秀才。他十分关注国家社会政治时局，潜心经史，以天下为己任。王夫之壮年时，明清两朝交替，他曾积极参加抗清斗争，后迫于形势退隐山林，以全部精力从事著述。他的著作涉及哲学、政治、历史、文学各方面，多达百余种。《诗广传》是他最早的诗学著作。

2.《诗经研究论集》，林庆彰编著，台湾学生书局印行

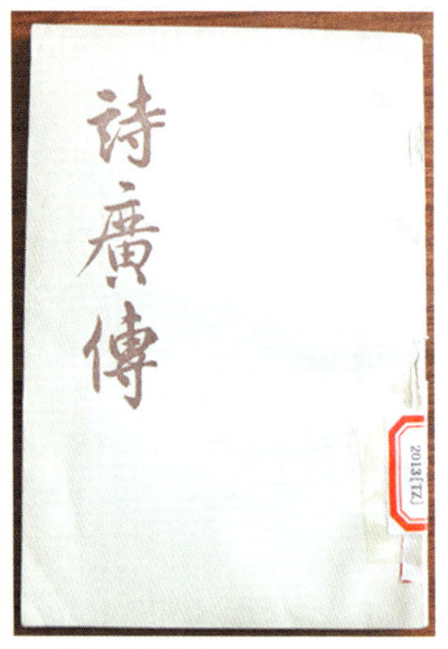

《诗经传》

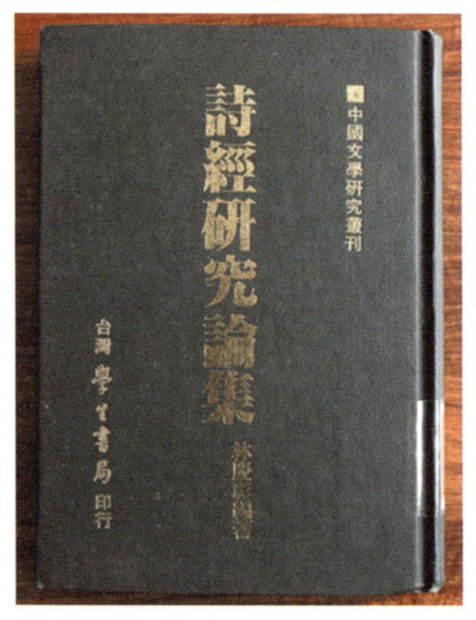

《诗经研究论集》

3.《泽螺居诗经新证》，于省吾著

于省吾（1896—1984），古文字学家，字思泊，号双剑誃主人、泽螺居士、夙兴叟，辽宁省海城县人。

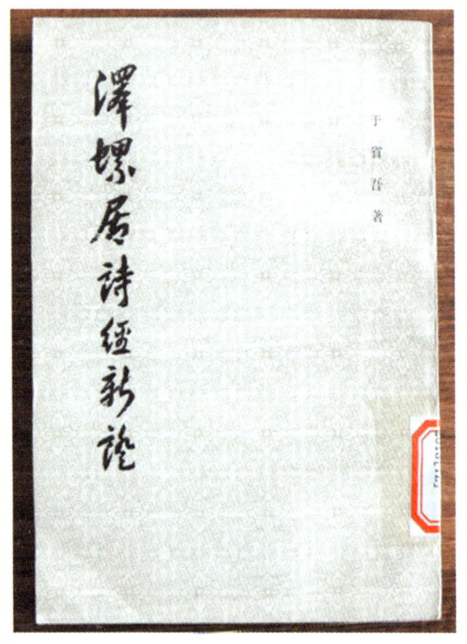

《泽螺居诗经新证》

于省吾先生治学严谨周密，在中国古文字、古器物研究和古籍整理研究领域取得了卓越的成就，尤其是在甲骨文、金文考释方面，贡献极大；同时，运用古文字学研究成果及出土文物数据，对先秦典籍进行校订和诠释，为研究古代典籍开辟了新的途径，成为“新证派”的代表人物，著有《甲骨文字释林》《泽螺居诗经新证》等行世。

4. 闻一多全集选刊之四《诗选与校笺》

5.《诗义钩沉》，宋王安石著

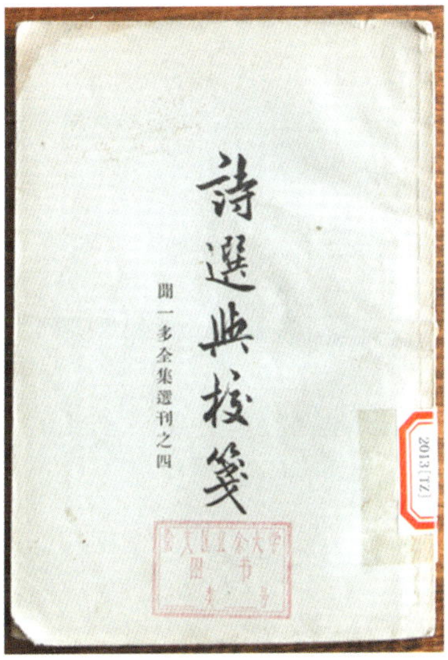

《诗选与校笺》

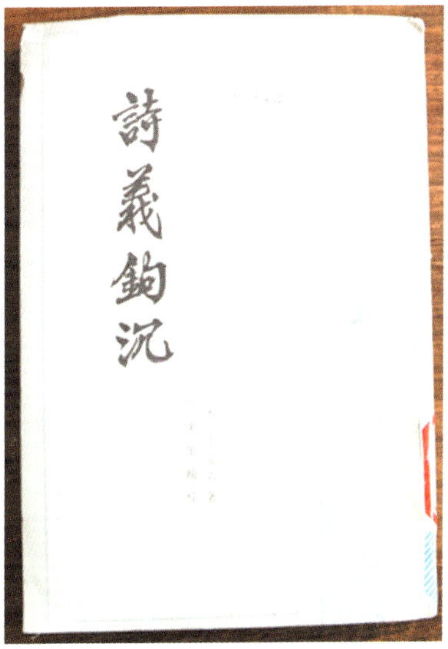

《诗义钩沉》

6.《诗经今注》，高亨著

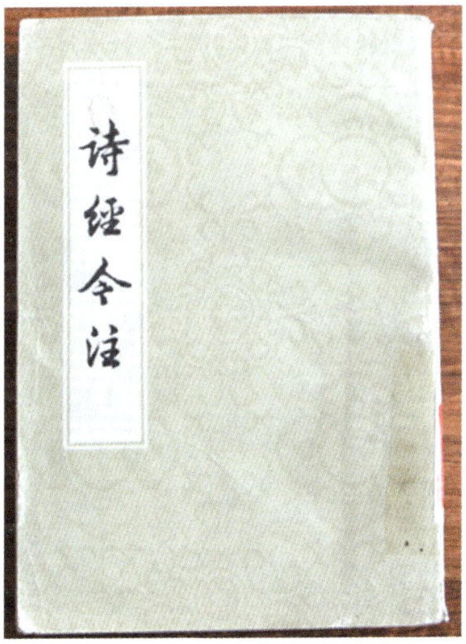

《诗经今注》

高亨（1900—1986），又名晋生，初名仙翘，训诂学、先秦学术及中国古典文学专家，吉林省双阳县（今长春市双阳区）山嘴子人。他早年对训诂学颇有研究，曾写就《金石甲骨文字通笺》十四册，不幸在抗战时期亡失。中期致力于先秦诸子的研究，特别是《老子》一书。后期主要研究《周易》《诗经》《尚书》三部古经，其中对《周易》的研究成绩尤著。

7.《诗经毛传》《补义汉毛公传》《日本冈白驹补义》，日本延享三年（清乾隆十一年，1746 年）京师书坊刻本

《补义汉毛公传》

8.《诗集传》，朱熹撰，同治四十三年江西书局刻本

9.《毛诗昫订》，苗夔著，清咸丰元年（1851 年）刻本

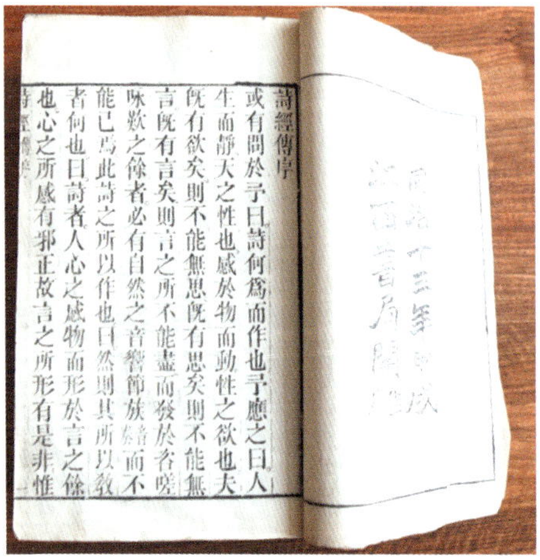

《诗集传》

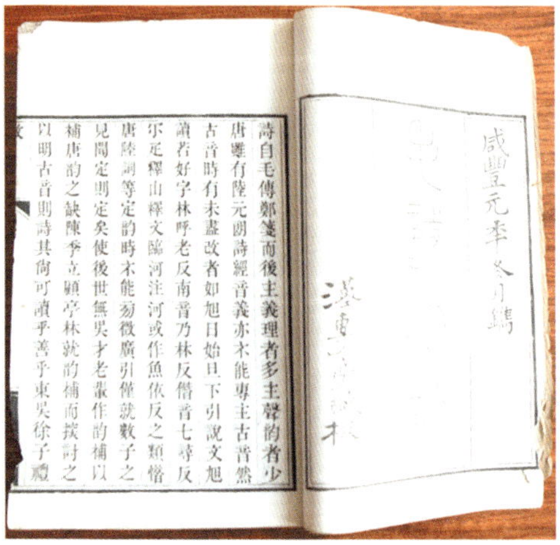

《毛诗昫订》

10.《白屋说诗》

刘大白（1880—1932），原名金庆棪，字伯贞，号清斋，辛亥革命后更改姓名为刘靖裔，字大白。浙江绍兴平水镇人。现代诗人、文史学家，白话诗的倡导者之一。主要著作有新诗集《旧梦》《邮吻》；旧诗集《白屋遗诗》；诗话《白屋说诗》《旧诗新话》；《中国文学史》等。

11.《诗经在河间》，田国福编

河间文化局原局长田国福退休后，致力于《诗经》的整理与弘扬，编辑出版了《诗经在河间》。在任职期间，他举办了各类相关活动。《诗经在河间》收录有大量照片、各级媒体的报道以及专家学者对河间《诗经》研究的意见和建议，是对这些活动的记录和整理。

《白屋说诗》

《诗经在河间》

12.《历代诗经版本丛刊》，田国福编齐，鲁书社

《历代诗经版本丛刊》将 1000 多年来各个时代的《诗经》版本以丛书的形式汇编为一集，计收录宋版 3 种，元版 2 种，明版 15 种，清版 99 种，民国版 25 种，抄本 16 种，便于查阅、研究和保存。如此众多的《诗经》版本搜集和集中起来，为版本学和版本史研究提供了丰富的资料，作为《诗经》版本学研究的重要参考文献，《历代诗经版本丛刊》的面世有助于推动《诗经》学研究的进一步发展。

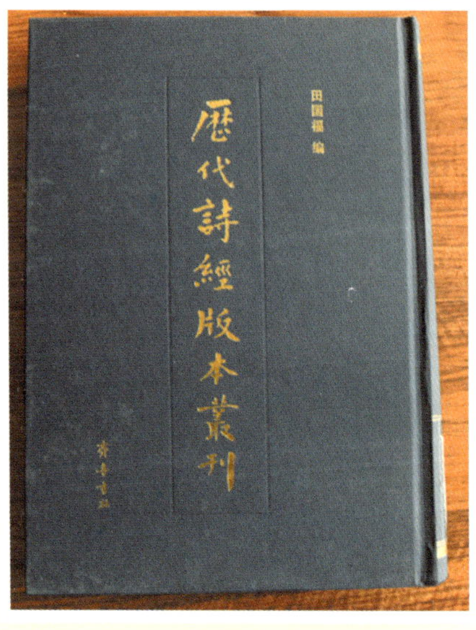

《历代诗经版本丛刊》

二、纪晓岚专题文献

纪昀（1724—1805），字晓岚，一字春帆，谥文达，清直隶献县崔尔庄（今属沧县）人。清代著名学者，主持编纂了我国历史上最大规模的官修丛书《四库全书》。所著《阅微草堂笔记》与《聊斋志异》并称最受欢迎的古典文言小说。

馆藏纪晓岚专题文献为影印本文渊阁、文津阁两部《四库全书》，是现存《四库全书》的重要版本。另有关于纪晓岚及《四库全书》的各类文献资料 200 余种，全面展示纪晓岚的生平和贡献，包括历代《四库全书》研究成果，共计 5000 余册。其中文渊阁《四库全书》装有电子版，可供全文检索。

1. 四库全书

2. 续修四库全书

《四库全书》

《续修四库全书》

3. 文津阁本《四库全书》

文津阁《四库全书》是国家图书馆四大镇馆之宝之一。该书曾经乾隆亲校，纪昀亲自三校，错讹少于其他诸本。就版本而言，因文津阁本成书晚于文渊阁本和文溯阁本，因其利用的版本更为可靠，保存的文献资料更为丰富。

4.《钦定四库全书简明目录》

文津阁《四库全书》

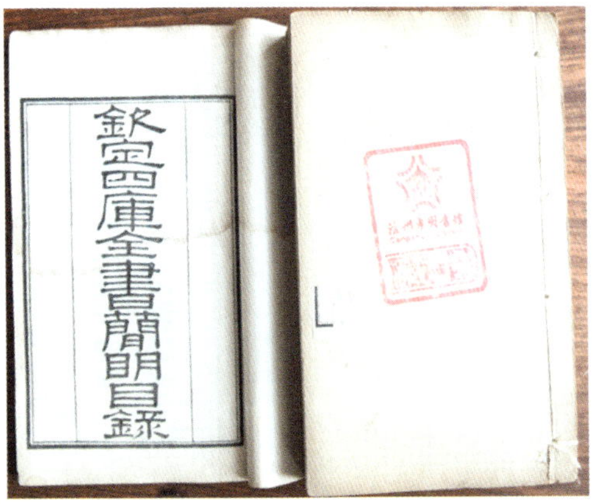

《钦定四库全书简明目录》

5.《庚辰集》五卷，清纪晓岚编，清乾隆壬午年（1762年）刻本，三槐堂藏版

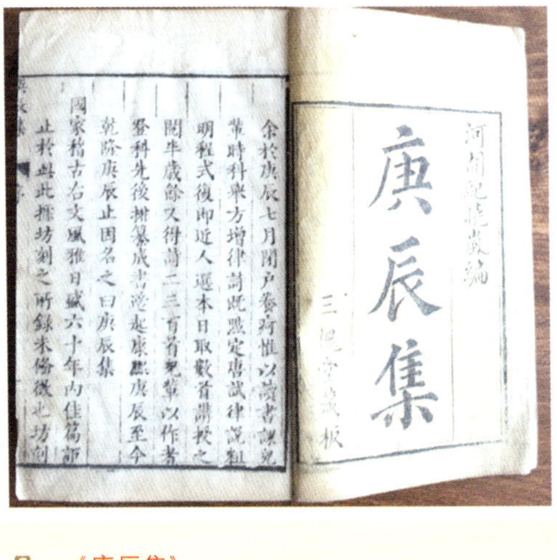

《庚辰集》

6. 民国时期出版的《阅微草堂笔记》

7.《我法集》二卷，清纪昀撰，纪树馨编录，清乾隆乙卯年（1795 年）刻本，河间纪氏阅微草堂藏板

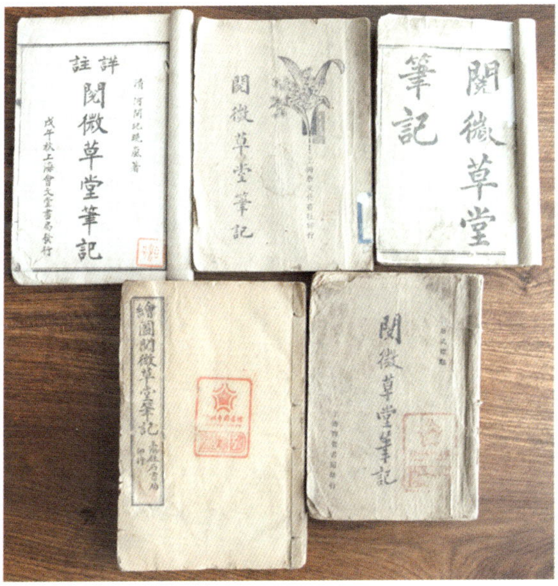

《阅微草堂笔记》

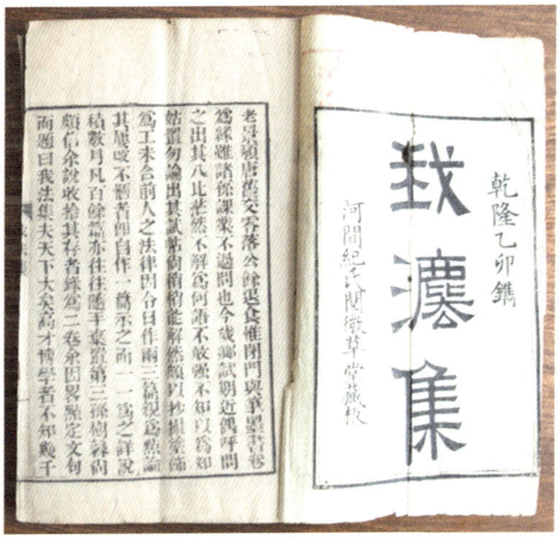

《我法集》

8.《纪晓岚先生诗注释》四卷，清纪晓岚撰，清郭斌评注，清嘉庆朱墨套印本，督学部院硃批发行，书业堂梓

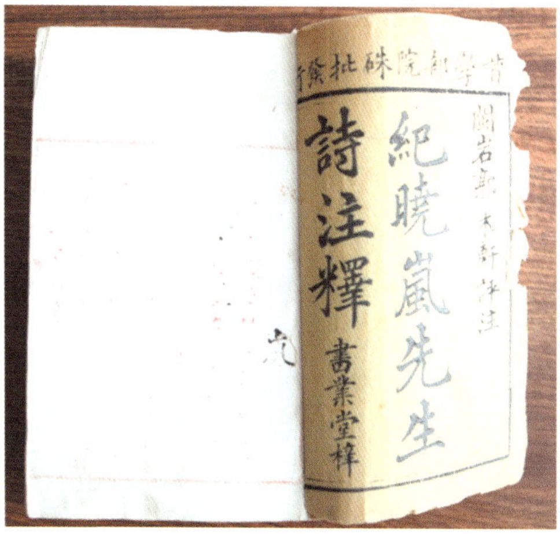

《纪晓岚先生诗注释》

9.《唐人试律说不分卷》，清纪昀撰，清乾隆刻本

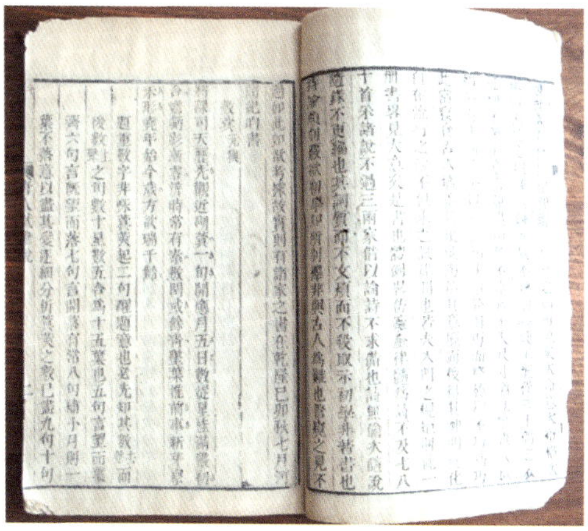

《唐人试律说不分卷》

10.《阅微草堂砚谱》，民国石印本

《阅微草堂砚谱》

《阅微草堂砚谱》是清代纪昀所藏砚台拓本的谱集，共收录纪昀藏砚 126 方，品类丰富，形式多样，具有相当的学术性、艺术性，是砚谱中的经典之作。目前流传的印本比较多，这是民国时期印本，从书前徐世昌序言可知，其最初稿本来源于纪昀裔孙所藏拓本，并由宁津李浚之于民国初年石印出版。

三、张岱年专题文献

张岱年（1909—2004），字宇同，别名季同，河北献县小垛庄（今属沧县）人。中国现代哲学家、哲学史家，1933 年毕业于北京师范大学，任教于清华大学哲学系，后任私立中国大学讲师、副教授，清华大学副教授、教授，1952 年调任北京大学哲学系教授。主要代表作有《中国哲学大纲》《中国伦理思想研究》《中国哲学史史料学》《中国哲学史方法论发凡》《中国古典哲学概念范畴要论》。

本馆现藏张岱年先生相关著作，文献 180 余种，400 余册。

《张岱年全集》，人民出版社

本书共八卷，第一卷为论文；第二、三、四卷为专著；第五、六、七卷为论文；第八卷为序跋、读书札记、回忆文章。

《张岱年全集》

四、沧州作家专题文献馆

本馆现藏200余位沧州籍作家的作品计1000余种，3600余册。其中王蒙作品专架，陈列了王蒙先生的作品80余种，400余册。

1.《历代沧州诗选粹》（梁振刚主编，中国文联出版社）

沧州历代诗歌作品选，收录上迄西周，下至当代的沧州籍诗人1368名，选诗30000余首，另收录1000余名客籍作者吟咏沧州的诗作万余首，堪称沧州诗歌的集成之作。

2.《王蒙文集》

王蒙（1934—），中国当代作家，曾担任文化部部长（1986—1989）、中国作协副主席等职。代表性作品有中篇小说《组织部来了个年轻人》、长篇小说《青春万岁》等。

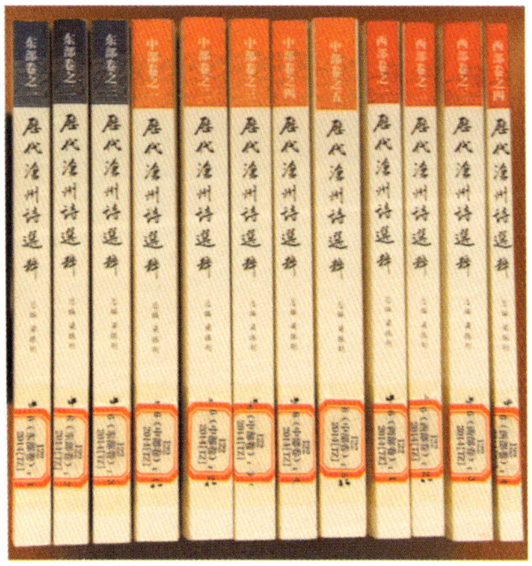

《历代沧州诗选粹》

《王蒙文集》

3.《蒋子龙文集》

蒋子龙（1941—），河北沧县人。曾任天津市作协主席。代表作有短篇小说《乔厂长上任记》，中篇小说《开拓者》等。

4. 肖复兴

1947 年生，著名作家，原籍河北沧州，1968 年到黑龙江生产建设兵团（现今北大荒农垦）插队知青，曾任《人民文学》杂志社副主编。《音乐笔记》获首届冰心散文奖。

《蒋子龙文集》

肖复兴作品

五、武术专题文献

沧州武术源远流长、门派众多、名家辈出、底蕴深厚的文化性诸特征，是中华武术文化的重要遗存。馆藏《中国武术大典》（100 册）等各类武术文献共计 900 余种，2300 余册。

1.《中国武术大典》

释永信主编，百卷本共3000万字。共收录各类武术文献324种，其中，古代部分收录109种，民国部分215种，涵盖兵技、军器、武举制度、气功导引、伤科、域外汉籍武术文献等16类。

《中国武术大典》

2.《刘云樵大师全集》

刘云樵（1909—1992），字笑尘，河北沧州集北头村（今属南皮县）人。晚年致力于武学文化教育，曾在台湾创办发行《武坛杂志》。《刘云樵大师全集》分为《武坛宗师》《笑尘武集》《武道思想》《迷踪拳艺》等十册。

3.《中央国术馆史》（黄山书社出版）

中央国术馆于1928年3月在南京成立，全称为“国民政府直属国立南京中央国术馆”，宗旨在于培育武术师资、推广武术、审编武术教材等。

《刘云樵武术全集》

《中央国术馆史》

4.《沧州武术志》（河北人民出版社）

本志记述包括沧州武术组织门类、武术比赛、武术界著名人物事迹等内容，丰富全面地展示了沧州武术的面貌。

《沧州武术志》

六、杂技专题文献

沧州吴桥有“杂技之乡”的美誉，吴桥杂技艺术历史久远。1958 年，沧州吴桥县小马厂村出土的距今约 1500 年前南北朝东魏时期的古墓壁画上，就描绘着倒立、肚顶、转碟、马术等杂技表演形象。2006 年，国务院批准吴桥杂技列入第一批国家级非物质文化遗产名录。馆藏杂技类文献 50 余种，130 余册。

1.《吴桥杂技》

2.《三分艺，七分口》

《吴桥杂技》

《三分艺，七分口》

七、张之洞专题文献

张之洞（1837—1909），字孝达，号香涛，谥文襄，清直隶南皮人，世称“张南皮”。晚清四大名臣之一，洋务派代表人物，是中国近代重工业的奠基人之一。

馆藏张之洞专题文献有《张之洞全集》等涉及张之洞的文献资料和研究著作，共计 140 余种，500 余册。

1.《书目答问补正（批注本）》（北京图书馆出版社，2008年9月）

《书目答问》是张之洞撰写的目录学名著，后经范希曾补正，是介绍治学门径的重要工具书，影响深远。近代著名的出版家和目录学家王伯祥将当代学者的论述和自己的心得，逐一批注于此书的天头、地角和行间，具有重要的学术价值。

《书目答问补正（批注本）》

2.《张之洞全集》（赵德馨主编，武汉出版社2008年11月出版）

全卷共12册，1275万字，共收录文献14453件，全书按照公文（奏议、电奏、公牍、电牍）、书札（包括家书）、专题著述（《劝学篇》《书目答问》《读经札记》《论金石札》等）、诗文作品（古文、骈体文、诗词）和弟子记的顺序排列。

3. 张之洞殿试卷（复制品）

《张之洞全集》

张之洞殿试试卷

八、书画专题文献

书法是中国传统艺术，绘画也是中国传统艺术中起源最早的艺术形式之一。本馆现藏各类书画文献和名家画作，集文献收藏、书画展览为一体。

展览区域分三部分：世界美术史部分名为“发现之美”，用发现和探寻的眼光梳理世界美术发展脉络，通过历代经典作品引领读者走进艺术世界；中国美术史部分名为“眼界与境界”，与西方绘画的写实不同，中国画追求隽永深远的意境，展览所选作品体现着中国书画的精髓；沧州美术概况部分取名“沧海一粟”，这里有贾又福、何家英等沧州籍画家的书画作品以及沧州画家的获奖情况。

中国古代精品书画再现展展出历代书画精品的高仿真复制品，向读者呈现精美绚丽的中国历代书画精品，以求提升读者的艺术素养。本馆现藏文献共计2300余种，4800余册。

1.《八大山人全集》

八大山人（约1626—约1705），明末清初江西南昌人，号八大山人，又号雪个、人屋、个山等，明宁王朱权后裔。明亡后削发为僧，后改信道教，住南昌青云谱道院，改名道朗，字良月，号破云樵者。工书画，擅画山水、花鸟、竹木，笔墨简括，意境冷寂，形象夸张。所署“八大山人”，笔形似“哭之”或“笑之”，寄寓故国之痛。书法学二王及颜真卿，自成一格。与石涛、弘仁、髡残并称“清初四高僧”。

2.《任伯年全集》《近现代中国绘画集萃——曹氏默斋藏》

任颐，近代著名画家。初名润，字伯年，一字次远，号小楼，浙江山阴人。他的绘画题材广泛，人物、肖像、山水、花卉、禽鸟无不擅长。用笔用墨，丰富多变，构图新巧，疏中有密，虚实相间，浓淡相生，富有诗情画意，被誉为“海派”大师。

《八大山人全集》

《任伯年全集》

九、大运河专题文献馆

京杭大运河北起北京，南至杭州，流经天津、河北、山东、江苏和浙江四省二市，沟通海河、黄河、淮河、长江和钱塘江五大水系，全长 1794 千米，是世界上里程最长、工程最大、最古老的运河之一，是中国古代劳动人民创造的一项伟大工程，是祖先留给我们的珍贵物质和精神财富，是活着的、流动的重要人类遗产。

大运河是历代漕运要道，对南北方的经济发展和文化交流起到重要作用，既显示了中国古代水利航运工程技术的卓越成就，又留下了丰富的历史文化遗存，凝聚了政治、经济、文化、社会诸多领域的庞大信息，积淀了深厚悠久的文化底蕴。

本馆现藏运河文献 600 余种，1600 余册，向读者展示京杭运河及世界著名运河的历史变迁及发展现状。

1.《治河全书》（清张鹏翮编，天津古籍出版社）

《治河全书》，张鹏翮撰。张是清初治河名臣。《治河全书》是张鹏翮于康熙四十二年（1703年）任南河河道总督时纂辑。全书包括康熙阅视河工之上谕，对河道事宜之决策及历任河道总督之治河奏章等。《治河全书》共二十四卷，卷一至二辑录自康熙二十三至四十二年（1684—1685）年间治河上谕；卷三至十三记载了我国运河、黄河、淮河三大水域的源流、支派、地理位置及历年进行治理的情况，其中对各河道的形成、流向、堤坝修筑、防汛事宜等记述尤为详细。卷十四至二十四收录历任河道总督有关治河章奏，所附彩色绘图，工细精致，精确地反映了三大河流及各支流的全貌。《治河全书》内容翔实，史料性强，是研究清代初期治河工程的重要参考资料，对当前治河水利工程和水利史的研究以及准备修浚大运河，都颇有借鉴参考价值。

2.《清代漕运全书》（载龄等纂修，北京图书馆出版社）

本书辑录清雍正年间《漕运全书》（三十九卷，清抄本）与清光绪年间《漕运全书》（九十六卷，清光绪间刻本），并据国家图书馆藏底本影印而成。系统记载了清代漕运中各个方面的问题，内容为清代漕粮税制，漕粮的征收、兑运和交仓，漕运官制与船制，运丁和屯田，漕粮运道的修浚与管理，清后期漕运改制等。

《治河全书》

《清代漕运全书》

3.《我们的大运河》（王玉芳主编，明日报出版社）

为配合大河的保护与申遗，让世人更加深刻地了解沧州段大运河丰厚的遗产，沧州市文物局组织专家学者编纂了《我们的大运河》。该书分为城市、水利、武术、杂技、民俗物产等十卷，目前出版有诗歌、物产、武术与杂技三卷。这套运河专题研究丛书，展现了沧州段大运河的悠久历史和神韵风貌，记录了运河之城百姓的生活状态，将有力地促进北方地区的大运河研究。

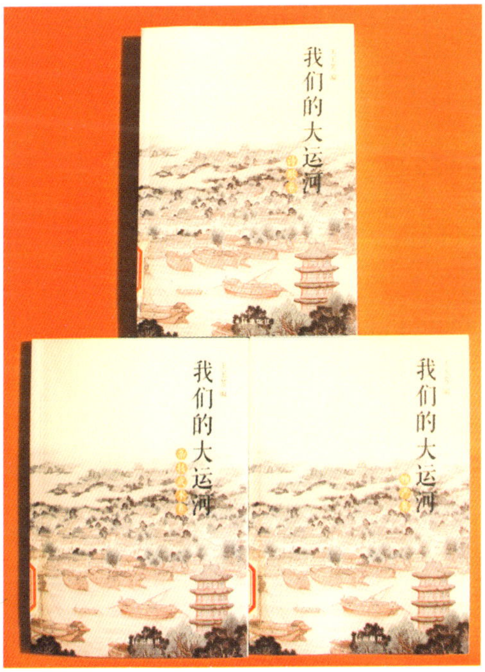

《我们的大运河》

后　记

一书、一馆、一城市

接到“21世纪中国城市图书馆丛书”的组稿邀约，不胜荣幸。沧州图书馆作为地级市馆，始建于1952年，迄今已走过半个多世纪的历程，但一直没有机会从城市文化的角度梳理和记述图书馆的发展历史与现状。感谢丛书的策划者和出版单位，是你们不遗余力的奔走呼吁，才使这套凝聚着中国图书馆人智慧与汗水的丛书得以问世。

本书于2014年12月启动编写计划，筹建编写组，经过六个多月的紧张工作，即将付梓印刷。编写组查阅了大量的文献资料，访问了多位历史见证人，希望借这一本书介绍一个馆的发展历史、馆舍、藏书、服务等内容，与国内外的同人和读者朋友进行探讨与交流。

第一部分“文化传承篇”，分为沧州历史上的文化传播、沧州历史上的藏书活动、沧州图书馆记事三个章节。历史上的文化传播，以沧州历史上涌现出的对传统文化的传承、传播做出杰出贡献的学者为焦点，展示沧州地区一脉相承的悠久人文传统；并且用雕版印刷技术兴起和衰落时期的三个有代表性的例子，说明沧州文化人对中华文明发展所做出的努力。藏书活动部分则以沧州历史上著名学者的藏书事迹为重点，呈现沧州经久不衰的保存文献、致力文化传播事业的精神传统。对书院和民间藏书的叙述则力求描绘沧州地区早期图书馆事业的雏形。图书馆记事章节，我们查阅了沧州图书馆现存的所有文字、图片资料，去粗取精，分为艰辛求存、基业初奠、风华绽放、转型过渡、再续辉煌五个历史时期，客观记述了沧州图书馆发展史，力争全面完整地反映各时期的人与事。

第二部分“读者服务篇”，分为新馆崛起、城市图书馆服务、四季之“阅”浸润书香、城市图书馆公共文化服务体系建设四个章节。其中在新馆建设章节，我们以导游的视角，带读者逐层领略新馆的风采，较为完整、详细地记录了馆舍的布局与功能，文字间隐含着沧州图书馆建设“城市靓丽厅堂、市民温馨书房”的办馆宗旨与服务理念；城市图书馆服务章节，基础借阅服务只字未提，而是选取了基础业务之上的五项延伸服务，单独成节，集中展现，以期让读者抛却图书馆只是借借还还的老观念，重新审视现代化图书馆信息传播、知识咨询、社会教育等功能的实现；对于如何记录沧州图书馆多年开展的多项阅读推广活动，编委会经过讨论，最终决定从全年四季的角度，记录每年每季都会举办的活动，让读者一目了然，也能从中体会每个精彩活动背后图书馆员的辛勤付出。

第三部分“馆藏资源篇”，分为馆藏资源建设、精品馆藏两个章节。在编写精品文献的时候，挑书成了最困难的事情。面对几万册的古籍与地方文献，经过反复斟酌取舍，最终选择了其中有代表性的部分加以介绍。

在本书编写过程中，许多新的服务模式与服务项目正在筹划建设中，譬如新华路24小时自助图书馆与流动书车项目财政拨款已到位，正在招投标；高铁西站、火车站读报大屏安装项目正在洽谈中，多个馆外服务点正在安装借阅设备……沧州图书馆正在努力打造“图书馆之城”，为市民提供功能完备、方便快捷的图书馆服务。不久的将来，沧州图书馆将不再是一个馆，而是一座城。

本书在编写和审稿过程中得到了很多专家老师的关爱与支持，南开大学信息资源管理系徐建华教授、上海图书馆王宗义研究馆员对书稿提出了很多的宝贵意见与建议，特别是王宗义老师对全书进行了认真细致的审阅和修订，使全书的逻辑体系得以进一步完善。天津大学出版社王云石副社长为本书的出版积极出谋划策，时刻关注编写进度，联系翻译工作，这对编者是一种莫大的支持与鞭策。在此一并对他们表示由衷的感谢！

本书由宋兆凯主编，参与撰写的人员有董艳丽、吴树强、孙雪倩；其中第一、二、九、十章由吴树强编写，第四至七章由董艳丽编写，第三章和第八章由孙雪倩编写。宋兆凯、张广越、杨培颖、董艳丽对全书进行统稿和修改。沧州区域文化研究所所长孙建为第一、二、九章的编写提供了有力的支持与协助，沧州图书馆特藏部刘淑珍主任和办公室燕春莹主任为本书的编写提供了大量的参考文献资料，志愿者宋英男同学放弃休息日，多次到馆拍摄馆舍、文献照片，并对所有的照片进行技术加工。在此对所有为本书的编写辛苦付出的编者、老师们表示深深的感谢！

本书主要根据沧州图书馆现有的文献资料和工作实践思考编撰，在此对相关专家学者致以诚挚谢意。时间所限，难免有偏颇不当之处，还望读者批评指正。

编　者

2015年5月

Cultural Inheritance

GERBES
CHINOISES
SIENHSIEN
10.34

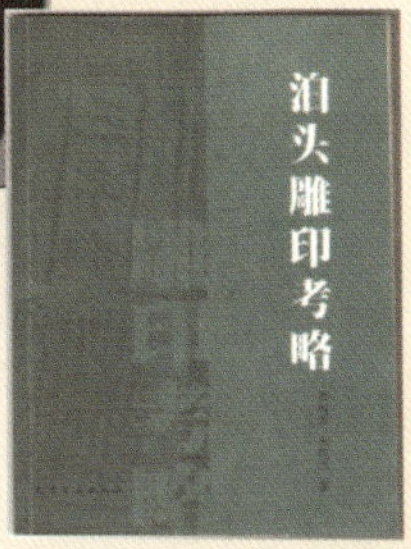
泊头雕印考略

01

Chapter 1

Cultural Communication in the History of Cangzhou

Cangzhou, facing Bohai Sea on the east and Taihang Mountain on the west, is next to Beijing and Tianjin on the north and Shandong Province on the south. Beijing-Hangzhou Grand Canal goes through this city, and for a long time it has served as a vital route for land and water transportation. It absorbs both the northern and southern cultural traditions, which make it an important cultural intersection and commodity distributing center alongside the canal.

Affected by history and other factors, Cangzhou has developed many cultural heritages including *The Book of Songs* culture, martial arts culture, acrobatics culture and canal cultural, etc. for centuries. People in Cangzhou were distinguished for their courage, bravery and diligence, and they cultivated in this ancient land and made contribution to the spread and guard for the cultural tradition of poetry and literature for thousands of years.

Cangzhou had once been a region of Youzhou and Yanzhou in ancient times, and then belonged to Qingzhou in the Western Zhou Dynasty. While in Qin and Han Dynasties, it became the territories of Yan and Qi, Jin, Zhao and other countries respectively. After that, it was managed by Shanggu, Julu and other counties. In 251 BC, the central government set in the Bohai Shire with its administrative center being set in Fuyang County of Jizhou.

In the Eastern Han Dynasty, the administrative center was moved to Nanpi, which then belonged to Yingzhou and Jizhou in the Northern Jin Dynasty. And in 517, Cangzhou was set up, administering Fuyang Shire, Yuling Shire and Ande Shire, which was the beginning of the name "Cangzhou" nearly 1,500 years ago.

In the early year of the Sui Dynasty, Fuyang Shire was repealed, and Zhanghe Shire which belonged to Changlu County was cancelled later. In Qing Dynasty, it belonged to Hejian while some parts of its counties belonged to Tianjin. In 1928, it became a region of Hebei Province.

Section 1

Scholars in the History of Cangzhou

A famous historian, Chen YinKe, has described the historical and cultural situation of Hebei Area in the book titled *History of Politics in Tang Dynasty* . He mentioned that Hebei had always maintained the prosperity of its culture, even after the invasion of the alien nation. According to the relevant historical records, it is clear that this description is consistent with historical facts. A large number of scholars who made important contribution to the inheritance of traditional culture had emerged in Cangzhou since the Han Dynasty. Those scholars are listed as follows.

1. The Successors of Poems of Han Dynasty—Mao Heng, Mao Chang

These two scholars' dates of birth and death are unclear, and records about Mao Heng and Mao Chang have big differences from each other. For example, the book of *Hanshu* · *Art and Literature* has 29 volumes of *Mao's Poetry* and 30 volumes of *Mao Shi Gu Xun Zhuan*, however, it only mentioned the author as "Mao Gong ", without the specific name. *Hanshu* · *Confucian* has a relatively clear record, in which "Mao Gong" was said to be born in a place called Zhao, who specialized in *The Book of Songs*.

From the above records, scholars in the library of *Si Ku Quan Shu* made a detailed research, and finally agreed with the opinions of Zheng Xuan and Lu Ji that the author of *Mao Shi Gu Xun Zhuan* was Mao Heng. The Mao's Poetry did not receive enough official attention at that time, but later in Han Dynasty it was absorbed into the official teaching system. Some famous scholars such as Zheng Zhong, Jia Kui, made great contribution to the spreading of

Mao's poetry. It is exactly because those generations' efforts that the cultural features of *The Book of Songs* could be absorbed and carried forward.

According to the *Comprehensive Geography of the Great Qing Dynasty* compiled during the period between the year 1796 and 1820, many historical heritages were remained in Hejian.

2. A Expert on Confucian Classics—Liu Xuan

Liu Xuan (c. 546—613), born in Cang County, who was well-known for his cleverness and comprehensive knowledge. It was said that he could do five things at the same time without mistakes. Liu Xuan and Liu Zhuo (came from Ji County) were sworn friends. Liu Zhuo was also a famous scholar at that time, who learned *Mao's Poetry* from Liu Kuisi with Liu Xuan together, learned *Tso Chuan* from Guo Mao and *Li* from Xiong Ansheng, but they both went halfway. They heard that Liu Zhihai had a wide range of collections of books. So they went to his home and were absorbed in reading for ten years.

After receiving the censor's appreciation, Liu Xuan became his attendant and was well-known for his efficiency. Later, he took part in the editing work of the country's history, and then became a consultant in Ministry of Supervision. He participated in the examination and correction of law and history, So he was widely acclaimed.

But unfortunately, he did not get any official position in the three departments, so he wrote to an a letter to an official to express his feelings. The official wrote a letter of recommendation for him and gave him a high praise in the letter. After that, Liu Xuan became a general in the court.

At that time, the secretarial supervisor asked for buying more books. Liu Xuan forged over 100 volumes of books entitled *Lian Shan Yi* and *Lu Shi Ji*, which he gave to the government to get awards. After being ratted out by others, he was dismissed, and then he returned to his hometown and made a living by teaching. Later, he was elected to revise and correct *Wu Li*.

Although he returned to the central government because of recommendation from others after Emperor Yang of the Sui Dpnasty came into power, he was dismissed again for despicable behaviors. At that time, there was a war, which made the normal teaching work become impossible. He was far away from his family (about 100 miles) without any communication among them. And eventually, he died during the war.

Liu Xuan made great contribution to the inheritance of the *Mao's Poetry*, *The Book of Filial Piety* and other Confucian classics.

The Book of Filial Piety was collected and hidden by Yan Zhi (born in Hejian) because the burning books activity led by Emperor Qin shi huang. In the early Han Dynasty, Yan Zhen who was the son of Yan Zhi donated this book to the society with 18 chapters in total. Some celebrities, such as Jiang Weng, Yi Feng, Zhang Yu were well-known for research on this book. In addition, *Shang Shu* appeared at the same time, with twenty-two chapters in total. And Kong Anguo wrote a book to introduce it.

3. A Geographer of the Tang Dynasty—Jia Dan

Jia Dan came from Nanpi of Cangzhou, who was a geographer and cartographer of the Tang Dynasty. He got a good grade on the imperial examination and experienced periods when the dynasty was ruled successively by three emperors. He worked in many official positions and was awarded as the Duke of Wei. Jia Dan was crazy about learning all his life, and did a lot of reading in his later years. He especially focused on the research of geography. Every time he met ambassadors from other countries, he would asked them questions about their local people and customs, So he gained great understanding of the geography at that time and was well-known around the world.

His research had two characteristics: one was that he paid special attention to remote areas' geography and foreign geography because at that time the minority, Tubo, had a strong power, who occupied the western region of Gansu Province, causing a great threat to the Tang Dynasty; another was that he put much emphasis on drawing maps. He learned the techniques from Pei Xiu to draw maps, and finished many fabulous works (in the year 801) over nearly 20 years, such as the map about China and its nearby regions, which was regarded as the epoch-making work. It was recorded that the width of this map was 9 meters, while the length was 10 meters, which was ten times larger than Pei Xiu's map. The map used the scale of 1: 1,500,000. The map included the information from *Shang Shu* to the contemporary ones, covering China and other hundreds of countries. According to an ancient history book, someone had once took his map to foreigners in order to verify it, and the content of this map was confirmed to be truth. Wang Guowei, a famous scholar, praised him as the first person in the field of geography in the Tang Dynasty, and his works were regarded as treasures in geography.

4. An Eminent Chinese Politician during the Late Qing Dynasty—Zhang Zhidong

Zhang Zhidong (courtesy name xiao da) (1837—1909), came from Nanpi. He earned a Jinshi degree in 1863 and was elevated to the Hanlin Academy in 1880.

In the year 1881, he was appointed as the governor of Shanxi, and then promoted the Westernization Movement to become a representative of this movement. He insisted on a method of relatively conservative reform, summarized in his phrase "Chinese learning for fundamental principles and Western learning for practical application" (Zhōng Xué Wéi Tǐ, Xī Xué Wéi Yòng), which had a great effect on China. In the spring of 1884, the Sino-French War was on the horizon. He served as the governor of

Guangdong and Guangxi Province. and build new official enterprises in Guangdong Province, and factories of bullet, ironworks, gun, money-casting, weaving machine and so on. Also, he purchased modern equipment and used new methods to train soldiers. The Naval Academy was set up as well. In 1889, he became the viceroy of Huguang. During those 18 years, besides he served as governor of Liangjiang twice temporarily, he worked as the viceroy all the time. He transported foreign machines from Guangdong Province to Hubei Province, and established the Railway Bureau of Hubei Province, Hubei Gun Factory, and promoted the industry of Iron Mine, inland river transportation and telecommunication, and vigorously promoted the domestic railway construction as well. In order to cultivate talents for Westernization Movement, he put emphasis on building new-style schools in Hubei and Jiangsu Provinces. Many students were sent to study in Japan, Britain, France, Germany and other countries.

As a scholar, Zhang Zhidong won his reputation for the book of *Shu Mu Da Wen* , which had a profound impact on the history and literature. under the rule of Emperor Qianlong and Jiaqing in the Qing Dynasty, bibliography received as much as attention increasingly among the group of scholars, which in fact influenced the direction of modern academic. Therefore, the relevant disciplines such as bibliography, textual criticism, literature discrimination study became well-known in the society. As a result, research on bibliography had been effectively promoted. In 1875, unlike national library's catalogue and private bibliography, *Shu Mu Da Wen* aimed at teaching people the learning methods, causing unexpected attention.

Shu Mu Da Wen was the book that was written in 1874, when Zhang Zhidong became the minister of education in Sichuan Province, aiming at answering the question "what books students should read, what are good books". The book had a total of five volumes and collected more than 2, 200 kinds of books, 7/10 of which were collected in *Si Ku Quan Shu*, and 3/10 of which were not collected in it. All the books had been carefully chosen, with a high academic level and historical value, and most of them were academic science and technology books in the late Qing Dynasty. The book was divided into five parts. And each part was recorded with its title, author's name, the version (it usually collects the most common versions rather than the Song and Yuan Dynasties' versions). Some important books also had the brief introduction about reading methods and some tips, which were really helpful to beginners.

The first version was made in 1876, and the book was reprinted for several times. It was a very influential bibliography. Li Yuandu had said that at that time almost all the family had this book. The historian, Chen Yuan regarded it as "The Shortcut of Reading", and in his later life, he recalled that the reason why he had interest in Four Books and Five Classics was the guidance of this book. In 1923, Hu Shi was invited by Tsinghua University to give a book list for students, and *Shu Mu Da Wen* was on the top of the list.

After Zhang's writing, some people revised the book for many times. The most important revised version was the 1933 version written by Fan Xize, in which the Fan corrected some errors of some authors' names and added some additional versions and authors' names and volumes that were missed in the former versions, and also added over 1, 200 kinds of books. Apart from books missed before, the vast majority were new versions of Chinese ancient books, some new discoveries on archaeology and cultural relics that were researched and collected between the year 1876 and 1930.

In 1901, the Qing Dynasty announced the introduction of the new deal, and appointed him as the viceroy of Huguang. In 1903, he and other ministers imitated the Japanese school system to develop China's new school system, which was the first modern education system in China. Zhang Zhidong founded the library of Hubei Province in August 1904, which collected more than 40, 000 copies of books from all kinds of academies in Wuchang, and new books bought from Shanghai and Japan. The library was reconstructed on the basis of Bowen Academy, which has been developed into a national first-class library.

Zhang Zhidong died of illness in 1909 with his last book titled *The Whole Collection of Zhangwen Xianggong.*

5. A Modern Scholar—Sun Kaidi

Sun Kaidi (1898—1986) came from Nanpi County, who was a scholar on Chinese classical literature. He was one of the first graduates from the Secondary Middle School. In 1922, he was admitted to the Chinese Department of Beijing Normal University. After graduation in 1928, he stayed at the university to teach. And then, in 1931, he served as the editor of Beiping Library, and became the lecturer on the Department of Chinese literature of several universities, and began the study of Chinese classical novels and dramas at the same time. During the Anti-Japanese War, he lived in Beijing with his job being given up. After the war, he became the professor of Peking University and Yenching University. In 1953, as a researcher at the Institute of Literature Research in Peking University (it belonged to Chinese Academy of Sciences and Chinese Academy of Social Scienles later), he had engaged in the study of classical literature until his death.

In his early years, Sun Kaidi undertook the traditions of Qian Jia School in the Qing Dynasty, making research on the books *Guang Yun*, *Ji Yun* and so on. During the period of working in Peiping Library, he contacted with a large number of ancient books and records, and changed his focus on the bibliography, and then achieved fruitful results on the novel history and drama history. There was no special bibliography on Chinese popular novels, and he made a detailed investigation on it, which laid a solid foundation for the Chinese popular fiction bibliography. He made detailed researches on opera history and Yuanqu composers' lives and dramas, which was respected by the academia. His research also related to the history of Dunhuang, and he wrote books including *Cangzhou Set*, *The Later Cangzhou Set* and so forth.

Section 2

Printing Industry in the History

The invention of woodblock printing has greatly promoted the development and prosperity of culture, and plays an important role in the history of world civilization. During the development process of woodblock printing technology, Feng Dao played a key role in the period of Five Dynasties and Ten Kingdoms, who was the first one applying woodblock printing technology to making the classic books. This made great contribution to the civilization of China and the world.

After woodblock printing technology was promoted, those main carving centers were located in the southern area of China, while the printing level in northern part was slightly inferior. Until modern times, Western printing technology became to spread around China, and the traditional printing method began to decline. Only people in the small towns along the Grand Canal still tried to hold on the traditional woodblock printing. At the same time, the Catholic Church in Xian County also used advanced technology to publish a lot of amazing books. In a sense, all of the beginning, ending and transformation of woodblock printing technology had important link with Cangzhou.

1. Feng Dao, the First Person to Advocate Official Version of the Confucian Classics

Feng Dao (882—954) came from Cang County of Hebei Province in the Five Dynasties, who was the founder of Chinese large-scale official version of the Confucian classics. He was born in a peasant family and later served as a prime minister in Later Tang Dynasty and Later

Jin Dynasty. After Khitan destroyed the Later Jin Dynasty, he became the central official of Khitan, and then worked for the Later Han and Later Zhou Dynasties. He wrote a famous book of *Chang Le Lao Zi Xu*. Because he had served for five dynasties, the later generations had a lot of criticism for his behaviors.

Feng Dao lived in Hebei Province in the late Tang and Five Dynasties, during which period all military governors showed the tendency to advocate liberal arts. The area of Youyan had the largest number of cultural heritages. In addition to the traditional poem culture, Youyan was the prosperous location of the Buddhist culture in the Tang Dynasty. Even seperated from the outsides for almost one hundred years, Youzhou was still the main area where a great many scholars emerged. According to Zhang Jianzhang's record in late 9th century, we can clearly see what Feng Dao's private library looks like and understand the strong atmosphere of reading at that time. Interestingly, he was mentioned as a military official in his epitaph record, which showde people in Youzhou did not pay attention to the differences between civil official and military official. There were many political changes in the late Tang Dynasty, which provided scholars in Hebei Province with opportunities to serve in the imperial court. As a result, many ambitious scholars flew to this place. Feng Dao's career was launched under this background and he became one of the representatives of the mainstream culture in the late Tang Dynasty.

From the beginning of the Han Dynasty, Confucian classics were always the main theoretical sources of political governance and moral education in successful dynasties. In order to ensure the purity of Confucian classics in the transmission process, and to prevent people from tampering and distorting the contents during the process of copying, as early as in the last years of the Eastern Han Dynasty, Cai Yong suggested to organize scholars to make corrections for six Confucian classics including *Yi*, *Shi*, *Shang Shu*, *Chunqiu Gongyang Zhuan*, *Etiquette*, The Analects and Cai Yong wrote these books personally. In 175, they were carved in stone monuments, which were set up outside the gate of Taixue of Luoyang (the Ancient University of Luoyang) as the standard version for scholars to transcribe and check. This approach was later imitated in many dynasties. In the late Tang Dynasty, woodblock printing invented during the rule of Emperor Xuanzong had already been popular in the folk quietly. And this inspired Feng Dao's idea.

With the idea of producing Confucian classics by woodblock printing method, in 1932, Feng Dao's suggestion was approved by the emperor. He and other people began to print the standard versions of nine classics. Feng Dao was a key figure contributing to the project and in charge of the selection of people and arrangement of specific works. And 22 years later, in 953, nine kinds of Confucian classics were printed as well as *Wu Jing Wen Zi* made by Zhang Can in the Tang Dynasty and other books. Imperial College took charge of all those works. Those versions were widely spread at that time, which had great influence on the development of the printed books in Song Dynasty. Also, this made Feng Dao and Tian Ming's official careers go well. Even the book of *Zi Zhi Tong Jian* that had little praise on incidents in Five Dynasties spoke highly of it.

It shows that although the Five Dynasties was a turbulent era, a cultural project like that could be still proceeded in an orderly way. It is hard to imagine that how this project would be without those officials such as Feng Dao and Tian Ming that made great contribution. To some extent, this extension was influenced by the Qingliu culture in the late Tang and Five Dynasties.

2. Woodblock Printing in Botou

Botou was located on the bank of Beijing-Hangzhou Grand Canal, where transportation was convenient and commercial prosperous development. There were more than 1000 shops on both sides of the canal, and a large number of ships went in an endless stream. As a major trading spot, every time there was a famine, people in Botou could get food transported from other places to serve. After the middle of the Qing Dynasty, the printing industry gradually developed.

Bo Town was the shortened form of Botou County. During the period of Daoguang of the Qing Dynasty, there had been some woodblock printing books. And during the period of the Republic of China, there were dozens of shops providing printing service, and a famous one called Shancheng Hall set up a branch there. Each store not only provided the traditional four classical books, but also books about divination, star, medicine, card, Bandar's note, genealogy, scriptures, and other things you could imagine. At present, printed matters produced by each store are still being circulated, among which only the kinds of printed books made by Juyuan Hall were more than 50, and there are also some bronze wooden type books.

In 1823, Tongyuan Hall in the Bo Town published the book of *Shi Tie Qing Yun Ji Zhu Shi* in four volumes, which was the earliest thread bound ancient book in Bo Town. During the rule of Tongzhi in the Qing Dynasty, one of the famous bookshops, Shancheng Hall, set up a branch store in Bo Town, revealing the scale and statue of the woodblock printing industry in Bo Town. Later, many stores were set up in Bo Town including Shude Hall, Ju Ren Hall and so on, which formed a woodblock printing industry group in Bo Town.

The reasons why the woodblock industry was prosperous in Botou are listed as follows

The first reason is the continuation of the development of history and culture in Botou . Botou's culture has a long history. As early as the Han Dynasty, Liu De (born in Hejian) was crazy about ancient books and sought truth from facts. He collected a wide range of classics and advocated the Confucianism. The scholars from all around the country came to his Rihua Palace to offer books, which made his collection almost equal to the number of books in the court. Scholars arranged books collected from everywhere in his palace, which made the endangered pre-Qin ancient books and records be circulated again. And this place became the Confucianism center in Hejian. During the rule of Jiajing in the Ming Dynasty, a local man, Feng Shiyong, built a Dongzi Academy. Soon, the Hejian governor, Xiang Qiao built Minglun Academy in the town, helping to educate a large number of students and promoting the development of the local woodblock printing industry.

The second reason is the inheritance of carving and printing technology. Feng Dao, the founder of official printed books in the history of China, who organized large-scale Confucian classics engraving activities, and the government regarded these official works as standards in that period. Many classic books were made into woodblock edition and spread all over the world, which promoted the inheritance and development of woodblock printing technology.

The third reason is the influence of the advantageous geographical position. Volume I of the book *Jiao He Zhi Liao* has mentioned that ships were able to transport goods by the canal. The canal passed through the eastern part of the county, situated between Jiaohe and Nanpi with many ships passing through it like fish. Although water transpont took much more time than train transpont, it could cost less money. So people were likely to choose this mode of transportation. And carving techniques naturally sprouted and was growing in this traffic center.

The fourth reason is the prosperity of commercial trade. Convenient traffic conditions promoted the development of the town's commercial prosperity. The book of *Chronicle of Nanpi County* in the Republic of China mentioned that " In the past time, grains could be transported from Jianghuai Region through canal, and the culture communication between the northern area and southern area depended on the canal as well. Since ocean shipping sprang up, the canal began to lose its function; After the Jinpu Pinghan Road was built, the canal lost its advantage much more greatly. However, the soil was fertile along the river, and the farmers could use the canal for irrigation, as well as the convenient transportation, so business was well developed there. A great number of stores gathered on both sides of the canal owing to the benefits of the canal. In the middle period of the Qing Dynasty, there were more than 160 private industrial workshops in the town, and merchants at home and abroad ran grain bureau, trading firm and guildhall. In the early year of the Republic of China, the two sides of canal had over a thousand stores.

The fifth reason is the advantage of raw materials. Most of the woods used for engraving prints books were from pear tree and jujube tree, and Botou was famous for these two kinds of trees. Since the Han Dynasty when these two kinds of trees began to be planted, Botou produced the largest number around the country as well as planting area. According to the *Chronicle of Jiaohe County* of the Republic of china, Jiaohe County produced the largest number of pear and jujube, among which pear was the best known in that county with the total amount reaching more than one million pounds. The most superior materials used for block printing were pear and jujube woods. Almost all the villages in Jiaohe County had pear tree store with rich raw materials with all levels of prices. In this way, the block printing developed quickly and easily.

3. The Book Ingraving Industry in Shengshi Hall of Xian County

The Christian Church has always attached great importance to the development of printing industry, which has a positive effect on the social development, the progress of science and technology, the change of thought and other aspects in China.

Shengshi Hall of Xian County in Hebei Province, was one of the modern Catholic Church's major publishing houses in China. It was founded in 1874 and closed in 1944. It printed and published a large number of Chinese and Western cultural classics, including the Christian theology books, the Chinese language learning dictionaries and teaching materials, the translation versions of Chinese ancient books, newspapers and periodicals, etc.

This publishing house published Christian theology books including popular books.

Language is an important tool for preaching. Early missionaries devoted a lot of energy to edit Chinese language learning dictionaries and textbooks.

In addition, Shengshi Hall positively translated and published some Chinese classics including *Analects of Confucius*, *Mencius*, *Da Xue*, *Zhong Yong* and so on, which made foreigners gain more understanding of Chinese culture. These publications had a high academic level, which made it enjoy great reputations among Chinese and foreign religious circles and academia. According to statistics, the printing house had 211,223 copies of books in all kinds published before 1941, and a lot of them had been widely spead until now.

SIENHSIEN
泊头雕印考略

02

Chapter 2

Book Collecting Activities in the History of Cangzhou

Section 1

Book Collectors

1. The King of Xian in Western Han Dynasty—Liu De

Liu De (?—130 BC), the son of Emperor Jing of Han and the brother of Emperor Wu of Han. He became the king of Hejian in 155 BC, and the capital was set in Le City (now the Hecheng Street of Xian County in Hebei Province). After his death, people called him Xian, who was known as the King of Xian. He was a famous Confucian and book collector at that time. The book of *Han Shu* mentioned that he was crazy about ancient culture and sought truth from facts positively. This laid a solid foundation for the revival of confucianism.

After the reunification in the Qin Dynasty, in order to consolidate the rule, the government continued to strengthen the control on books and documents. It found all kinds of literature to enrich the official collection and clean up private collections as well. The government put a large number of books except medicine, divination, into fire, which made private school suffered a sovere blow. This was the severest disaster for the development of pre-Qin Dynasty classics and Confucianism. Nevertheless, there were still a few scholars who took risk collecting ancient books and documents, so that a considerable number of pre-Qin Dynasty classics were preserved and spread.

In the early rebuilding years of the Western Han Dynasty, many things were set aside and waited for rising. The government implemented the policy of non-action, stopped the banned book policy, and collected books preserved by the public in all kinds of ways. It also lifted the ban on private schools and actively established the official schools. These series of measures promoted the revival of the culture of pre-Qin Dynasty classics and created a good atmosphere for its development. When Emperor Wu of Han ascended the throne, he adopted Dong Zhongshu's suggestion that "paying supreme tribute to Confucianism", which created an excellent opportunity for the development of Confucianism. As a result, Liu De spent all his time and energy to collect and collate the classics, and do research. Liu De's collecting book had its unique features. For example, when he collected some good books from the folk, he would make a copy of these books and returned them to the owners, while kept the original ones himself. From this detail, we can clearly see that Liu De has already paid attention to the version, which was very rare at that time. His behavior was copied by other people, exerting a profound influence. In addition, he also gave gold or silk to the owners in return, so that more and more people were attracted to offer books. As a result, Confucian scholars from all over the country presented their ancient books coming from their ancestors to Liu De. His collection Scale even caught up with the governments.

Liu De was keen on Confucianism, and had deep understanding of Confucian classics. Most of the books collected by him were pre-Qin ancient books, such as *Zhou Guan*, *Shang Shu*, *Book of Rites*, *Mencius* and so forth. Among these books, only the book of *Lao Zi* was Taoist classic. It is clear that Liu De put emphasis on Confucian classics, and absorbed everything at the same time. In addition, one of the classics, *The Book of Filial Piety*, was preserved by Yan Zhi (born in Hejian) secretly during the burning book period, and then presented to the King of Xian.

Different from the isolation of official collection, Liu De made full use of his collection to promote the academic development and dissemination, which was open and full of vitality. He studied on the Six Classics, who organized the ancient classics with Confucians from the eastern part of Taihang Mountain, forming a Confucianism center in Hejian jointly. According to records, he built the Rihua Palace specifically with 20 rooms used for reception of scholars, providing them a good environment to study. To a certain extent, the behavior like this that kept a limited open place of books for users had already possessed the basic form of library service.

During Emperor Wu's reign, Liu De had gone to Beijing worship for several times. In the year 130 BC, he presented a piece of song to the emperor, showing good accomplishment of Confucianism. All of his life, he insisted on seeking truth from facts on both of his study of Confucianism and the collection activities. This kind of a realistic and pragmatic spirit produced a profound impact for the next generations, especially Qian Jia School in the Qing Dynasty who inherited and carried out this spirit, affecting the later generations of scholars. This spirit of seeking truth and being pragmatic has always been the basic element of Chinese culture and its connotation has been enriched and developed as an important part of our contemporary core value.

The Confucianism Center in Hejian had a great efferct on the inheritance of Confucian Culture. By the way, there is still a Shijing Villasge, which is said to be the place where Mao Gong spread poetry. There is also a Junzi House Village. According to *The History of Jin—Geography*, Hejian County had a Junzi House, which was located in 30-meter northwest from the county wall. *The Chronicle of Hejian County* mentioned that this was the place where Mao Gong taught in the Han Dynasty, so people built a Mao ancestral hall there. The adjacent village was known for *The Book of Songs*. Junzi House was built for Liu De. During the rule of Emperor Daoguang in the Qing Dynasty, bricks carved with "Junzi" (it means "gentleman" in Chinese) were found in this area. Liu De's rigorous academic tradition influenced generations of scholars, such as Liu Xuan in the Sui Dynasty, Ji Xiaolan in the Qing Dynasty, Sun Dikai and so on.

There is a tomb of King of Xian in the eastern part of Xian County. According to records, next to the tomb was a temple in memory of King of Xian, which was built in the year 1534 and repaired in 1747.

2. A Gifted Scholar in Northern Dynasty—Xing Shao

Born in Renqiu of Hebei Province, Xing Shao (496—?), courtesy name Zicai, was a famous litterateur in Northern Dynasty. He had been a general, a local official in the West Yanzhou and so on. When he was ten years old, he was able to write articles. Once, during the tour of Luoyang, he read the book of *Han Shu* thoroughly within five days because of the heavy rain, and could remember the brief content of this book. He was good at Pian Wen (a form of language in ancient China). When he was under twenty years old, he had already been famous among officials. Xing Shao collected many books in his house, but seldom collated them. Every time he saw someone was collating books, he would say with smile: "You are so stupid, as it is impossible to read all the books in the world until your death. How can you read it repeatedly. Also, reading books with mistakes can give you the opportunity to think more".

3. A Scholar in the Qing Dynasty— Ji Yun

Ji Yun, also known as Ji Xiaolan or Ji Chunfan, was born in Xian County of Hebei Province. In 1747, Ji Yun rose to intellectual prominence after winning the highest distinction in the provincial examinations. Several years later, in 1754, he attained the jinshi degree, whereupon he entered the Hanlin Academy. Ji Yun's career was not, however, smooth sailing. In 1768, he became an accessory in a bribery case after he tipped off a brother-in-law about the severity of charges pending against him, for which crime he was banished to Dihua in Xinjiang. On his return from Xinjiang after 35 years, he worked as the director of Minister of Personnel, the director of Ministry of War and so on. Ji Yun died of illness at the age of 82 in 1805.

Ji Yun was keen on reading and writing as well as textual research. During the 50-year working for the government, he was well-known for his knowledge and articles, which attracted many scholars to visit him. He was humorous and generous, who collected a large number of books. Between 1789 and 1798, Ji Yun published five collections of supernatural tales, and in 1800 the five volumes were produced under the collective title *Yuewei Caotang Biji.* He contributed 105 kinds of books during the period of compiling of *Si Ku Quan Shu* (The Complete

Library in Four Branches), which made him the person offering the largest number of books.

Ji Yun was well-known for a magnum opus of editorial achievement in Qing Dynasty, *Si Ku Quan Shu*, where he edited this massive work together with Lu Xixiong, in compliance with an imperial edict issued by the Emperor Qianlong . This work reflected the knowledge and wisdom of a generation of scholars at that time.

Si Ku Quan Shu had a far-reaching impact on the next generations, which was parallel with *Bie Lu* written by Liu Xiang in the Western Han Dynasty, becoming a monument in the history of Chinese bibliography. After the rules of Jiaqing and Qianlong, this work was regarded as a reading guide by scholars. Ji Yun played an irreplaceable role in the process of the compilation of *Si Ku Quan Shu*, and he almost spent all his knowledge and efforts for this project. Someone had said that Ji Yun spent almost all the energy in his life on this book." This evaluation was undoubtedly pertinent and right.

In Ji Yun's late life, he was inspired by Pu Songling's *Liaozhai Zhiyi* to compile his own collections of remarkable tales, many of which were held to be satirical portraits of prominent Neo-Confucian scholars.

4. Private Collections

There were not a few folk book collectors in the history of Changzhou. For example, a scholar, Zhang Yanxu (Qing Dynasty), whose book storage building was called as Yong Wan Lou. Wang Guojun had mentioned in his book that Zuo Fangtao was brilliant when he was young. He could recite the Six Classics at the age of ten. Later, he did many readings in Zhang Yanxu's storage building. He was always pleased with what he had learnt. It is clear that the size of Zhang's collection was brilliant.

Section 2

Academies in the History of Cangzhou

The name of "academy" first appeared in the Tang Dynasty and it developed in the Song Dynasty. Initially, the academies were private schools funded by rich people or scholars, which was built in quiet mountainous areas. Sometimes, they supplemented the funds through renting out their lands. Later, the court gave horizontal inscribed boards and books, appointed instructors, allocated lands and funds, which made these academies gradually became semi-official educational institutions. They played a a pivotal role in the promotion of cultural heritage. There were "Four Most Prestigious Academies" in the Song Dynasty including Yuelu Academy in Changsha City of Hunan Province, Yingtian Academy in Shangqiu City in Henan Province, Songyang Academy in Dengfeng City of Henan Province And Dongling Academy in Wuxi City was famous in the Ming Dynasty as well as Lianghu Academy. In the Qing Dynasty, Lianchi Academy in Baoding was well-known in the northern area of China at that time, while in the southern part, the Guangya Academy and Lianghu Academy founded by Zhang Zhidong were prestigious. In the Yuan Dynasty, the development of academy in Hebei Province was prosperous, and the most notable feature was officialization of the learning academy. After the Ming Dynasty, the development of academy gradually declined, and until the end of the Qing Dynasty, the National Academy was converted into a new style school. In this way, the academy gradually withdrew from the historical stage.

The academy education of Cangzhou originated from the middle period of the Yuan Dynasty. The private one, Zhonghe Academy in changlu, and the official one, Mao Gong Academy were in Hejian representatives of academy in that period. In the middle period of the Ming Dynasty, academy education in Cangzhou was unprecedented prosperous, and the total number of all kinds of academies was over twelve, among which Tianmen Academy in Cangzhou, Zhenmo Academy in Renqiu exerted the most powerful influence. In the Qing Dynasty, there were up to 18 academies located in every county in Cangzhou. Cangqu Academy had the greatest impact, whereas Bohai Academy (now renamed Cangzhou City Experimental Primary School) maintained its function of education during the two-hundred-year period. Besides, Lanyang Academy in Wuqiao, Wanchun Academy in Xian County, and Guiyan Academy in Renqiu still have their influence nowadays. The brief introductions are listed as follows

1. Zhonghe Academy

According to the scale of Zhonghe Academy, it seems that we can see students studying assiduously under a strong learning atmosphere.

2. Mao Gong Academy

Li Shi in the Ming Dynasty and Liang ZhiKe in the Qing Dynasty had introduced the development of this academy in their books.

Mao Gong Academy was located in Hejian. During the period from 1341 to 1368, Wang Sicheng who was in charge of Hejian Street petitioned for building Mao Gong Academy in memory of Mao Chang. The academy was set in the northern part of Hejian County, to be more exact, it was built in front of the tomb of Mao Chang. In the end of the Yuan Dynasty, the academy was destroyed in the war, leaving only a stone tablet, a pair of stone lions and a horizontal board inscribed with "Mao Gong Academy".

Because the establishment of Mao Gong Academy was related to the dissemination of *The Book of Songs*, it had splendid cultural details into itself, and the acted more than a teaching institution itself. Therefore, the later scholars showed great respect to it. Since the Ming and Qing Dynasties, Xiuwen education is the responsibility of the local officials always repaired it in different degrees. Some records about it can be found in literature:

In 1515, Lu Yong, a censor in the Ming Dynasty, visited Hejian. When he asked some detailed information about Mao Gong's ruins, he asked Lu Dong, the local official in Hejian to repair Mao Gong's Ancestral Temple. In 1618, Lu Xiawen, the county magistrate, asked people to repair it again and engraved stones himself in memory of it. And in 1758, Wu

Shanfeng expanded the academy area and increased the number of teachers.

These records revealed that Mao Gong Academy as the reflection of traditional culture and spirit, was worth commemorating and spreading.

3. Zhenmo Academy

Zhenmo Academy was built by Li Shi in the Ming Dynasty. Li Shi (1471 — 1538), born in Renqiu, was the director of the Board of Personnel. In 1534, he returned to his hometown and learn the ropes. During this period, he did several meaningful things, among which was the construction of "Zhenmo Academy" and "Zhenmo Pavilion" in order to collect the letters and manuscripts from the Emperor Jiajing. He also wrote to the emperor to request for names of the academy and the pavilion. In August 1534, the academy was started to be built, and the project was finished in September of the next year. Located in the "Academy Street", the academy covered an area of over 20 acres. The academy not only cultivated a large number of talents for Renqiu, but also acted as a famous landscape at that time. The academy collected many precious first-hand historical documents, which were similar in some sense to the "Special Collection" today to a certain extent.

4. Cangqu Academy

According to the *Chronicle of Cangzhou*, the Cangqu Academy was situated in the southern bank of the canal, which was 500 meters away from the urban area. The academy used to be Zhang Yanxu's villa with a bunch of rooms. It was established in 1725. Zhang Yanxu engaged scholars such as Zuo Fangtao, Li Zhihua to give lectures there, which attracted many students.

5. Lanyang Academy

According to the *Chronicle of Wuqiao County*, Lanyang Academy in Wuqiao collected 12 cabinets of books. Ji Tiaoyuan, a Juren the one who wins the highest distinction in the provincial examinations), wrote a long poetry in celebration of the opening of the academy. In the poetry, he praised the academy for its function of cultural dissemination and its rich collection.

Section 3

Early Library

Lao Naixuan had recorded in his book that he became the local official of Wuqiao in 1892, and in the next year, he raised funds to buy more than 10,000 volumes of books, which were hidden inside a temple. These books were provided for the local people to borrow at any time, and the size of this library was considerably large, which was almost equivalent of a modern library. And he also imitated the teaching ways of Lianchi Academy and used them to teach his students. He carved *Quan Xue Pian* and the regulations of Lianchi Academy for demonstration, which was quite effective.

In 1930, Zhang Ji (born in Cang County) set up a library inside the county in memory of his father, Zhang Huachen, and raised books from the public. Plenty of scholars participated in the collecting activities, including Ma Heng, Fu Zengxiang, Sun Kaidi and so forth. In the Republic of China, some cultural organizations were set up, such as the public speech hall, library, newspaper reading room and so on. For example, the volume VI of *Chronicle of Cang County* recorded that a library was built in 1931. In addition, the *Chronicle of Jiaohe County* recorded that a public library was set up during the period of the Republic of China. From all these records, it is clear to see the good development trend of Cangzhou's culture and education.

03

Chapter 3

Cangzhou Library Memorabilia

Cangzhou Library is the only city public library in Cangzhou, which has served for more than half a century since 1956 when it was built. For decades, Cangzhou Library has gone through a tortuous journey, with its collection of books increasing from the initial number of 2, 918 to 900, 000and building area being expanded from 150 square meters to 31, 714 square meters. From document service to information service, from position service to outreach service, the library constantly develops its service and management methods, by which it gradually changes its attitude from closing to opening, and from providing passive service to positive service.

Section 1

Struggle to Survive (1952-1981)

Cangzhou City and Cang County have experienced several combinations anddivisions in the history, and the departments of culture and education have been combined and divided for several times accordingly. Cangzhou Library was formerly known as book group in cultural center of the town. In 1952, the book group was governed by the Culture and Education Section in Cang Town at that time. The Cang County Library was founded in 1956, which was stated behind a temple, covering an area of 150 square meters. It was composed of three parts—stack room, reading room and library office. Lu Qianli, the library director, and three staffs managed 2, 918 books and 10 kinds of newspapers and periodicals. Before opening, personnel were sent to have vocational trainings in the provincial capital under the instruction of the Department of Culture in the county. Those personnel then came back and set down to make arrangements for the preparation. The county government allocated 4, 000 yuan to renovate the building, and 1, 400 yuan to buy some office equipment and a batch of books for the first time, including theory books, literatures, socials cience books and so on. In 1957, 1, 000 yuan was set aside for the purchase of books, so the library collected 7, 000 books and the newspapers and periodicals. Therefore, the Cang County Library had what it ought to have at that time.

The reading room was in the east of the library, while the stack room was in the west. They were in the charge of staffs respectively. The library set down strict rules and regulations. Being registered by the means of numbering and sorting, the books were divided into 10 categories, each of which had its own card and the names of each book were put on the wall. Readers could look up in the bibliography and then borrowed books according to the numbers, which was a way of borrowing books throughout the province at that time. Readers were mostly the officials of Cang County and workers of the urban areas. The library was opened every day. People could apply for library cards with the introduction letter from their institutions or organizations, and borrow books with their cards. Books were borrowed free of charge. Afterwards, the county government allocated 1, 200 yuan as funds for the library each year and equipped a bicycle.

In 1958, the Cang County was put under the Tianjin District. According to the spirit of Hebei Library work conference, the library ought to serve for popularizing scientific and cultural knowledge, so the editing of books began to put more emphasis on popular books. At the end of the year, popular books accounted for 50% of the total proportion of the collection. In early 1959, Cang County became a suburb of Tianjin. The superior departments allocated 50, 000 yuan for the construction of the library, and bought more than 40, 000 copies of books, 100 chairs, 16 large reading tables, and 30 desks, which made the initial development on the collection and professional construction. The library tutored the rural club, using the "Mobile Library box" to send the books to farmers. The length of the book box was 90 centimeters with 20 centimiters wide and 28 centermiters high of it, which could accommodated 50 to 80 books. Staffs in rural club carried the box for lending service by bicycle.

In 1966, when the "Cultural Revolution" began, the culture system was heavily damaged including the library. Many books and materials in Cangzhou Library were destroyed, and all sorts of work were almost at a standstill.

In 1971, the library was renamed as Mao Zedong's Propaganda Station in Cangzhou City, and began to serve readers; In 1975, the station was revoked, while Cangzhou Library was restored with 13 staffs and a collection of 74, 115 books. In 1979, Cangzhou Library had a new lease on life and began to build its new building.

Section 2

Initial Foundation (1982-1997)

In 1982, the new building of Cangzhou Library opened, which located in Xihuan Central Street No. 134 of Cangzhou City. Covering an area of 2, 170 square meters and collecting 98, 159 books, the library had 16 staffs in total. The curators were Liu Wenhua, Wang Langui and Ma Chunzhi in sequence. It offered editing room, circulation counter on social science books, circulation counter on natural science books, circulation counter for children and reading room for adults, which were five sections in total. All sorts of work in the library were carried out steadily.

Since 1984, the amount of librarians in Cangzhou Library has increased to 18 with a collection of 100, 000 books and 420 kinds of newspapers and periodicals. It offered editing room, lending office, reading room, children's room, and reference room. In 1987, the ministry of information counseling was established. The lending counter on foreign materials was added in 1988. In 1985, the lending counter introduced the new service, open-shelf borrowing, which simplified procedures of application and made readers lend and return freely. In 1986, the detailed rule about reader card application was introduced. Services for the disabled people were added in this rule.

In terms of management of the library, collections were divided according to the principle of *Chinese Library Classification* (CLC). The classification and arrangement of Chinese and foreign books tended to be formalized.

In terms of professional skills and social training, the library held vocational training courses, which were attended by more than 50 participants from over 40 institutions in 1985. In the training classes, participants could learn the use of *CLC* and classification and cataloging of books; A vocatinal school was established, providing tutoring courses for junior and senior students, English courses for college students and literature courses. In 1986, a self-study room was established. The library held 14 social training courses in total, including English, accounting, art, and other classes for middle and high school students in 1988.

During this period, the library also founded its internal publications, such as *Information of Urban and Rural Areas* , *Library Newsletter* and the *Reference Digest* in 1987.

In 1989, the number of staffs in Cangzhou Library was 26, including four college students, 9 secondary school students. The collection rose to 108, 000, among which Chinese books had 2, 150 kinds, 2, 900 kinds of foreign language books and a set of *Si Ku Quan Shu*. In addition, there were 427 kinds of periodicals and 73 kinds of newspapers. Equipped with 200 wooden shelves, 50 iron shelves, 18 folding shelves, the library had nearly 700 square tables, square stools and seats.

In 1994, with the provincial assessment team having finished the first evaluation activity, Cangzhou Library was rated as a national three-level library. In 1996, the number of serving staffs was 18 with 160, 000 books, 300 kinds of newspapers and periodicals. Six sections newly set up, which were listed as follows: office, editorial department, counseling department, reading department, circulation department, and reference room.

From 1982 to 1997, Cangzhou Library organized a series of reading promotion activities, including "Prize-winning Reading Activities for Primary and Middle School Students", knowledge contest, book report meeting, poetry reciting activity on Children's day, speech contest on middle school students' works, teenagers' intelligence competence contest, family reading contest, which attracted a total number of about 90, 000 people to participate in these activities. In 1995, the Literature Branch Association and the English Branch Association of Readers' Association were set up, both of which held reading promotion campaigns regularly. Relied on its rich collections, Cangzhou Library made good use of reading, lending, consulting, copying, holding courses to disseminate scientific and cultural knowledge widely. As a result, the library became an important cultural and educational institution in Cangzhou.

Section 3

Spur with Long Accumulation (1998-2009)

In August 1998, the new leadership led by the curator, Song Zhaokai, was established, which set the the direction and focus of the future work in the Cangzhou Library. That is, adhering to Deng Xiaoping Theory as the guide, sticking to give the greatest priority to social benefits, insisting on the principle of the supremacy of readers, strengthening hardware, hardening software, strengthening inner qualities and images outside, promoting the library to play its role fully on the transmission of knowledge and information, developing intelligence, training with its unique advantages. And this indirectly promoted the economic development and social progress of Cangzhou.

Since October 1998, the library implemented the "four good" projects based on the content of "building a good environment, collecting good literature, providing good services, and carrying out good activities for readers". By raising funds independently and applying for supports from the government, the library collected about 4.07 million yuan. Based on this financial condition the library improved the conditions to run a library and offer services, and promoted national reading activities. In recent years, Cangzhou Library was rewarded municipal civilized units as well as other national, provincial and municipal awards. Praised by the community and welcomed by readers, the social impact of the library rapidly improved.

1. Improving the Appearance and Promoting the Branch Libraries

Since 1998, Cangzhou Library has raised funds to strengthen its hardware construction,

improve the appearance of buildings, open windows including information and development centers, local literature to serve, and actively founded service points outside the library, advancing the construction of branch libraries to enhance the service level. It also raised funds about 800, 000 yuan to renovate the inside and outside environment of the library, installed neon signs, painted the walls, reconstructed heating facilities, replaced aluminum windows and doors, increased reading equipment, renewed office facilities. To make full use of space in the original adult reading room, children's reading room, the lending counter of books on social science, natural science and literature, the library also opened the information development center, the local literature center, reading room of reference books, reading room for veteran, electronic reading room and other services.

In May 2000, Cangzhou City redecorated special stack rooms and three lending counters, which were respectively about natural sciences, social sciences and literature books, replaced the iron shelves, equipped with all kinds of signs, and started to give official reception for readers. In June, the library had raised a fund of about 1. 1 million yuan to the construct of 703 squaremeters library complex building and the expansion project of the east hall, which were put into use later. Meanwhile, it got 270, 000 yuan from special funds of the mayor, and used it for the modernization of library and supplementary of books and magazines for children.

In May 2001, the multimedia reading room that was invested 600, 000 yuan to build opened to readers, with 28 working machines. It provided computer training, multimedia teaching, tour information online, query materials, book reading, music and video works to admire, remote access, information download and other services. In June, Cangzhou Library collected approximately 800, 000 yuan independently to renovate the children's reading room, set up the books and newspaper reading room for children, and children's lending room. The reading area was separated from lending area. which was enlarged from 90 square meters to 210 square meters. Equipped with new shelves for books, newspapers and periodicals, the library added new tables and chairs for reading, and opened up the science and technology corner, the hand making corner, which became second class for adolescents.

In 2002, in accordance with the requirement of the city government, 16 stores on the Yingbin Road (Yuhe Road) were dismantled and 70, 000 yuan was invested to install the iron fence security system, renovate the buildings outside the library, harden the ground, plant trees, and improve the lighting system inside the building. It seemed the buildings and the courtyard appeared to be blended together, which was a new change of the environment of the library. In May, after integrating, the multimedia reading room reopened, providing online access to the library, computer training, information inquiry of library, multimedia teaching and films or music appreciation and other service. It also established the popular bookstore and opened the service center. A library service point was set in the air force station of Cangzhou in June to carry out lending service of books and documents.

In 2002, the library applied for 200, 000 from the Ministry of Culture and the Ministry of Finance for transforming the buildings. In 2003, the library got the the provincial financial support about 100, 000 yuan, and the municipal special funds of 100, 000 yuan in order to meet the need of the assessment grading activities of public library above the county level in 2004. Focusing on basic services around the assessment work and office environment, 11 bungalows covering an area of 220 square meters in total were built inside the library for services of office and business.

In May 2004, the library advanced by financing more than 100, 000 yuan for the increasing the electricity capacity, renovating circuits, using copper wires, laying open wires, realizing the zoning control and the combination of total control and categories and zoning control to ensure electricity safety in the whole building. At the same time, a number of fire extinguishers were updated, and the regulations of fire safety management and the responsibility form was revised, which ensured that the work of fire safety in the library met the requirement of the higher authorities. On the bas is of these conditions the network cable and telephone lines were relayed, making the network and communication safer and the lines more standardized as well.

In August 2004, on the basis of the efforts made by Cangzhou Library on vocational work and environment, the library welcomed the third assessment grading activities held by the Ministry of Culture. According to the evaluation criteria issued by the Ministry of Culture, the EG (evaluation group) of the Department of Culture in Hebei Province made a careful assessment about six aspects, that is, the condition of running the library, the construction of basic work, reader services, business counseling and research, library cooperation and coordination, internal management, and had a on-the-spot investigation on three libraries opened inside the prison of South Cang zhou, randomly inspected two county libraries, Renqiu City Library and Huanghua library. Cangzhou Library was assessed as a national secondary library by the Ministry of Culture that year.

In 2005, Cangzhou Library had incorporated the Tongda Property Management Services Center of Cangzhou City, Tianhe Bookstore, quality education and training schools, to carry out business activities. In 2006, the municipal government provided 200, 000 yuan as funds for the maintenance and renovation of library circuits, waterways and buildings.

In 2007, with the strongly fighting of the library, the Department of Finance determined to provide 200, 000 yuan as funds for the library to buy books and establish the shared project. In October, meeting room (multi-function room) was built, and the stack room of local achieves, stack room of reference books, stack room of ancient books, reference room, ancient books reading room, reading rooms for local literature and special subject literature were all moved to the third floor. The north room of the kindergarten and computer room were renovated as well as the ground in the yard. While improving the building conditions of the library, the library actively prepared for the construction of new buildings.

While improving the conditions of software and hardware in the library, Cangzhou Library also actively established service points outside the library, and promoted branch libraries. In 2004, the library opened brands in the prison of South Cangzhou, Yanshan County Mengdian township Changjin Village Library, Yuhong Primary School, and service points outside the School for the Deaf, and prepared to establish reading room providing literature of acrobatics with Wuqiao County Library, which funthered the service function of Cangzhou Library.

On November 3th 2006, Fuyuan Community Branch Library, the first community library, was formally established. Fuyuan Community Branch Library covered an area of 300 square meters, with more than 20, 000 volumes of books, more than 100 kinds of newspapers, 50 reading seats. 200, 000 yuan were invested into its establishment. Three service windows, including book lending, newspapers reading and cultural information resources sharing and reading room were set up. Fuyuan Community Branch Library carried out the services of inquiries of lending, lectures and training, film or opera appreciation and organized reading activities for community residents.

At the same time, the open cultural information resources sharing project reading room could also receive programmas television via satellite of the China Education TV station "Air Classroom", "TV Online" and the cultural information resources released by National Sharing Project Center. It can also received information of audio, video materials and outstanding films and lectures concerning with cultural dynamic transmission, world heritages, famous writers and works, popular science transmitted by Sharing Project Center in Hebei Province.

2. Guradual Development of the Automation Technology

Cangzhou Library installed the ILAS automatic integrated system in 1998 to finish the construction of bibliographic database, which made cataloging and circulation managed by computers. The library entered a new technological era. In July 2001, Cangzhou Library updated the ILAS automatic integrated system successfully, so all of the work in the library could be managed by computers. In September 2004, two high-profile computers and related equipment were equipped, and the service of automatic leading and borrowing for children was upgraded. Since the original database had updated from ILAS1. 0 version to 2. 0 version, the efficiency of lending services for children was greatly improved.

3. Improving Rules and Regulations, Promoting Personnel Reform

Since 1998, Cangzhou Library has innovated continuously on perfecting rules and regulations, promoting personnel reforms. In 1999, the leading group formulated the staff rules, civilized the service conventions, scope of services, commitment of services for readers, employee time and attendance system and other regulations and responsibility programs.

In January 2007, the code of practice for the library staffs and other systems were revised, which made the internal management more scientific. In the same year, all departments of the library carried out the work of archives administration and management, formulated "*Library Records Management Regulations*" to determine the scope and content of archives for all departments and offices, and the responsibilities and tasks so that the management of archives was put on the scientific and standardized track.

In May 1999, the appointment system was carried out among all library staffs. The library studied and formulated the plan of appointment, clarifing the objectives and tasks of all departments and office. At first, the curator appointed directors of the section office; then members of departments and offices were determined by the means of two-way selection; and the duration of employment was one year.

In March 2001, Cangzhou Library began to launch the experimental work of the reform of personnel system of public institutions according to the requirements of the Municipal Bureau of Personnel of Cangzhou and the Municipal Bureau of Cultural Affairs, that is, reformed six systems in the library (curator and director responsibility system, library staff employment system, assuming responsibility, supervision system, post allowance system). In 2002, the library launched the experimental work of the reform of personnel system of public institutions. The appointment system and the two-way selection of position competition were set up. The employment contract must be signed and the scatter degree of bonus distribution was realized for the first time. In 2005, the reform of personnel system had further deepened. Based on the proposals of library staffs and the programs of provincial library, Cangzhou Library developed the rules of reform program, post setting program, assessment and inspection methods, employment contracts and distribution methods. After discussion among all staffs, these rules were reported to Municipal Bureau of Personnel Affairs to get a passing, which laid a solid foundation for the future implementation. In June 2006, according to the requirements of the Municipal Bureau of Personnel Affairs, the library signed the two-year standard employment contract with each staff, and these contracts were put on record in Personnel Bureau. The employment system that was launched as experimental work for several years had officially put on track so far.

4. Professional Training and Further Study

In July 2001, Cangzhou Library organized its cadres and staffs in two settings to visit and learn advanced ways of running the library, industrial development and information development in Changchun Library, Harbin Library, Shenyang Library, Dalian Library and Liaoning Province Library, which effectively promoted the working progress of the library. In 2002, the library organized librarians to attend the courses on computer networks, digital libraries and etiquette training, and they also visited Hunan Province Library to study the advanced concepts of running library.

5. The "San Xia Xiang" Activity

Cangzhou Library has organized the "San Xia Xiang" activity for many times. On May 17th, 2000, Cangzhou Library launched the activity about sending science and technology books to the countrysides with Botou City Library. The participants went to Simen Town of Botou City, and sent more than 600 books about agricultural planting and structure adjustment, over 600 pieces of sicence and technology information of 20 kinds to farmers there. They also invited the Cangzhou Academy of Agricultural Sciences of, professor MiaoChunsheng to teach techniques about cotton cultivation and management and apple pest control.

In 2004, Cangzhou Library donated six shelves, more than 2, 000 books, renovated three rooms, and built a village library in ChangJin Village of Yanshan County. In January 2005, Cangzhou Library and Huanghua City Library organized a service team to send books and information to Tengzi Town in Huanghua City. They distributed more than 600 books on agriculture science and technology and local literature, more than 1, 000 pieces of wealth information, and over 500 copies of promotional materials to farmers on site.

On January 31st, 2007, the library participated in the "San Xia Xiang" activity in Dachu Village of Cang County. More than 300 new books and over 1, 000 copies of agricultural sci-

ence and technology information were distributed. On February 14th, together with Group Art Museum, Cangzhou Library launched "San Xia Xiang" activity in Yangsanmu of Huanghua City, and sent more than 500 agricultural science and technology books and journals. On November 9th, 2007, Cangzhou Library, Huanghua Culture and Sports Bureau and related staffs in charge of the library went to Yangsanmu. More than 100 book sand learning materials on the 17th National Congress of CPC andmore than 600 good books were sent to farmers. They also made use of Cultural Sharing Project to organize lectures on *Healthy Lifestyle*, *Fruit Cultivation Techniques* and *Identify the Authenticity of the Seed*.

6. Construction of Library Literature Resources

Library's resources are the material basis for the existence of the library. Based on the original collections, Cangzhou Library had improved collection construction constantly, and had collected about 200,000 books until the year 2000.

In 1999, Municipal Committee of Cangzhou and the city government jointly issued a notice, which made sure that Cangzhou Library undertook the specific work of collection and preservation of local literature, regulated books, catalogs, newspapers, audio-visual products, CDs and other information products (excluding confidential literature) written, edited, collated, printed and published by institutions or individuals. These resources about local politics, economy, history, geography, culture, education, customs, folklore and other aspects should be brought or sent directly to the Office of Local Literature Collection in Cangzhou Library with three copies. The work of collecting local literature should be included in the scope of the daily work of all sectors and institutes, and could not be interrupted.

In 2002, Municipal Committee of Cangzhou and the city government jointly issued the notice about "launching the activity of donating books and documents to the city library" that regulated all departments, institutes and individuals could directly connect with the city library for donating. General books, electronicpublications, audio-visual products, local literature were all included in the scope of donation, and the library would set up special donation shelves, memorial walls for institutes and individuals who donated a large number of books. Each of them could also receive a donation certificate.

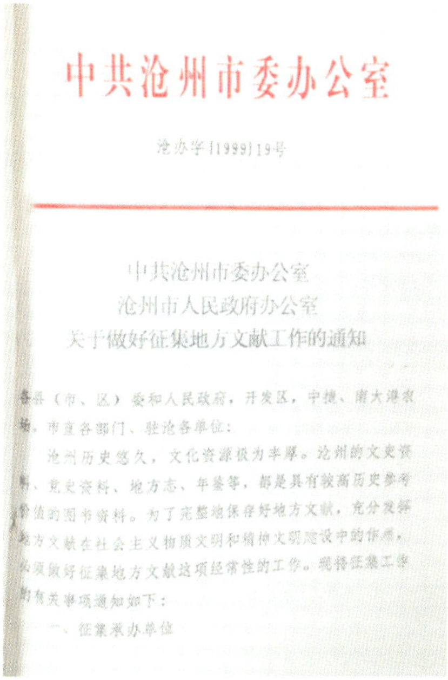
中共沧州市委办公室

沧办字[1999]19号

中共沧州市委办公室
沧州市人民政府办公室
关于做好征集地方文献工作的通知

各县（市、区）委和人民政府，开发区，中捷、南大港农场，市直各部门、驻沧各单位：

沧州历史悠久，文化资源极为丰厚。沧州的文史资料、党史资料、地方志、年鉴等，都是具有较高历史参考价值的图书资料。为了完整地保存好地方文献，充分发挥地方文献在社会主义物质文明和精神文明建设中的作用，必须做好征集地方文献这项经常性的工作。现将征集工作的有关事项通知如下：

一、征集承办单位

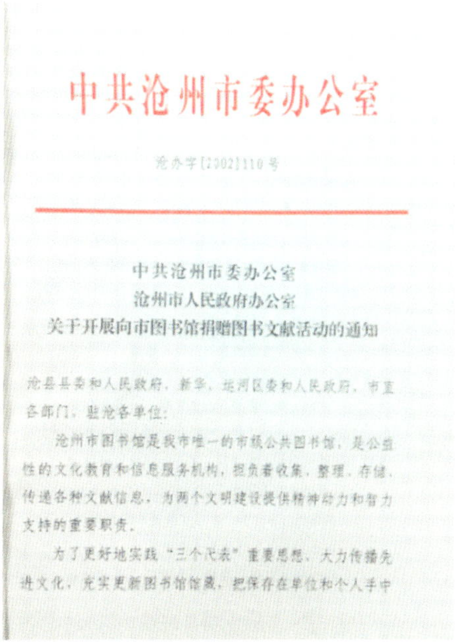
中共沧州市委办公室

沧办字[2002]110号

中共沧州市委办公室
沧州市人民政府办公室
关于开展向市图书馆捐赠图书文献活动的通知

沧县县委和人民政府，新华、运河区委和人民政府，市直各部门，驻沧各单位：

沧州市图书馆是我市唯一的市级公共图书馆，是公益性的文化教育和信息服务机构，担负着收集、整理、存储、传递各种文献信息，为两个文明建设提供精神动力和智力支持的重要职责。

为了更好地实践"三个代表"重要思想，大力传播先进文化，充实更新图书馆馆藏，把保存在单位和个人手中

In July 2003, Cangzhou Library, as the leading role, held a conference about the coordination and cooperation of literature purchasing in Cangzhou Library. The curators of 7 libraries including Hebei Polytechnic College Library, Cangzhou Normal University library, Cangzhou Branch of Hebei Medical University Library, Cangzhou Technical College Library, Cangzhou Municipal Party Institute discussed matters on the coordination and cooperation of literature purchasing, and signed an agreement about the coordination and cooperation of literature purchasing among libraries in downtown of Cangzhou.

In November 2004, more than 6,000 volumes of ancient books were classified and recorded. *Pei Wen Yun Fu* and other important literature were introduced with photos and summaries in the library web page.

In 2007, Cangzhou Library put emphasis on the collection and protection of literature on Grand Canal. The fivst measure was to devote more efforts to the civilization of Grand Canal and the inscription work. The second was to set up special shelves on literature about Grand Canal, and collect materials from the society for study and search. The third was to set up column on the Grand Canalon in the periodical *Shicheng Library*; The last way was to actively exchange literature with other cities along the Grand Canal, improve the resources sharing, and make contribution to the application for inherit project. The library had made great contribution to the prosperity and development of economy and culture of Cangzhou.

In 2007, Cangzhou Library classified and organized local literature and set up three special literature shelves about Grand Canal, acrobatics, and martial arts. The special subject literature had been collected and organized included*Grand Canal*, *Acrobatics*, *Martial Arts*, *Intangible Cultural Heritage*, *Qingcang Battle*, *Family Trees*, *Ji Xiaolan*, *Iron Lion*and so on. The literature included books, photographs, clippings, printing information and special subject information collected by staffs in the library.

For the convenience of readers, special topic tags were set up on special shelves, and the bibliography of special subject literature was made , which revealed the origins of each article, book names, page numbers, document types, call numbers and so on, which made readers find it easier to do research and read.

7. Reading Promotion Activities

On April 9th, 2000, Cangzhou Library began to hold public lectures on Sunday for readers. In December 2000, the first Reading Festival was held in Cangzhou City. Thereafter, the festival, as an important activity, was held in the year of 2003 and 2006, which became a great cultural event to the citizens.

Around the theme of "Library Services Awareness Week", combining with local conditions, Cangzhou Library launched the activity on Library Services Awareness Week with the theme of "disseminating scientific knowledge and scientific thoughts, advocating scientific methods and the spirit of science" in May 2000. During the period, many promotion activities were held, such as the exhibitions of scientific knowledge and lecture on *We Only Have One Earth*, and science and technology book sales.

In 2001, Cangzhou Library held "National Reading Month" activities with the theme of "Promoting People to Read and Implementation of the Knowledge Engineering". It held a total number of 12 events for over 20 sessions, including modern poetry recitation contest, public lectures, prize essay reading activity, children's painting competition, children's speech contest, activity of sending science and technology books to the countryside and other activities. The number of readers who participated in these activities was 3.6 million.

In 2004, Cangzhou Library launched a series of reading activities for teenagers coordinating with the provincial activities, which attracted a large number of elementary and secondary school students to participate and had great social benefits.

In 2006, on the day of "World Book Day", Cangzhou Library provided a series of reading activities for readers, which attracted many keen readers. It also held on line public lectures, prize quizzes of reading, book sales and other activities. After that, every year on this day, the library always makes innovation of the forms of these activities.

In order to enrich people's cultural life on the public holidays in Shicheng, the library insists on opening and providing all kinds of activities during the the Spring Festival, May Day, National Day and other holidays. The activities include providing special offers on reader cards, holding public lectures, getting-togethers and so on. The annual quiz activity on the Lantern Festival prize often attracts many riddles-enthusiasts.

Section 4

Transition (2009-2013)

At the end of 2009, Cangzhou Library had been listed into the city reconstruction project. The library moved in cultural art center as a temporary library and continued to serve readers. By arranging meticulously and preparing carefully, the relocation work began in December 2009. From December 1st, 2009, in addition to counting equipment, documents and office furniture, the library temporarily opened Newspapers and Periodicals Reading Room at that time, and opened Children's Lending Station on Saturday and Sunday, while other windows temporarily stopped the service of lending procedure. The library put all efforts to the work before relocating the buildings.

At that time, Cangzhou Library had all kinds of literature that were more than 200, 000 copies (pieces), with a lot of reading tables, chairs, iron shelves and periodical shelves, computers, network and other service equipment. There was no doubt that completing the relocation within less than a month was difficult. Facing with daunting task, Cangzhou Library scheduled scientifically. All the librarians united as one, and worked hard for twenty days and successfully pack up and transfer 120, 000 common foreign books, more than 30, 000 volumes of periodicals, 10, 000 volumes ofnewspapers, over 6, 000 copies of local literature, more than 5, 000 copies of precious ancient books, more than 2, 000 pieces of audiovisual

documents, as well as over 1, 200 groups of removable shelves being dismounting, more than 800 sets of reading tables, chairs and more than 200 pieces of office equipment being carried. At the same time, they finished the renovation of temporary buildings, network cabling, displacement of computers, servers and satellite receivers of the shared project and other related equipment. All of these were completed ahead of schedule 11 days. In the relocation process, there was no document lost, no book damaged, no equipment destroyed, and the whole task was finished safely with high quality and quantity.

On January 22nd, 2010, located in the Cultural Arts Center, Cangzhou Library opened intemporary bulidings, which continued to provide services, such as book lending, newspaper and periodical reading, electronic reading, inquiry service of information disclosed by governments. At that time, the library stacked more than 2, 000 books on the shelves with newspapers being increased from the original number, 670 kinds, to more than 760 kinds.

On April 23rd, 2011, with the "World Book Day" as an opportunity, Cangzhou Library opened to the public for free. Those spaces and facilities opened for free, included the newspaper reading hall, ordinary book lending area, children's book lending area, local literature reading room, books in braille reading area and other public open spaces. The basic cultural services included books, newspapers and periodicals borrowing, searching and consulting, digital resources browsing and downloading (free of charge). In order to guarantee some basic functions, a number of subsidiary services such as accreditation, registration, deposit of bags, drinking water were provided for free. Readers could enter these areas to read and study by presenting their identity cards rather than reader cards. And the permit fee, registration fee, books overdue rent and other charging items were all cancelled.

After the library had opened for four months for free, the number of readers it served had risen straight up, and rate of visits to the library, registration rate, literature borrowing rate all set new records. According to incomplete statistics, from April 23rd toAugust 26th, the number of reader cards handled was 2, 027, which increased by 356. 99% compared to that of the same time of last year. The number of lending literature was up to 16, 399, which increased by 330. 53% compared to that of the same time of last year.

In order to relieve the pressure caused by the increasing number of readers and to achieve free-open further, Cangzhou Library constantly improved the network services, installed and upgraded the new management soft ware INTERLIB, and the services such as online booking, online renewal, overdue notice by e-mail, online recommendation and other services for the first time. Readers could make the bibliographic query of library collection through Cangzhou Library Website, browse notification of new books, reserve books themselves, renew books and other operations, and make suggestions on books, periodicals and other literature to the library to order. The library could remind readers of returning the overdue books through readers' registered e-mail.

In terms of vocational training, Cangzhou Library recruited 14 new staffs in 2012 . In order to improve the professional quality of those new staffs and key librarians, in December 2012, Cangzhou Library and the Library Society jointly organized training courses. They invited four professors of Library Science from Hebei University, who taught "Basic Theory for Library Science and Information Resources Construction", "User Services and Social Reading", "Information Organization" and "Descriptionand Information Retrieval". In March 2013, in preparation for the opening of the new library, Cangzhou Library organized 22 department directors and new librarianswent to Beijing Capital Library, Dongcheng District Library, Panjiayuan Library and Tianjin Library to visit and study. They communicated with fellow librarians about management concept, management system, basic business construction, reader service, general-branch library construction and other topics.

In terms of reader activities, the library did not stagnate because of the small size of temporary building, but held more and more brilliant activities.

In 2010, one of the series of reading activities for teenagers, "Understand Classics", was held for a whole month. The number of students who attended seven seminars held in the Fifteenth Middle School, the Eighth Middle School, the Seventh Middle School and other four schools in Cangzhou was over 3, 500. 42 primary school students out of seven teams from Botou, Huanghua, Mengcun, Nanpiand urban areas participated in Chinese idiom competition in Cangzhou. And the recitation activity aroused a wave of the youth's reading classics in Cangzhou. Cangzhou City Eighth Social Science Popularization Week was held in 2012 with the theme of "Experiencing Pleasure of Reading, Flying Scientific Dreams" in primary and secondary schools. Plenty of activities were held, including science book demonstration, topic composition writing competition, science drama performance, which led minors to go into the magical world of science, to explore the mysteries of science, and to enhance their awareness of science and technology as well as practical ability.

In addition, Cangzhou Library also held reading activities during the summer holidays, and organized film playing activities and book sales in celebration of the 60th anniversary of the founding of the PRC. Each reading room was full of people every day; the library organized "My Library Is My Home" speech competition for famrmers, which attracted more than 20 farmers to participate in it.

During the Spring Festival, New Year's Day, the National Day and other holidays every year, Cangzhou Library provided windows for serving readers, and introduced a number of expedient measures and exciting activities, which accompanied citizens to have meaningful cultural holidays.

Section 5

On the Way (2013-Now)

2013 was a year worth bearing in mind forever in terms of the librarianship of Cangzhou. Covering an area of 31,714 square meters, the new modern library was built, and opened on July 1st and began to serve readers from September 28th. It enhanced the cultural taste and image of Cangzhou.

In 2013, the Ministry of Culture conducted its fifth grade evaluation work for public libraries at county level and above. After self-assessment and assessment of fieldwork by the provincial expert group, Cangzhou Library was known for its advanced facilities, elegant environment, solid foundation of professional construction, in-depth work of reader services and success achieved in related fields. It met the prerequisites and requirements of a total score, and became a "national-level library".

Cangzhou Library had experienced ups and downs for half a century that witnessed the self-less dedication of generations of librarians. Ordinary readers got knowledge and information from the library, and changed their fates by learning. Technicians searched for information by using the library, who changed the knowledge into productivity. Farmers got information of carning money, which improved their living standards. In the age of information, libraries also faced new opportunities for development. New concepts such as digital library, virtual library and living library emerged and became the topics to discuss, which became a wonderful sight of modern library. But no matter how the times change, fully functional modern libraries always strive to meet the needs of all the people. With the form of services changing and ideas updating, the new modern libraries found more opportunities including dissemination of knowledge, information transmission, reading promotion, community educationand cultural exchange.

Section 6

Organizational Construction and Honorary Awards

1. Personnel

Until June 2015, the number of staff workers in Cangzhou Library has been 41, but the real number is 33, including 7 males and 26 females. The leading group has 3 members, among which there are one curator and two deputy curators. The librarians include one of graduate degree, 29 of undergraduate degrees and 3 of junior college degrees. All of these workers possess professional titles, including three senior titles, five secondary senior titles, thirteen secondary titles and twelve assistants. Librarians in Cangzhou Library specialize in all kinds of subjects, including two majoring in LIS and thirty-one majoring in other specialties.

2. Organization System Construction

Cangzhou Library carries out curator responsibility system. In addition to the curator, there are two deputy curators. According to five types including management, resources, service, technology and security the staffs are divide into 15 departments, and each carries out directors responsibility system.

Organization Name	Duty
Office	In charge of the organization, management, coordination and supervision of professional work, secretarial work, reception, integrated management and other daily work of the library
Department of Financial Planning and Human Resources Management	Responsible for financial work, personnel and fixed assets management
Editorial Department	Responsible for the selection, collection and organization of all types of literature, the construction and maintenance of library bibliographic database and the work of joint catalogue for public libraries in this city
Department of Network Technique (City Central Office of Resources Sharing Project)	Responsible for the management and maintenance of computers, networks, hardware and software for storage; providing readers with digital resource service; as the support center of Sharing Project
Digital Library Department	In charge of the digital library promotion project and the establishment and implementation of development planning of Cangzhou digital library; responsible for the construction and management of Website and Wechat platform of the city; constructing those digital library resources and making good use of them
Circulation Section	Responsible for collection, reservation and use of general literature and parts of reference books
Department of Newspapers and Periodicals	In charge of management of newspapers, periodicals and audio-visual literature, and lending service for readers
Department of Children's Service	Collecting related materials, and providing the lending service and launching reading promotionactivities for children and the youth
Department of Reference and Consultation	Responsible for providing comprehensive reference service, information development and document retrieval service for all types of readers and users; In charge of services of government information publicity
Department of Special Collection (Cangzhou Central Office of Ancient Book Protection)	Responsible for collection, management, reservation, inquiry and utilization of ancient literature, local literature of Canzhou and so forth. Cangzhou Central Office of Ancient Book Protection belongs to this department
Music Library	Responsible for the management of the music library and providing services

Organization Name	Duty
Department of Readers' Service and Promotion	Responsible for logistical support, equipment management, safe operation guarantee
Department of Safe Operation and Guarantee	Responsible for logistics support, equipment management and safety operation guarantee
Department of Social Acivity	Responsible for the planning, organizing and propagating the reading promotion activities; coordinating the reading promotion activities held by other departments or offices and organizing relevant information; doing the reception work for visitor of relevant departments and institutes in and outside the city; in charge of volunteer recruitment and management; responsible for the management and use of multi-function hall, training room, exhibition hall; contacting externally for holding training conference and exhibition services on the premise that the library has priority to use them
Department of Video Production	Responsible for the use and maintenance of non-linear editorial equipment; in charge of facilities of lecture halls and multi-function halls all over the library; debugging, trying and making use of audio devices, finishing the latest stage editing and doing works related with recordings and films; making use of existing equipment to carry out vocational activities

3. Awards

Canghzou Library has received many awards at all kinds of levels, indcluding eleven provincial-level awards, four national-level and one municipal-level award.

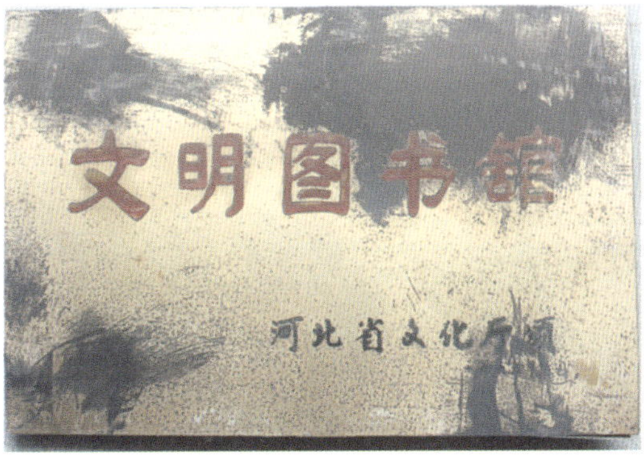

奖状
沧州市图书馆：
在“海纳杯”全省图书馆知识竞赛中荣获组织奖。
特发此证。
二〇〇三年九月

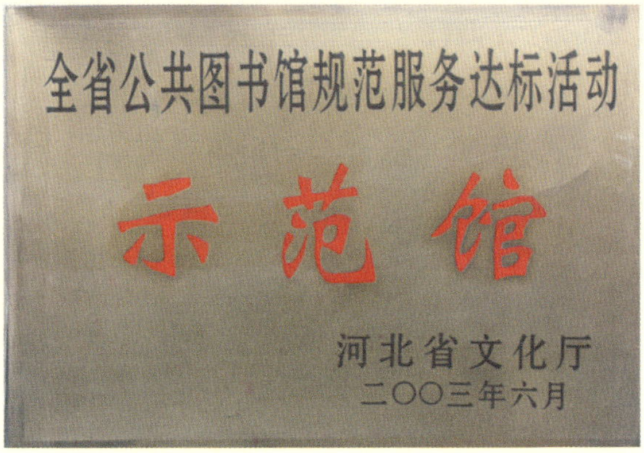
全省公共图书馆规范服务达标活动
示范馆
河北省文化厅
二〇〇三年六月

沧州市图书馆
河北省服务质量奖
河北省质量奖审定委员会
河北省质量技术监督局
二〇〇六年十一月

荣誉证书
沧州市图书馆：
在2006年全省公共图书馆纪念长征胜利七十周年燕赵少年读书系列活动暨"我的数字生活"系列活动中荣获优秀组织奖。特发此证，以资鼓励。

2006年全民阅读活动
先进单位
中国图书馆学会
2007年8月

河北省第九届
（服务奖）
燕赵群星奖
一等奖
河北省文化厅
二〇〇八年十一月

全省未成年人思想道德建设工作
先进单位
河北省精神文明建设委员会
二〇一〇年六月

二〇一〇年燕赵少年读书系列活动
组织奖
河北省文化厅 河北省教育厅 河北省图书馆学会
二〇一〇年十一月

沧州市图书馆
河北省服务名牌
河北省质量奖审定委员会
河北省质量技术监督局
二〇一〇年十二月

绘出心中的童谣
——全国少年儿童童谣绘画创作征集大赛
积极组织奖
中国图书馆学会青少年阅读推广委员会
二〇一二年十一月

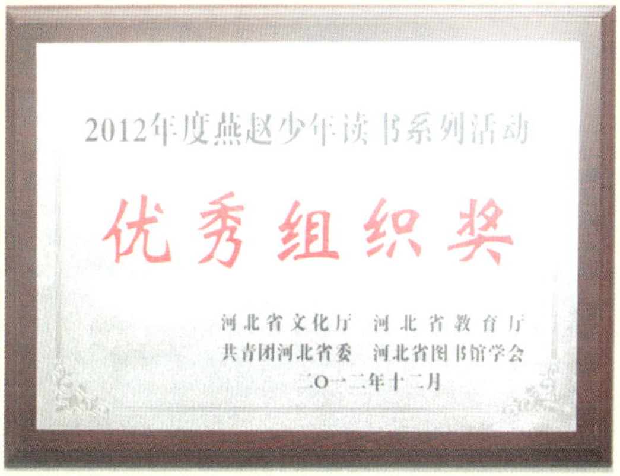
2012年度燕赵少年读书系列活动
优秀组织奖
河北省文化厅 河北省教育厅
共青团河北省委 河北省图书馆学会
二〇一二年十二月

2011年度河北省全民阅读活动
先进单位
河北省全民阅读活动组委会办公室
二〇一二年四月

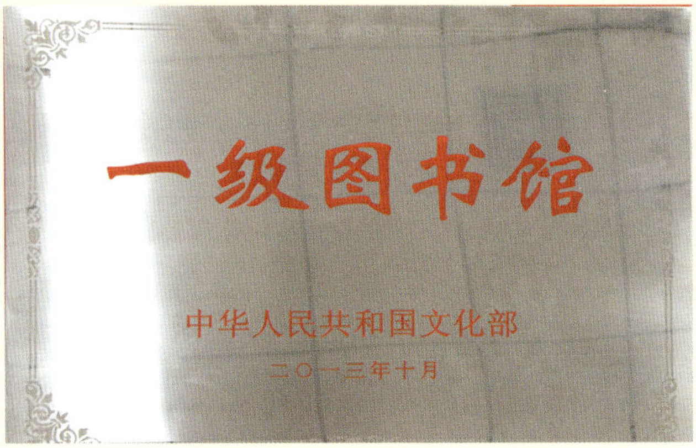
一级图书馆
中华人民共和国文化部
二〇一三年十月

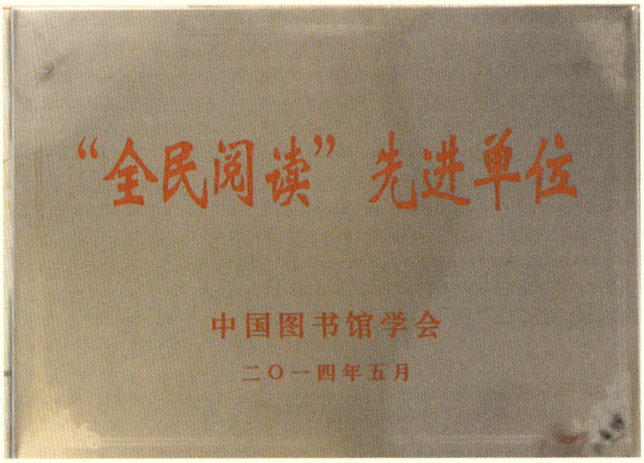
“全民阅读”先进单位
中国图书馆学会
二〇一四年五月

沧 州 市 图 书 馆
河北省服务名牌
河北省质量奖评审委员会
河北省质量技术监督局
二〇一四年十二月

Reader Service

24h自助还书

04

Chapter 4

The Rise of the New Library

Section 1

Building the New Library during 1, 300 Days and Nights

On March 2nd 2010, Cangzhou government issued the document of " Ten Key Projects", in which the new library was designed to cover an area of 50 acres with the building area 32, 000 square meters. 360 million yuan were planned to invest into this project. After the publication of bidding for architectural design of the library, five design companies from all over the country came to Cangzhou and did the field inspection works. The library received seven sets of design planning. After the expert group's evaluation, the design planning made by Architectural Design and Research Institute of SCUT was selected. This plan highlighted the combination of cultural elements of Cangzhou City and the modern style of it in terms of design concept. The architectural modeling reflected the organic integration of humanity, nature and urban architectural spatial distribution, which was simple, elegant, solemn, inspirational and highlighted the unique cultural connotation and visual beauty of the library. The bid winner was the Beijing Urban Construction Road & Bridge Group Limited Company. On July 2nd, 2010, situdated in the north of Shanghai Road in Cangzhou new town, west side of Jilin Avenue and the south side of the Public Service Center Square, the

new library, municipal museum and urban planning museum were laid foundation at the same time. On November 16th, the project of "San Tong Yi Ping" was completed on the construction site and the work of pile driving was started.

From 2009 to 2013, the curator of Cangzhou Library, Song Zhaokai, traveled almost all the domestic libraries built ahead at all levels to study their functions, learn the management concepts, and completed a 20, 000-word feasibility study report about the construction of the new library. In this report, he pointed out the thought and concrete scheme of the building planning, functional areas, humanized service, which provided reference the for the government's decision-making. At the same time, the National Development and Reform Commission invested 12 million yuan and the city government invested 360 million yuan. The library project team lived and had meals at the work site for three years. The group did research, improved the program and worked overtime to finish the work before the deadline, and improved quality and ensured safety. Until July 1st, 2013, the new library of Cangzhou Library that was modern, humanistic, intelligent at the domestic first-class level opened.

During the period when Cangzhou Library moved from the temporary site to the new one, with the time being pressing, the task being heavy, the funding being tight, the number of staffs being not enough, the leading group of the library developed a scientific relocation scheme. Each employee was required to race against time to catch speed and go all out to complete the relocation task. On April 1st, 2013, the temporary library closed. More than 40 librarians concentrated on the registration and package of books. Less than a month, more than 200, 000 books, periodicals, and local literature were packaged into bundles. The work of carrying books and putting them into shelves, installing computer facilities, debugging systems, and decorating the inside buildings was finished simultaneously. The work was intense but orderly, completed before the opening of the new library, which was called as "Cangzhou Speed". The new library set some special subject literature sections, including sections about Ji Xiaolan, writers from Cangzhou, Zhang Zhidong, Zhang Dainian, "The Book of Songs", martial arts, acrobatics, paintings and the Great Canal, which integrated collection and inquiry of literature. Providing all-round browsing service and reference service to readers. These special sections became successful domestic examples of the construction of special subject libraries and special services.

On July 1st 2013, the day of opening new Cangzhou Library, many people arrived at the new library at 8:00 am. In the service desk on the first floor, a large number of readers consulted the questions about how to return books, how to replace the reader cards or how to apply for new cards. There were more people who visited and experienced the new library, tried to use the self-retrieval machine, self-circulation machine, newspapers screen and other advanced equipment. At 9: 30 am, the press conference about the opening and trial operation was held in the conference room on the fourth floor, which was broadcasted directly for readers through the large electronic screen in the lobby on the first floor. The curator made all-round introduction concerning the design concept of the new library, the service partition, library resources, technical equipment, special subject sections, the opening and closing time of the library, opening activities, and answered reporters' questions. Nine media agencies from Hebei Province attended the press conference and covered related reports.

On the new library's opening day, plenty of reading promotion activities were held: Children scroll painting activity and another activity for children started at the same time; the large-scale photo exhibition was jointly organized by the Capital Library and Cangzhou Library, was held in exhibition area on the ground floor; and the collection of slogans for the opening day, book recommendation activity, photographing activity, reading recommendation activity also began to be held in a row. A video lecture with the theme of *Joy of Reading* was held and the serial thematic lectures on *How to Use Library* introduced the contentand usage of Wanfang digital resource platform and other digital resources. The opening day served more than 6, 300 readers. In July and August after the opening, the average daily number of readers was 7, 400. During the summer holiday, the average daily number of readers even peaked at 11, 000, and the highest number of reception was 16, 000, which set record in the history of Cangzhou Library.

The successful establishment and opening of the new library was a great event in Cangzhou people's life. It was praised by leaders from the city, Hebei Province and the country and welcomed by domestic experts and scholars from various fields and all kinds of readers. The new library became a beautiful, warm reading room for readers as well as a symbolic cultural facility. Until April 2015, the new library had operated safely for more than 20 months and organized more than 390 activities, such as "National Reading Month", and served more than 4 million readers from various regions. The library provided lending service with more than 3.5 million books and periodicals, received more than 16,000 leaders, experts and scholars, fellow librarians at home and abroad for over 270 times, which had a good social effect. Cangzhou Library had gone head of Hebei Province and the country in terms of building construction, documentation and information service, national reading promotion, education and training, culture and leisure, academic research, special literature construction. It made outstanding contribution to promote national reading and the construction of Cangzhou. In 2013, Cangzhou Library was assessed as the national level library by the Ministry of Culture during the public library evaluation activity, which marked that Cangzhou Public Library entered a new era.

Section 2

Bucket-shaped Building Set Up the Landmark of the City

The new library is a large-scale public welfare and cultural facility invested by the city government. Located in the Culture Park in Cangzhou new town, it covers an area of 57 acres, with a total construction area of 31, 714 square meters and investment of 330 million yuan. The total height of the main building is 24 meters, which has four and a half stories on the ground, and a half story underground. Its architectural style reflects the combination of nature, humanity and urban architectural space, which highlights the heavy historical accumulation, the culture connotation and the unique culture atmosphere of public libraries. It is expected to collect 2. 6 million books, 2, 600 reading seats, and serve 18, 000 readers every day.

The design of the new library was based on the functional attribute about "Spread of civilization, promotion of culture", and regards "nine-rectangle-grid" as the basic prototype of distribution. Among it, the middle unit of "nine-rectangle-grid" is an atrium and inner courtyard; four angle bulks are separated vertically according to the sequence from thick to thin, which forms the image similar to a book, and neatly coincide with the meaning of "Confucian classics"; the central parts are four surface bulges, which have the word "Shu" (this word means "book" in Chinese) as ornament on the surface. In addition, the new library also introduces the Chinese traditionally cultural image of "bucket-shape" as design element that constitutes the basic shape of the building. This symbolizes that the library looks up to the sky, collects knowledge and information extensively, and is all-embracing. The unique architectural shape of the new library gives an impression of introversive manner, which has become a cultural landmark of Cangzhou.

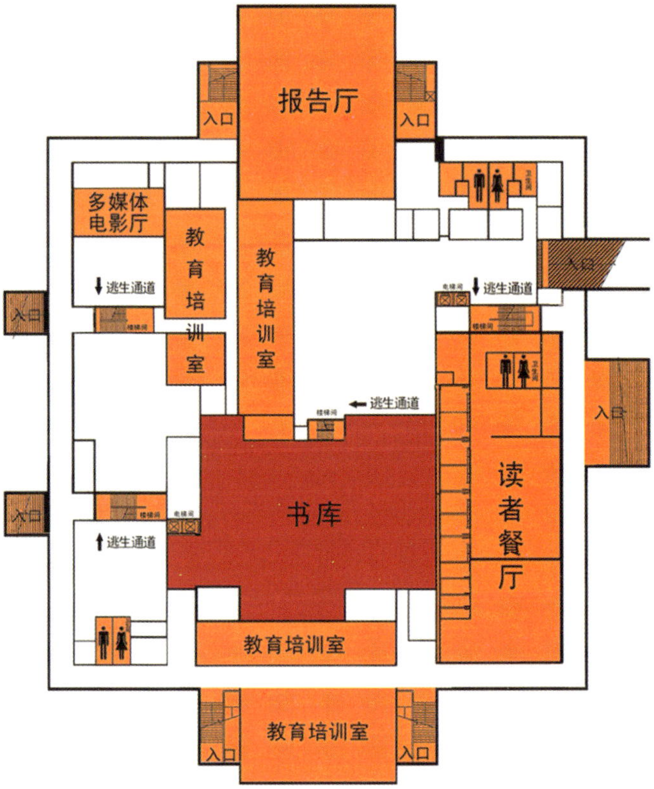

On the first floor underground of the new library has an auditorium that can accommodate 338 people. It is equipped with VIP reception room, dressing room, tuning room, LED stage background, professional recording and broadcasting system and stage lighting and other equipment. It also has professional service teams including sound engineers, cameramen, etc. On this basis, high-level training, cultural performances, academic exchanges and other cultural activities can be carried out. It has held the library lectures, the annual meeting of Hebei Province and other cultural events. Some cultural celebrities from Cangzhou such as Wang Meng, Zhang Jiasheng, Bai Yansheng have once come here to give lectures.

Opposite to the auditorium, there is a group of wood-carved "Cangzhou Fu" ("Fu" is one of the styles of Chinese works), which records the human geography, history and culture of cangzhou. Not only does it spread the history and culture of Cangzhou, but also creates a humanistic atmosphere for the auditorium.

On the first floor underground, there also has editing center, stack room, property management center, high/low voltage distribution substation, ice thermal storagerefrigerating and heat exchange room, water-supply room without pressure, readers' restaurant (Chinese food), western-style restaurant, multimedia movie theater, education and training areas and other service facility spaces. They can ensure the safety of operation of the library, and provide readers with leisure space and dining space as well.

A general service desk is set in the central of the lobby on the first floor, providing comprehensive services including registration, consultation, reservation, renewal and book returning. The service desk opens on all sides, in the center of which is the management room equipped with elevators and stairs. By using elevators and stairs, staffs can go up directly to the garden, and go directly to stack room and editing center in the reverse direction. Two OPAC public access equipment are set on both sides of the service desk, by

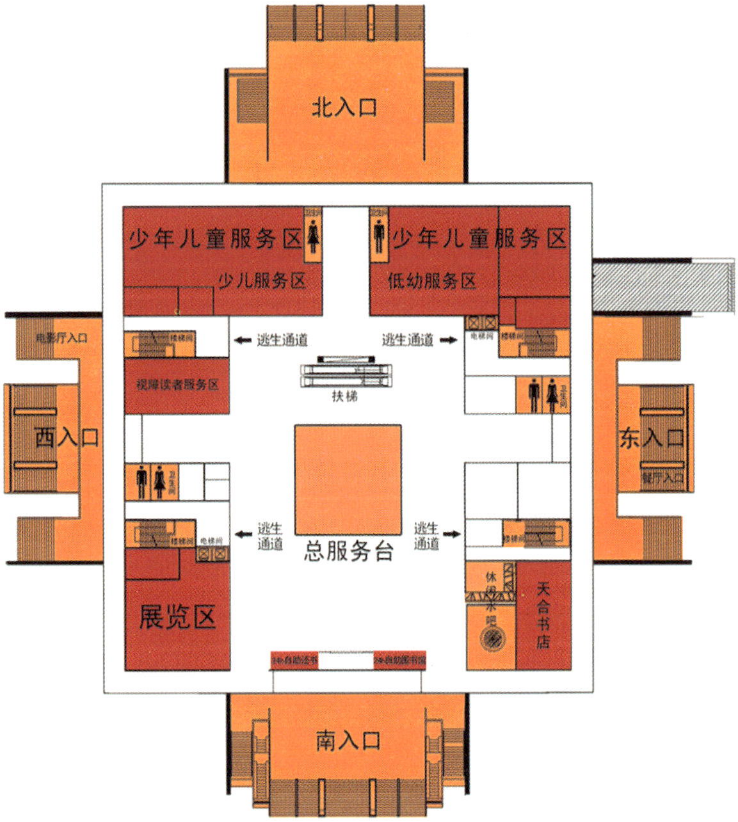

which readers can search out collection sites and the circulation condition of books by entering the literature name (titles), responsible person (author), ISBN numbers and so on. Two self-registration machines are set, by which readers' ID cards can be scanned to get library cards quickly and conveniently according to certain steps prompted by machines.

There are four white marble relieves above the reception desk. The relieves respectively are the excerpts from *Public Library Manifesto*, *Xian Wang Ji Shu*, *Feng Dao Yin Shu*, *Ji Yun Zuan Shu*. All of these three historical figures came from Cangzhou, whose universal thoughts of collecting classics and spreading books around the world coincidence with the notion of modern library services.

The northern area on the first floor is Children's Service Area, which is divided into Infant Service Area and Young Children Service Area according to ages. Covering an area of 700 square meters, the Infant Service Area opens for children aged from 0 to 6 years old. Aimed at this age group, the interior design is interesting. Not only does it have idiom wall reflecting Chinese traditional culture, but also has cartoon characters on the classical picture book wall. Stream lined and question mark shaped desks and lamps are set and decorated with bright colors, which can increase children's interest in reading. There are parent-child books, educational books (pre-schoolbooks), public science books and cognitive books that are suitable for young readers to read. And these books are divided into different types, including the type of picture books, the type of three-dimension books, the type of cardboard and so on. Toy District and Parents Resting Area are also set, equipped with educational toys, where parents can wait at the resting area.

All kinds of parent-child interactions are held in the Dream Theater in Infant Service Area regularly. Accompanied by parents, children watch performances, listen to stories or show themselves on the small stage. In the area of children healthy digital reading area, some intellective games suitable for juveniles are installed. Kids can use these digital resources by computers within the specified time.

Situated across the Infant Service Area, the Young Children Service Area covers an area of 700 square meters. It aims at children aged from 6 to 14 years old and mainly provides all kinds of children's books, journals, newspapers and other literature for reading. There are 50,000 children books, 775 kinds of periodicals, nearly 120 kinds of newspapers, and more than 200 reading seats.

The western area on the first floor is Blind Reader Service Area with an area of 150 square meters. There are 16 reading seats, equipped with Braille books, general books, audio reading materials, audio books, and some assistive facilities, such as the audio machine, integrated audioplayer, Braille learning machine, visual extension instrument, hand-held low vision aids for visually impaired users, Braille literature and audio books, and other special computer services.

The southern area on the first floor is the Exhibition Area with an area of 360 square meters, where various thematic exhibitions can be held. During the opening days, the new library held a large-scale exhibition about "The Power of Reading" jointly launched by Cangzhou Library and the Capital Library. The exhibition is divided into four parts, covering the history of reading, the history of book, the printing history of printing, and the history of library, and the reading promotion activities were held by public libraries around the country. Showing the representative reading events and anecdotes with abundant graphics and textures, this exhibition attracted readers into the reading world and made them feel the power of reading.

The eastern part of exhibition area is a 24-hour Self-Library, which is divided into Self-Lending Area and Self-Returning Area. Both of those areas opened for readers. Self-Lending Area covers an area of 30 square meters. Readers can enter into this area by swiping the library card regardless opening time limit. The self-circulation system inside can automatically identify literature pasted with electronic chips. By interactive demonstration of touch screen and clear voice prompts, readers are guided to complete the procedures of lending and returning, which realizes 24-hour self-help borrowing and returning. The self-returning area covers an area of 50 square meters, which is equipped with automatic sorting system on the background providing 24-hour service of self-returning. Readers can see the whole process of book returning and sorting through the windows when they return books. It makes them fully understand and experience the convenient and efficient library services offered by new technology.

The eastern area on the first floor is Recreational Water Bar, which is designed as a culture and leisure space for readers. All kinds of fashionable drinks are provided here. The piano and water wall create an elegant atmosphere. Readers can gather with friends and have a talk here after busy work. Not only can they enjoy being alone, but also do some reading and drinking, as well as enjoy famous music. On the north of the Water Bar, there is a reception office for VIPs with an area of 60 square meters, which is used to receiving guests, providing custom services for readers, such as providing a space for get-together.

The northern area on the second floor is the natural science and social science lending area, covering an area of about 1, 600 square meters. The white tree-form wooden grille is used to divide it into three reader lending and reading areas. The steel book shelves are silver gray and pea green, equipped with human sensor lamps. the reading chairs are apricot and wooden, and the closed wooden book wall is apricot. Two Reader Leisure Areas are equipped with white artificial leather chairs, apricot wooden tables, apricot wooden book stands and more than 400 seats. On one side of the Central Lending Area there is a semi-open librarians' service desk. There are 150, 000 Chinese literature covering 20 categories of natural and social science. All of them realize open access of shelf borrowing and reading. The RFID technology and the library management system are introduced to provide management services. Meanwhile, self-circulation machine, self-retrieval machine, electronic navigation screen, computer equipment and other advanced service equipment are introduced to provide readers with bibliographic retrieval, literature lending, literature reading, reservation, literature renewal, collective lending, electronic document inquiries, Internet queries and other services.

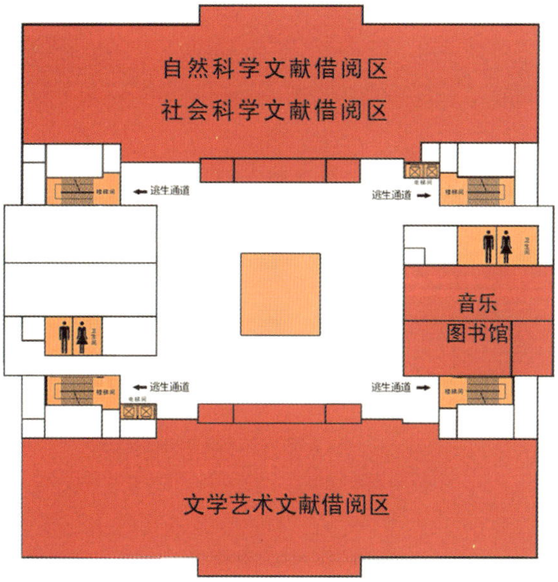

The southern area on the second floor is Literary Art Literature Lending Area, which is similar to the Natural Science and Social Science Literature Lending Area on the construction area, design style and service functions.

Music Library Service Area is located in the east of the second floor. Five functional areas including the music appreciation area, audio-visual experience area, studio, acoustic studio and non-line diting room were set up. The music appreciation area is equipped with imported high-fidelity audio-visuale quipment for readers to enjoy all kinds of films, music and other materials. In this various music salon activities can also be organized and held, which provides a communication platform for music. The audio-visual experience area can provide music resources database including classical music, popular music, folk music, opera and other audio-visual materialsj. And it also is equipped with professional headphones, to enable readers to feel the charm of music. Readers can log in and listen to music only with reader cards. The studio and the acoustic studio have the domestic first-class photography and recording equipment, and the non-linear editing room is equipped with Apple professional editing equipment and software, which can be used to make courseware, advertising videos and other audio or video materials.

The Central Computer Room is located in the western side of the second floor in the new library with an area of 200 square meters, which is regarded as the library's data service center and network operation center. The construction of the Central Computer Room follows the national standards and regulatory requirements, and the operating environment is demanded strictly. Three STULZ precision air-conditioners and six fire extinguishing devices are equipped. If fire breaks out, these devices will be automatically started up. The power supply and distribution system of the computer room are perfect, including two modular UPS units to ensure normal power supply inside the room for two hours after external power fails to supply. The computer room is equipped with three sets of fiber networks belonged to China Union, China Telecom and China Mobile, which realize special line access with the amount of band width being 250M. The band width is allocated rationally by using the load balance device. At present, the main devicies are equipped with three Huasan core switches, two Huasan aggregation switches, two load balancinge quipment, a set of KVM switch, and 20 dedicated servers. In addition, the room is installed software, databases and other resources required for the normal operation of library, and three Dell storage devices that can store 120 T data resources. The library is covered with Wi-Fi all over the building, and 35 AP points are set. People can log into the wireless network through the wireless authentication of network in the Central Computer Room.

The decoration of the north and south loop corridor on the second floor is two cultural walls, which are named as "The Door of Knowledge" and "Bai Cang Tu". "The Door of Knowledge" absorbs Chinese classical design elements, and selects the most representative doors from Tang, Song, Yuan, Ming and Qing Dynasties. The evolution of door is an epitome of historical culture, which reflects the inheritance and development of Chinese civilization, and encourages readers to explore the history by using the power of books, and learn from the history. "Bai Cang Tu" is made up of a hundred different fonts of "Cang" word seal, including seal script, official script, regular script, running script and so on. The change of fonts reflects the evolution of Chinese characters. Character is not only an application form, but also an art. Character is the best witness of Chinese civilization, and the text is the most basic constituent elements of books. "Cang" is a word that is the most representative character for local features of Cangzhou. This design highlights the unique regional culture atmosphere of Cangzhou Library.

The guide boards inside the new library are made up of aluminum alloy that have three colors including irongray, apricot and red. Each of brands is printed with the library emblem. The design elements of the library emblem contain a Chinese character "ren" (means "people" in English), an opened book, the building shape of Cangzhou City New Library, the luminous stars, and the handwriting of Zhang Zhidong who is a historical celebrity in Cangzhou's history. Five "ren" connected by strokes can reveal the image about five opened books being connected. The connected character symbolizes that librarians and readers are united. And the connected books symbolize "book" and "reading place", which reflects the basic function, service and the intention of embracing anything from the world of library. In the center of the emblem, it is the building structure of the new library, which reveals the exclusive architectural features of Cangzhou Library. Those stars mean that the library would light up the city with a new image, with knowledge enlightening every reader's minds, with five-star-level services ending warmth. The characters of "Cangzhou Library" come from the handwriting of Zhang Zhidong that are recovered by high-tech means. The design of the library embrem seems splendid with rich content, which conveys the people-oriented aim of running the library.

The hanging garden is built in the atrium from the first floor to the third floor. There are tall palm trees, date palms and a square pavilion in the midst of thick foliage, a curving stone road, some children, middle-aged women and the elderly who read books under the street light of a unique fountain pound. All of these draw a picture of reading. The garden is surrounded by "bucket-shape" white steel frames that interweave with transparent glass

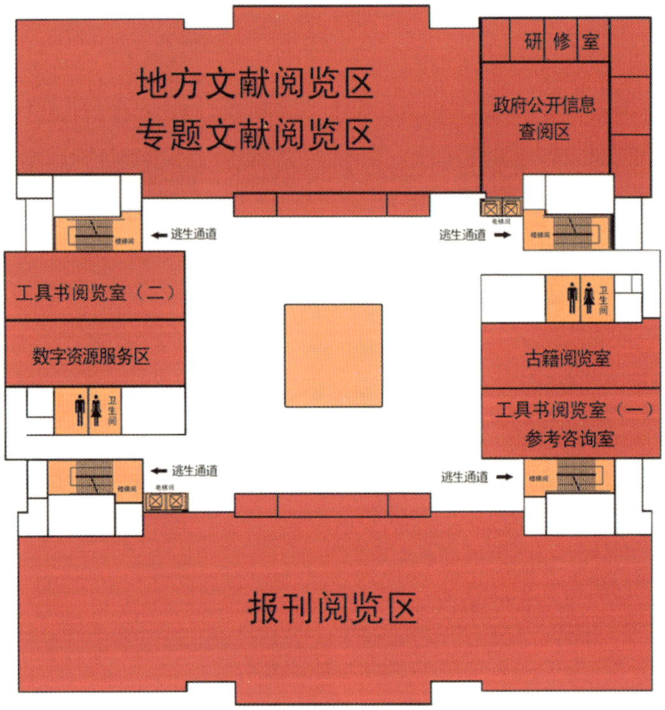

fence. Exposed in the loop corridor on the second and third floors, readers can enjoy a Kind of warmth and comfort of reading among the lush leaves through the glass fence.

The northern area of the third floor is Local Literature Service Area, the decoration style of which is consistent with that of the Literature Lending Area on the second floor. Meanwhile, duplex design and decoration are added, which not only increases the usable area, but also has a fresh feeling of duplexloft. There are 11, 533 local literature in 3, 631 types.

Local Literature Service Area is in the west of the Special Subject Literature Section of the Canal, which collects literature about the Grand Canal and other canal literature from all over the world. The huge ship-form shelf gives an intuitive feeling to people. Readers also can search related information about canal by the large electronic screen. The eastern areas in the Local Literature Service Area are Government Information Publicity Inquiry Area and Expert Room, which provide good platforms for readers to search government information and carry out researches.

The southern area of the third floor is Newspapers and Periodicals Reading Area with an area of 16 square meters, which is divided into Newspapers and Periodicals Lending Area, Newspapers Reading Area, Periodicals Reading Area, Readers' Leisure Area. It has over 500 reading seats and provides services, such as newspapers reading, periodicals lending, digital materials reading. The duplex design indoors makes good use of the space, which reveals the feature about "harmony between man and book". The placement of seats between shelves makes it more convenient and casual for readers to read. In order to provide adequate and uniform light without shadows and dark corners, the reading area adopts the combination of natural light and artificial light as daylighting way, which makes readers find it easier to concentrate on studying or reading, and the reading room seems like more peaceful and quiet. The materials and colors of the book walls, shalves, seats and service desks are consistent with that of the literature Lending Area on the second floor, which reflects the principle of integrity and unity.

The eastern area of the third floor has several areas, including Government Information Publicity Inquiry Area, Expert Study Room, Reference Book Reading Room, and Ancient Book Reading Area. The Ancient Book Reading Area is equipped with independent accurate air conditioning system and gas fire extinguishing system to make sure the automatic regulation of temperature and humidity and fire safety. The decoration indoors is classical and elegant. It has wood floor throughout, as well as ancient books shelves made of elm, elegant Ming-style rectangular tables, replicate works of art of famous Chinese ancient paintings hanging on the wall, which enrich the connotation of collection and inheritance of the city's historical culture.

The western area on the third floor is Digital Resources Service Area with more than 80 seats. Applying the mode of centralized network management, as a multifunction room, the reading room realizes the combination of digital resources reading, inquiry, and training. Not only can readers browse the digital resources, but also can search databases, such as Wanfang Database, Longyuan Journal, Chaoxing Digital Library, CNKI Full-text Database and so on.

The north and south loop corridoron on the third floor has two cultural walls, The Window of Knowledge and Hundreds of Family Names. The mode and style of "The Window of Knowledge" is similar to the "Door of Knowledge" on the second floor. The evolution of door and window is an epitome of historical culture, which reflects the constant inheritance and development of Chinese civilization, Chinese surname culture has a long history. Each surname has its unique cultural connotation and representatives. As a big study room for people, the library opens the door of knowledge for all citizens with the principle of equality and freedom. "Hundreds of Family Names" is the theme of seal walls, which aims at giving each reader a sense of belonging, and making them absorb knowledge and promote the their qualities as well as achieve the aim of enriching the spiritual and cultural life of citizens.

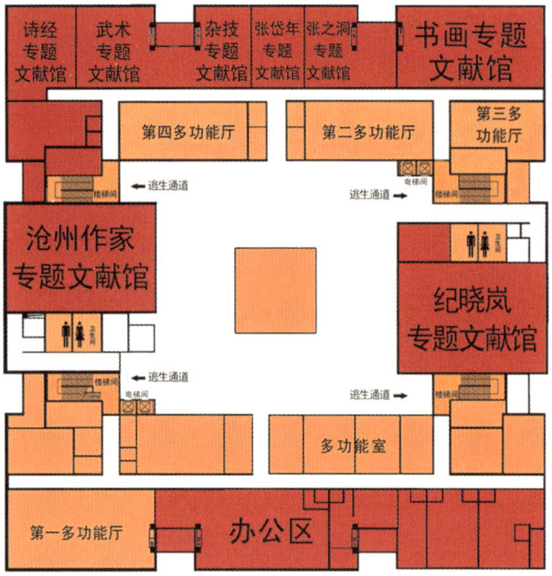

The southern part of the fourth floor is the office area, which is set six multi-function halls, two reception rooms, a refreshment room. The northern part has two multi-function halls and a reception room. The multi-function room, reception room and refreshment room are all decorated with acoustical board, soft package, carpet, Chinese paintings and oil paintings. High-end devices including televisions, audios, mixers, projectors, full color LED displays are installed indoors. As the main spaces used for reading activities, these areas can hold lectures, training, meetings, press conferences, various salons, art activities, receptions and other activities.

Eight thematic halls are distributed in other areas on the fourth floor. The eastern area is a thematic hall about Ji Xiaolan with an area of 400 square meters. As a famous litterateur, Ji Xiaolan was the most representative historical character in the history of Cangzhou, who was famous for leading the revision of *Si ku Quan Shu*. The classical wooden gallery is built in the hall, which has the architecture style of Qing Dynasty, which is simple and unsophisticated. The display and exhibition area shows Ji Xiaolan's biography and literary achievement chronologically. The duplication of *Si Ku Quan Shu* from the Qing Dynasty and the duplication of Ji Xiaolan's notes are displayed in the glass showcase. The Ancient Book Reading and Searching Area is equipped with elm-archaized ancient bookcases that can prevent insects, elm-archaized rectangular table and round-backed armchairs. Also, it has the professional ambient temperature and moisture automatic regulating device, fire extinguishing devices, bibliographical retrieval device and electronic book query device. Different famous versions of *Si Ku Quan Shu*are collected in this area. In addition, based on Ji Xiaolan's collections 99 Duan-Yan duplicated by Zhongding Culture Limited Company and some famous calligraphies are displayed.

The western area on the fourth floor is thematic literature library of writers from Cangzhou, which covers an area of 400 square meters. The library is mainly decorated with the colors of white, green and pink. The wraparound shelves reveal a modern style. The display board about Cangzhou Literature Development uses the earth color, signifying that the land of Cangzhou cultivating pure and powerful local literature. The board about writers and their works uses green, meaning that forests growing out of the land constitute the backbone of Cangzhou's literature in all ages, and also like immortal literary monuments. The double-forest-like design makes readers need to stretch forward to watch, which leads to a deeper participation in the exhibition and reflects the respect for writers and the literary history of Cangzhou. The outside of the circular shelves shows some ancient writers from Cangzhou and their works. Pink display panels exhibit the introduction of well-known contemporary writers and their works. Readers need to raise their heads to appreciate those famous writers with respect. The overall design of Cangzhou Literary Memory Wall is an abstract canal, showing the development process of Cangzhou literature. The large orange round table provides a platform for literary enthusiasts and researchers to explore the literary shrine, where literary salons and seminars have been held for several times.

The northern area on the fourth floor sets six thematic libraries, which are about *The Book of Songs*, martial arts, acrobatics, Zhang Dainian, Zhang Zhidong, paintings respectively.

The thematic library about *The Book of Songs* covers an area of 120 square meters, which is divided into three parts, including the Exhibition Area, the Literature Collection Area and the Query and Search Area. The Exhibition Area shows a general picture of *The Book of Songs*, its influence, important bibliographies and contributions made by Cangzhou for *The Book of Songs*. Two yellow pillars that are straight into the celling are engraved with some representative works excerpted from *The Book of Songs*, which shows China's first poetry collection intensively. The Literature Collection Area collects the Qing is edition and the block-printed edition of *The Book of Songs* and other over 20 literatures created between the period of Mingzhi and Hengbao in Japan (in the late Qing Dynasty). The area collects modern version of *The Book of Songs* that is more than 3, 000 items in 800 titles, which has a great effect on the collection circle of *The Book of Songs*.

Covering an area of 120 square meters, the Thematic Section of Martial Arts is divided into three parts, including the Exhibition Area, Literature Collection Area, and Query and Search Area. Cangzhou has always been known as Martial Arts Town. Cangzhou has 53 martial art schools among 129 schools in China. The Exhibition Area is designed as a courtyard house decorated with gray-green roof tile that is of ancient style and large red door, implying that the amount of Cangzhou's martial arts schools is large. Inside the courtyard, the imitations of eighteen kinds of weapons are exhibited, and the display board shows the routes of martial arts, the history of martial arts in Cangzhou, representatives on the wall, by which readers can have a deep impression on Chinese and Cangzhou's martial arts.

The Acrobatic Literature Section covers an area of 120 square meters, which is divided into three parts, including the Exhibition Area, Literature Collection Area, and Query and Search Area. Wuqiao, Cangzhou has always been known as "Acrobatic Town". Display boards are used to show the historical changes of acrobatics,

its worldly culture, the industry rules, the main forms of it, the origin of acrobatic town, the "Eight Folk Stunts", international acrobatic competitions and so on. Three sculptures with acrobatic forms show the excellent skills of acrobatics. The Literature Collection Area collects some printed resource and digital resources about acrobatics, Wuqiao International Acrobatics Arts Festival, posters about Wuhan's acrobatics, documents, work cards and admission cards.

Zhang Dainian Thematic Section covers an area of 120 square meters, which is divided into three parts, including the Exhibition Area, Literature Collection Area, Query and Search Area. Zhang Dainian was born in Xian County in Cangzhou, who is a modern philosopher as well as an expert in the history of philosophy. The display board is decorated with Chinese traditional Taiji diagram, which shows the autobiography and philosophical thoughts of Zhang Dainian. On the white book mountain, representative works of Zhang Dainian are carved, so readers can admire the academic achievements of the master.

Zhang Zhidong Thematic Literature Section covers an area of 120 square meters, which is divided into three parts, including the Exhibition Area, Literature Collection Area, Query and Search Area. Zhang Zhidong was born in Nanpi County in Cangzhou, one of the "Four Famous Officials of the Late Qing Dynasty". The exhibition area uses dark steel frames, giving a lightly depressed feeling to people, which is coincident with the characteristics of the late Qing Dynasty he lived in. Among these frames, several bright display boards record the connection between Zhang Zhidong and the Qing Dynasty, the modern industry, Chinese traditional culture, his hometown (Cangzhou) and his contribution. The Literature Collection Area collects printed and digital documents related to Zhang Zhidong, which provides a great amount of historical materials for readers.

Painting and Calligraphy Section covers an area of over 400 square meters, which is divided into four parts, including the Art History Exhibition Area, Painting and calligraphy Literature Collection Area, Painting and calligraphy Exhibition Hall, Creation and Communication Room. Collecting all kinds of painting and calligraphy special literature and masterpieces, the library is a combination of literature collection, creation, exhibition and communication. The exhibition area is divided into the World Art History, Chinese Art History and brief introduction to the works of arts in Cangzhou.

The first part is World Art History, which collates the development of world art history with a discoverable and exploratory perspective. It leads readers into the world of art by presenting some representative works with the theme of "The Beauty of Realm". the second part is Chinese Art History with the theme of "Foresight and State". Being different from the realism in western painting paintings, Chinese painting and calligraphy focus on artistic conception more than skills. The works on display exactly show the essence of Chinese painting and calligraphy. The third part is about the brief introduction of Cangzhou's art with the theme of "A drop in the Ocean". It exhibits some of representative works created by painters from Cangzhou and their awarding achievements.

The Painting and Calligraphy Exhibition Hall shows high-definition duplications of Chinese exquisite ancient calligraphy and painting, while authentic works are being collected in museums all over the country and even all over the world. some works have a great age and paper becomes yellow and old, but, by technical treatment during the process of replication, these treasures are brought to life again. The exhibition aims at making the public have closer contact with Chinese history and culture and improving their appreciation of painting and calligraphy.

The Creation and Communication Room sets two painting rooms and one tea room, which provide a platform for readers to create, search and communicate.

The center of the fourth floor is an open-air park surrounded by loop corridor of ancient style with green plants, which creates the feeling of Chinese traditional courtyard. There are three loop corridors, one rockery and several big umbrellas. All of these provide a wonderful place for people to relieve pressure, exchange thoughts, cultivate their minds, talk about the future.

Situated in the outer side of the Culture and Leisure Park, the sides of annular channel are four cultural decoration display walls.

The eastern culture wall shows some Chinese traditional classics, such as "The Twenty-Four Histories, Si Ku Quan Shu, The Yongle Canon, Comprehensive Mirror to Aid in Government. *One of the southern culture walls introduces* The Intangible Cultural Heritages in Cangzhou, *which is divided into seven categories, including folklore, traditional music, arts, dance, folk, traditional opera, traditional feat. It introduces the Pangu culture in Qing County, Hejian Costa, Ha Ha Tune (a kind of opera) in Qing County, the martial arts in Cangzhou, Wuqiao's acrobatics and so on. Another wall shows " Cangzhou's Cultural Heritage Impression", recording pottery, pottery figurine, porcelain, bronze, jade, iron lion, buildings, ruins, tombs, epitaph and other Cangzhou's heritages.*

The Western Culture Wall shows the French encyclopedia, the German Das Kapital, *Arabic* Koran, *Janpanese* Tale of Genji, *the ancient Greel* Homer, *Indian* Mahabharata *and other foreign classics. The northern Culture Wall exhibits " World Libraries", which records basic information including the history, building area, collection, reader services of the British National Library, American National Library, Danish Royal Library, the National Library of Finland, the National Library of China, Indian National Library and other* 23 *countries' libraries. This has made readers have a deep understanding of the functions and development of libraries around the world, so that the public can develop more admiration and respect for public libraries that are the palace of knowledge and the city hall. Let them go to library more frequently and make good use of it in order to broaden knowledge and talents. Meanwhile, the library can play its role of serving the society much better.*

At the same time, the loop corridor in the office area on the fourth floor sets the Chinese scenery display wall. Elevators on each floor are set the display wall about some world famous scientists, writers and philosophers. The rest rooms on each floor are set the display wall introducing world excellent architecture in order to create an atmosphere that reading can be everywhere.

The space on the second, third and fourth floors except the loop corridor is used as Readers Self-study Area, where readers can study and communicate with each other. Free lockers, reading seats, leisure sofa, electronic newspaper reading screen are set as well as two water dispensers that provide water for free on each floor.

Section 3

Modern Multiple Styles of Architecture

The scientific positioning of public libraries is providing standard planning principles and basis for the construction and development of city libraries. In the first place the library buildings need to meet their functional requirements and then show the optimization of the design planning and their attractions. The design concept of Cangzhou Library is reflected on four aspects as followed.

1. Building Green Buildings

As a public building, according to the requirements of green buildings, the design of Cangzhou Library focuses on the comprehensive utilization of new energy, the introduction of energy-saving design, energy-saving facilities, especially the comprehensive utilization facilities for renewable energy, which save resources (energy, water, ingredients) to get the most out of advantages, protect the environment, reduce pollution and provid people with a healthy, suitable, efficient space in harmony with nature for study and communication. The building of the new library has a square appearance in order to obtain a suitable volume factor. With thick stone facades and grass slopes covering the earth, louvers, grille implemented as the measures to retain and insulate heat, the building can exert its function of saving energy on the assumption that the de mands of lighting need is met. The library realizes natural ventilation and lighting, green micro-irrigation and uses rain collection system, photovoltaic system, regenerative heating system and the technique of GSHP (ground source heat pump), which make the effect of saving energy reache a high level and achieve the development strategy "energy saving, environmental protection, respect for nature".

The main measure for protecting the outdoor ecological environment is to increase the greening rate and improve the visual value of green plants. Being consistent with surrounding environment, the library chooses colors that are in keeping with the natural environment and uses lawns, flowerbeds, sculptures as decorations. By these means, the library is all surrounded by greenery, elegance and comfor, which not only enrich the art of architecture, but also constitute a beautiful landscape in the city.

2. Reflecting Humanistic Spirit

The external appearance of the new library is large and magnificent with a high degree of history and modern cultural atmosphere the height of which is controlled to 24 meters so that it is consistent with surrounding construction. As a modern city library, the new library highlights some features including openness, intelligence, humane, flexibility, versatility, artistry and garden-style. It has realized the unity of the openness of the thought, the form of activities and literature resources, and avoided dropping into the traditional management model that collecting, lending, reading and managing are seperated, so that the modern pattern "people in the book, and the book next to people" has established. In terms of architecture, the design concept is based on the modern and scientific style, and shows the unique feature of this library building, that is, large patios and large space.

When coming to the art design of internal environment, furniture, lighting, painting, sculpture, window, bonsai are set as decoration. In order to enrich the effect of the activity space by colors and shapes, the cultural connotation of the library building is strengthened. For example, on the four relief walls above the reception desk, *Public Library Manifesto* shows the concept of the library's service. Stories of three historical figures in Cangzhou show the humanistic feelings about collecting classics widely and spreading them around the world. The "Door of Knowledge" on the second floor with different shapes reflects the change of buildings from Qin and Han Dynasties to Ming and Qing Dynasties; 100 different fonts of "Cang" consist of the picture of "Bai Cang Tu", which shows the changes and development of Chinese characters. The seal culture wall about "Hundreds of Family Names" is engraved with the font of official script, showing the running concept of the library that is openness, equality, free and to create a large study room for citizens. The loop corridor's culture wall on the fourth floor shows some knowledge with special topics, such as "Libraries around the World", "The Intangible Cultural Heritage in Cangzhou", which make readers exposed to a cultural atmosphere.

3. Adopting Advanced Technology

The new library building is designed according to the requirements of the information society. The Cibrary is equipped with central air-conditioning, zoning split air-conditioning, music playing system, language image transmission system, horizontal and vertical automatic transmission equipment used for transmitting books and other materials carrier, passenger-freight elevator, obstacle free passageway for the disabled, automatic spraying fire protection facilities, security monitoring automatic warning system, anti-fire and anti-burglar central monitoring system, temperature detection and smoke detection automatic warning device, fire protection sprinkler system are set, and smoke and temperature detection alarming gas fire extinguishing devices are set in the areas that are unsuitable for water fire extinguishing (such as ancient book stack room).

As a central library of this region, Cangzhou Library provides services for people from the county (city), district and floating population. The services include the basic design, such as data sharing, resource integration, which reflect the modern concept about integration and clustering. The management means for modern libraries are introduced, which have achieved the aim about the modernization of equipment, user-friendly interface, intelligent management. In the building, comprehensive grid cabling is installed, which integrates computer integrated management system aiding the library work, data transmission system providing services for readers, voice broadcast system, RFID intelligent document management system, e-books reading platform, Cangzhou's central service platform of the Cultural Information Resources Sharing Project, safety monitoring system and other line systems with standard cabling system to meed the need of developing of Cangzhou library. The building has covered with wireless network, so readers can receive flexible and convenient service of mobile network, and access all kinds of literature information and digital resources.

4. Realiceing multi funetiens

The professional design of the new library has some basic functions, such as document preservation, social education, academic communication, readers' self-study, cultural leisure and so on. The application of digital network technology broadens creative service needs including reading promotion, knowledge transmission and so forth. The library can meet the needs for preserving, lending and reading all kinds of literature, holding reading activities for all kinds of readers, information consulting, the development and research of special subject literature, the application of non-books audio-video materials, academic report and communication, holding lectures or exhibition.

According to the development trend of modern libraries' social services, the plane function layout of the new library obeys the principle of active and quiet zoning based on different features of library's professional activities, and designs active area, second-active area, second-quiet area and the quiet area.

Based on the needs for readers flow and activity space, those functional areas whose functions have a big difference with the library's basic reading function (such as the lecture hall, training classroom, restaurant and so forth) are arranged under the ground floor as active area-The open-shelf reading area with largest number of readers and literature exchange are set on two floors, including the first floor which has general service desk, child service area, underage child service area, while the second floor has Chinese book reading and lending area, the music library and other places, which is second-active area. The open-shelf reading area with stable number of readers and literature exchange is set on the third floor, including the Newspaper Reading Area, Local Literature Reading Area, Government Information Publicity Consultation Room, Expert Research Room, Ancient Book Reading Room, Field Literature Library, Digital Resources Service Area and so on, which is known as a second-quiet area. The space used for official reception, administrative office, conference room, parts of Field Library are set on the fourth floor as the quiet area. Meanwhile, the Basic Book Stack Room, Acquisition and Processing Department, Equipment Room and Car Parking are arranged on the ground floor, which form the general layout of "collecting on the lower floor and reading on the higher floor". This layout makes full use of the space of buildings, and ensures that all links of the library business process are connected effectively, bring those collections more closer to readers and improve the service efficiency of the library.

05

Chapter 5

City Library's Services

The public culture service is the premise of city libraries, and also the starting point and the end-result of library work. Cangzhou Library innovates its services constantly, deepens the service level, expands the range of service and makes the service system more perfect.

The library integrates the service of book and newspaper lending and reading, online resources, reference service. All the literature is opened to readers, and all the readers fairly have access to library services free of charge. Cangzhou Library hold spublic lectures every week and other reading promotion activities, which establishes platform for scholars and experts to communicate. The library provides information support for Cangzhou's political, economic, social development through government information publicity reference service, combined Consultation reference service, inter library loan and other services as well as the production of "Information Digest". By sending books to the countryside, and establishing rural library, it serves the cultural construction of new countryside.

With the opening of the new library, Cangzhou Library has established a service idea, which aims at changing the library's role into the beautiful city hall and comfortable study room for the public with eight service features, " equality, free, openness, humanity, civilization, efficiency, diversity, leisure". Although the library faced the situdation of staff deficiency, the opening time is still adjusted to 62 hours a week. The librarians insist on holding learning meetings weekly and improving their own professional skills and the etiquette service. The library also provides loads of services, such as free water, baggage deposit, car parking, readers' restaurant.

Section 1

Public Lectures Held by Cangzhou Library People's Forum

The lectures began at the form of "Public Lecture on Sundays" since April 2000. The topics included art and literature, science knowledge, history of Cangzhou, social and economic development of the city and other hot issues. The lecture was changed into "Cangzhou Library's Lecture" on July 1st, 2013. After over ten years of exploration, the lectures become a fixed activity on Monday now. As one of representatives of public library in Hebei Province, Cangzhou Library enjoys a high reputation among other domestic libraries.

Cangzhou is a prefecture-level city in Hebei Province, which is desperately lack of artists, scholars. Therefore, Cangzhou Library adopts measures based on the local situations, combines the video lectures and the inviting scholars to hold lectures in Cangzhou. Each month's lecture is released on the bulletin board of the website and in the library for readers to make choices. Before the video lecture, the host always briefly introduces the content of the lecture for the audiences. Those lecturers have been carefully selected, and the content should be positive as well as of certain professional depth. In addition, the lecturers are required to be understood easily, with vivid and interesting style. Every year, the library does investigation to collect feedbacks from readers, and then makes adjustments according to the needs and preferences of readers.

Public lecture held by Cangzhou Library has formed a relatively stable audience group. And it also receives the government's trust and the community's attention, and has became social mood to make letures with libraries.

From April to March in 2002, many schools and libraries in Cangzhou jointly organized a series of lectures about nurture for children. Some university lecturers and education experts gadve lectures. Those five lectures attracted the more than 2, 000 parents. After these lectures, the audiences hope the library can continue to hold lectures to provide more learning methods and education knowledge for parents and children.

In September 2009, the city library held the tenth Cangzhou Literature and Art Festival. A series of lectures about Cangzhou's history and culture were provided. Five scholars from Cangzhou gave lectures with different topics. Their refined language, profound knowledge and rigorous academic attitude revealed the historical and cultural profile of Cangzhou. From these lectures, the audiences gained more understandings of Ji Xiaolan's historical and academic achievement, and the massiveness of the Grand Canal culture, martial arts and acrobatics. More than 3, 000 participants took part in the lectures. Some of them were from different counties in Cangzhou.

After the new library opened, lectures held by the library invited more and more scholars and attracted more attentions from the public. The city library focused on hot issues in the society, and had planned many good lectures. In 2014, Zhang Jiasheng (a famous artist), Li Hao (a young writer in Cangzhou), Li Ling (a associate professor in Liaoning Normal University) and soon gave lectures in the library. The library had held more than 1, 000 lectures with over 400, 000 audiences for 15 years.

Section 2

The Digital Age—Bringing the Library Home

With the trend of digitalization and informationization all around the world, libraries world wide have entered into the digital age. Library services not only include services for visitors, but also meet the needs of timely access and on-demand access to services, and the request for equal services.

Cangzhou Library fully integrates various resources and technology, uses all kinds of digital services to fulfill the gap between time and space, provides services to the readers, expands the coverage of digital library services groups, and highlights the information equity and equal service.

1. Internet and Digital Resources

The total number of computers in Cangzhou Library is 419, 386, which are for readers to use. In addition to those 80 computers in the Digital Resource Service Area on the third floor, all service areas in the building install computers connected to the Internet. Readers aged over 18 with reader cards can use the computers for internal and online resources freely at any time.

Infant Area on the first floor set up Children's Digital Resource Reading Area, which contains 30 computers not directly connected to the Internet. Children can hold children's reader cards to apply for the computer service in the reception. This service limits within one hour for each person per day, and children can browse collections of digital resources, watch cartoons or play puzzle games.

Audio Visual Experience Area on the second floor has collected 1, 545 sets of audio and video materials about 5, 344 Nisks, including opera, folk music, classical music, pop music, concerts, concerts, drama and documentaries, to make readers do self-help listening and watehing. The whole museum is covered with wireless network, and readers over 18 can enter their accounts and log on by password for free.

Cangzhou Library has 16 digital resource databases currently, including e-book, electronic journal, electronic newspaper, dissertation, numerical fact, audio-visual information, etc. , covering various fields of natural science, humanity and social science. Resources have formally purchased as followed, (figure: 128)

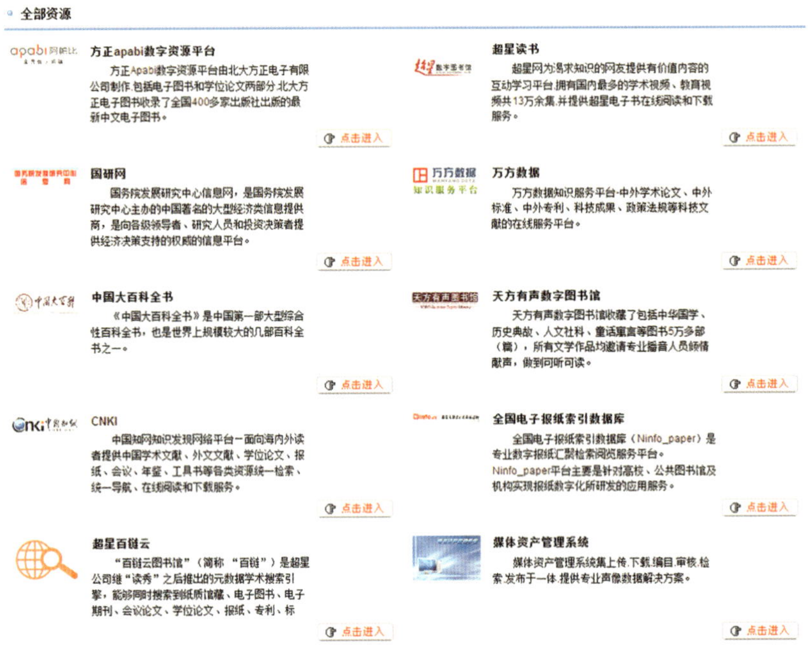

(1) Apabi Digital Resource Platform: It includs politics, law, literature, art and other full ranges of e-books, which are more than 60, 000 species and 80, 000 copies.

(2) Chaoxing Digital Library: including politics, law, literature, art and other full ranges of e-books with the number of 75, 000.

(3) Wanfang Data: It Covers the large network databases forjournal, meeting minute, paper, academic achievement, conference paper. Cangzhou Library has subscribed journal, dissertation, academic conference, and foreign patent, scientific and technological achievement, foreign standard and book. There are 6, 000 academic articles

and 40, 000volumes of books.

(4) Wanfang Video: It is an academic video knowledge service system mainly on science and technology, education and culture. The current number of shared resources is over 320, 000 minutes, and it is expected to add 120, 000 minutes per year.

(5) Wanfang Digital Library of Primary and Secondary School: It collects and arranges journals, theses, conference papers, books, videos, questionsin the field of elementary education, covering comprehensively more than a dozen primary and secondary schools' disciplines.

(6) Tianfang Audio Digital Library: An electronic produce emerges in order to meet the requirements in the digital publishing era. Collection includes Chinese Sinology, historical allusions, humanities and social sciences, fairy fables, jokes, music, art, encyclopedias and other books, the number of which is more than 50000 copies in total.

(7) China Encyclopedia Database: Based on the contents of *Encyclopedia of China* (*First Edition*) and *Encyclopedia of China* (*Second Edition*) and other relevant updates, it contains more than 200, 000entries in total, 800, 000 knowledge, 200 million characters, and tens of thousands high-definition pictures and maps. There are a variety of databases that include appendix data about nations, figures, the World Heritage List, the national intangible cultural heritage, with "Today in history" "Timeline" (collecting events in various disciplines that are of greathistorical significance) being set up, and other special data resources.

(8) Chaoxing Bailianyun: Professional academic search engine includes vast amounts of Chinese and foreign literature data, and currently contains 264 Chinese and foreign databases.

(9) National Electronic Newspaper Index Database: Professional digital news paper plat form, providing aggregation retrieve and reading service, contains 684 copies of the newspapers that are updated without delaying and expanded constantly.

(10) Scholarly Cangzhou: It specially offers "Internet-Based Digital Library" service for Cangzhou Library, and currently it has launched 100, 000 digital books and 30, 000 audio book collections.

(11) VIPE Resource Systems: It includes the major educational resource database combing daily study, practice exam, online exam, simulation tests, and other functions. The

exam resources cover the field of English, computer, civil servants, judicial, economic, PubMed, engineering, qualification and medicine.

(12) Leer Digital Resource Platform: The platform contains original science and education digital resources in the form of cartoon, many electronic books (Chinese, English, and Japanese editions), puzzle games, and science knowledge and so on.

(13) Kuke Digital Music Library: A collection of more than 98% of the classical music all over the world, as well as unique ethnic custommusic, jazz, film music, new age music and many other types of music, being equipped with rich text information, and gathering over 9, 000 artists from the Middle Ages to modern times together, and music played by more than 100 kinds of instruments, as well as more than 500, 000 famous tracks.

(14) DRCNET: Sponsored by the State Council Development Research Center, DRCNET acts as China's famous large-scale economic information provider and authoritative information platform, which provides support for economic decision-making at all levels of leaders, researchers and investment decision makers. It comprises the sub-libraries, including macro economics, regional economy, sectors of the economy, the world economic review, college information, national research data, planning reports, industry research reports and so forth.

(15) Longyuan Journal: According to the needs of readers, Longyuan Journal makes a large online humanity journal reading room, and simultaneously releases with hard copy publications. It contains 3, 000 kinds of public humanity journals, covering politics, party building, management, finance, literature, arts, philosophy, history, society, science, military, education, family, sports, leisure, health, fashion, career and other areas currently.

Databases have been tested include Duxiu, Yale Campus Classic Databases, Digital Library of Ancient Chinese Classics. From July 2013 to the end of 2014, the number of visitors had reached 110, 899, and the pageview reached 314, 280 PV. The access amount of digital resources was 12, 721 views with 232, 303 clicks and the data usage was 60, 199 MB.

2. Arge Digital Screen

Cangzhou Library has eight touch-screen integrated display platforms. These platforms combine reading books, pictures, newspapers in one, showing variety of information about

Cangzhou Library by customizing the homepage of touch-screen. Information includes a brief introduction of the library, pre-notice of lectures, event announcements, photos, and other contents. And the introduction of periodical database is combined with touchscreen, which integrates the traditional reading habits with high-tech digital reading ideas to bring readers a brand-new digital reading experience.

Standing in front of the touch screen, readers just have to to click lightly on the screen to easily select and browse hundreds of journals, newspapers in the country. They can move, magnify, minify and flip any newspaper pages. All newspapers are automatically updated every day online, keeping pace with the printed newspaper without manual importing and the information is transmitted timely and accurately. Cangzhou Library sorts out newspapers every deay according to the categories of comprehensive reports, newspapers, evening News, professional news and the provinces and cities' reports. The layouts of newspapers are updated along with the printed ones. Readers can search by three means (classification, region and initials), and then the screen would generate a list of the latest front pages of newspapers in order to make it convenient for readers to search the contents of new and old newspapers.

3. Mobile Service Platform

In 2013, Cangzhou Library launched the SMS service, which enables readers to get books expiration reminder, notices about subscription of books, and notices about lectures by phone.

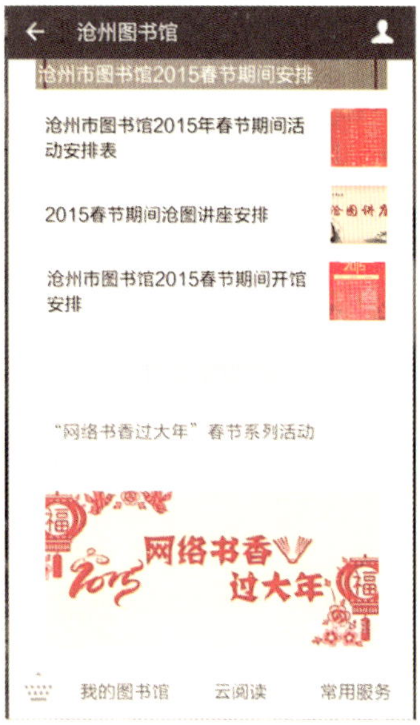

In 2014, Cangzhou Library opened an official account on WeChat platform, becoming the first certified official account of public library in Hebei Prouinace. It had been focused by more than 5, 600 people until April 16Th, 2015. In order to perfect service for the readers, Cangzhou Library integrates the WeChat with "Chaoxing Mobile Library". Readers can use the services, such as my library, reading cloud, common services, and other functional modules through WeChat, and can also bind the reader card number with WeChat, so readers can be able to renew any time and any where, keep abreast with the activities of Cangzhou Library and other information about the library, as well as massive e-books that can be read at any time.

Cangzhou Library also opens a national library mobile reading platform to share more than 40, 000 e-books.

Section 3

Reference Service—Information Navigation Station

The reference service is the main form of deep-level service provided by public libraries. With the rapid development of computer technology, network technology and information technology, much wider development space is provided for reference service. Depending on the rich printed and digital resources collected in the library, librarians can provide services including topic-specific search, fact query, interlibrary loan, document delivery, reader training, network resources link and navigation and so forth.

1. Service Content

The Reference Service Area in the Cangzhou Library is divided into three parts, including Government Information Publicity Query Area, Reference Book Reading Room, Expert Room, with 60 seats and 4 computers for readers to use when they do searching.

The Government Information Publicity Query Area collects and preserves government information provided by over 50 institutions. Readers can have free access to government information in printing or digital version, and can also login the website of Cangzhou Library to get information.

Reference Book Reading Room has collected more than ten thousand books, including social science and natural science encyclopedias, dictionaries, handbooks, collected works, parts of national standard, patents, Chinese-foreign languages and foreign languages-Chinese reference books, which are provided for readers to read and search. This room also performs the function of consultation. In addition to provide on-site consulting services for readers, it provide consulting services through phones, e-mails, real-time interaction software, online combined reference and consultation service.

Seven Expert Rooms provide the space for readers to carry out monographic research learning and academic communication.

2. Service Objects

In 1987, the city library set up the Information Auxiliary Department (later renamed as Reference Department), and established three internal publications, including *Urban and Rural Information*, *Library Newsletter*, *Reference Digest*. In addition to providing consulting services for decision-makers of social management, research, and education and enterprises and institutions, the library provided information search services to the public more. *Urban and Rural Information* is published bimonthly, which aims at enterprises and farmers and covers the fields of technology information, health care, scientific cultivation, aquaculture and industries forecast. *Library Newsletter* is published bimonthly, which is mainly about cultural works policy, academic research, library activities, readers' advice and professional knowledge and so on. *Reference Digest* has unlimitied page numbers. In order to cooperate with development condition of city's economic works, it excerpts working experience, situations of the nation and other provinces or cities, which are provided for city government's decision making. In 2007, *Reference Digest* was renamed as *Information Reference Digest*, which was added some columns, such as "Focus", "The Voice of the Public", "People's Livelihood" so that it could provide information services for social management institutions much more quickly with high quality. *Information Reference Digest*also issues supplement sometimes, such as *San Nong*, *Martial Arts*, *Culture*, "*The 18th Party Congress*" and so forth. After the new library opened in 2013, the Reference Department has released *Librarian Newsletter* to provide reference services for librarians.

3. Service Mode

The staffs in the Reference Department provide services at different levels including search and retrieval agent, subject service, clipping service, special consulting service and so on according to needs of different readers.

(1) The library makes use of all kinds of digital resources in the library database, providing information for users as quickly as possible by means of online literature search, full text retrieval, original text delivery, print the library collection.

(2) The library makes full use of online search engines. Based on the literature resources clues provided by users, the library transmits the results to users after confirming their authenticity, accuracy and completeness.

(3) The library builds cooperative relations with the National Library, the Capital Library, Shanghai City Library, Hebei Province Library and other public libraries and university libraries at different levels all over the country.

(4) The library uses "National Library Reference and Consultation Service Association" and provides reference services for readers from all over the country free of charge by online original text delivery, e-mail, online real-time answering and other means. Also, It provides services for readers' consultation thousands of times every year, including books, periodicals, dissertations, patent literature, ancient books, family trees.

4. Special Activities

During the process when staffs in the Consultation Department providing consultation services for readers, staffs always summarize common problems at work, categorize the questions being asked frequently, organize special subject lectures given by experts in order to popularize knowledge and answer questions. For example, the law Consultation Month activity of "Face to Face with Lawyers" held in July 2014. Cangzhou Library united with five well-known law firms in the downtown area and provided six law consultation services for citizens free of charge. In order to make consultants gain a better understanding of relevant law and regulation and enhance the effectiveness of the activity, Law Book Display Area was set in the Reference Book Reading Room on the third floor in the library. It also helped readers to search law and regulation and government information on the Internet, as well as recommend some websites related to law in the form of online resource navigation.

After the first Law Consultation Month, many readers still asked for advice on law by phone or on the Internet. Staffs in the Reference Department summarized and integrated the consultation information. Focusing on the het concerns, that is, housing and inheritance dispute, migrant workers' payment default, homestead dispute, real assets dispute, debt dispute, labor contract dispute and other problems, and considering those law firms' expertise fields, the library held the activity with the theme of "Let the Law Knowledge Accompany You—Public Lecture about Law" for five times, which included some practical law knowledge, such as the Marriage law and women's right safeguarding, marriage property dispute, inheritance law, contract law and traffic law. This helped the public have a better understanding of related law and regulation, and answered the questions asked by the audiences. Almost each lecture was prolonged half an hour or an hour so that it could meet the requests of readers to communicate more with lawyers, which was praised by readers.

Section 4

Social Activities—Making Friends over Books

1. Red Sunset Reading Party

The Red Sunset Reading Party is a self-organized reading group for the elderly. It was established in 2000 with 108 members now. The oldest member is 87 years old. Members in the reading party tend to be retired cadres, and some of them are staffs in the post. The daily activities include reading meetings to exchange thought, members' work appreciation meeting editing and publishing personal monographs and selected works. The communication activity is held in the library once a week.

The reading party has held a series of the public reading activities since it was established 14 years ago. It has published ten anthologies such as *The war Years*, *The Sun Never Sets*, *Sing When the Sun Sets* and so forth, among which *The war Years* and *The Sun Never Sets* have been rewarded the first prize and the second prize as one of the social science publications in cangzhou. Members in the party have published 28 monographs and over 1, 000 articles on different levels of newspapers.

They donate books collected or published to the society, and organize a donation activity titled "Donate a book, Send an oasis". On December 15th 2004, the reading party held a symposium and collection display in memory of Mao Zedong's birthday for 110th anniversary. In October 2006, some members in the reading party held public lectures on Chinese knowledge for prisoners in Cangnan Prison. Sixteen members donated more than 200 books and loads of newspaper for Nancun community library in Yunhe District, including literature, science and so on, some of which were collected by the elderly, bought in particular, and written by the elderly themselves. On the Double Ninth Festival of 2012, it held "Red Sunset Poem Recitation" activity, which attracted more than 200 senior citizens to participate in it, and the oldest participant was 85 years old. Some of them let their children bring their works to the activity place because they were unable to walk. The poetry revealed their praises for the nation, feelings about the times they have gone through and some thoughts about the elderly life.

In 2013, in the "Library 'Book club' Outstanding Case Collection Activity" guided by Library Society of China and mainly held by Reading Promotion Committee, the project of "Red Sunset Reading Party" submitted by Cangzhou Library rewarded a second prize, which was the only award for Hebei Province in this activity. In recent years, with the increasingly larger scale of the reading party, it has become a good platform for middle-aged and elderly people to show themselves. This not only recommends books for the society, but also cultivates book lovers' writing enthusiasm.

2. The Large Round Table Reading and Writing Salon

After the new library had been established, the Large Round Table Reading and Writing Salon was a self-organized literature communication activity organized by local writers, writing enthusiasts, the youth who love literature. Special Subject Literature Library about local writers has a wide hall, large orange round table, and curved shelves that present classic works written by local writers. All of these suit the artistic atmosphere of literary salon very well, and establish a platform for literature communication.

In the early days of establishment, members of the salon got together once a month. Without fixed topics and the number of participants, they just talked about reading, writing, their confusions, life, their works, and gained advice from others. And it had theme gradually, including lectures, analysis of works written by single writer or more, new book press conferences, communications about different types of works, thoughts and experiences about reading certain books and stuff like that.

The famous wriiter, Wang Meng, who was born in Cangzhou, came to the library to meet with readers. He wrote two phrases, that is, "Selecting the essence from a large number of materials" and "Long live the poetry", and had a short communication with literature lovers on October 18th, 2013. The Large Round Table Reading and Writing Salon held a poem recitation and research activity on Janaury19th, 2014. People recited poetry created by themselves or other people, and talked about their thoughts about poem creation, such as "the poetry and I", "the freedom for creating poetry", "poetry theme", "poetry language", "poetry and university students" and things like that. Participants opened their minds and expressed their feelings, and were inspired while communicating. On April 17th, Malaysian Chinese female writer Dai Xiaohua, whose native place is Cangzhou, went to Cangzhou Library to attend the donation ceremony with her new book—*Forty years of the Chinese Artist Association—The Development and Innovation of Culture*. During the ceremony, she reviewed her previous visit to hometown, illustrated the aim and process of the new book, and communicated with local writers as well. On May 18th, a seminar about the freedom and spirit of literature was held in the Special Subject Section of Local Writers. Local writers, literature lovers and writers from other places analyzed the ideological connotation, the story frame, plots and some indispensable technical questions of a novelette written by Yang Jianli together. Each of them expressed his or her ideas and pointed out the pros and cons of the novel.

The salon has been held for more than 20 times with over 500 people taking part in, which provides literature lovers a place to communicate.

Section 5

Service for Special People—Serving Whole-heartedly with Love

1. Service for Juveniles

Reading is essential for children. As the English philosopher, Francis Bacon said reading could cultivate characters, so every psychological defect could be made up by wise reading. Children's reading is not only an important means to improve their study ability, develop their intelligence, science spirit and an intact personality, but also a significant channel to eliminate the education gap, make families feel more connected, inherit the ethnic culture, help them gain a better understanding of the society and adapt to it. Cangzhou Library has always laid so much emphasis on service for juveniles. When the new library was designed, it considered the location, function layout at first. Two service areas for children at different ages were set on the northern area on the first floor, which were far away from the adults'reading area, so that it could provide a open, free and exclusive reading area for children.

1.1 The Home of Curious Question Mark

The design of seats in the Infant Service Area (in the children department) is pretty unique. Overlooking from the height, you can see the shapes of "?" and "!", which let children have curiosity while reading and continue to explore until they find the answers. And the name of "The Home of Curious Question Mark" also comes because of that, which is the name of a lecture activity as well. Some preschool education specialists, teachers, parents are engaged in answering parents' questions about education. For example, the lecture serials such as "How to Be Helpful for Children's Reading", "Let Children Love Reading and Bring Happiness with Their Growth", which taught parents how to behave themselves to set examples for their children and develop their reading habits. Lectures about "Good Habits Lead to Good Grades" and "How to Make A Plan for Children's Study" taught parents how to guide their children to master the scientific and effective learning methods; Lectures about "How to Teach Bad-tempered Children", "Are Your Children Happy" analyzed children's behaviors from the psychological perspective, which made parents have better understandings about their children so that much closer parent-child relationships could be built. After the opening of the new library, the lecture has been held more than 30 times with over 2, 000 participants.

1.2 The Dreamy Story Home

The Dream Theater in the infant service area is an attractive place for children. The oceanic blue carpet, walls full of cartoon characters, all kinds of toys, tall banyan trees, a shiny small stage, all of which provide children a space to release their nature and show themselves. Picture books suit children well. Children can have a better understanding of the world by those pictures. They can build their relationships with the world by reading pictures, and walk into the world inside books by acting as characters of the books. As a result, they would fall in love with reading. So the Dreamy Story Home is a place for reading picture books and doing the role-playing. Staffs in the Children Department produce PPTs according to picture books, and display them on the big screen with music, so children are led into the world of these stories to get better appreciation

experiences. After finishing telling stories, there is still a performance. Children volunteer to sign up, put on the costumes and act as roles as characters, animals or plants in the picture books. The performances of children are full of innocence and imagination, some of which completely divorce from the content of picture books. "The Dreamy Story Home" activities have been held for more than 20 times in the new library, which attracted almost 1, 000 children and parents to take part in.

1. 3 Movies

The children department displays movies every week. When it is on holiday such as the Spring Festival, the summer holidays and so on, movies be displayed on seaies. The selected movies include children's films, cartoons, documentaries and so on. For example, classical movies include *Alice in Wonderland*, *Finding Nemo*, *Happy Feet* and so forth. The young readers also can give advice or provide movie resources. After the new library was established for a year and a half, it had palyed different movies over 120 with more than 6, 000 audiences.

1. 4 Teacher Zhou's Hand Workshop

A series of activites, "Teacher Zhou's Hand Workshop", include painting, colored drawing, family's handwork making and other activities, which aims at improving children's observing and hardling ability. Zhou Min, who comes from Kaka Art School, teaches children and parents free of charge. On the new library's opening day (July 1st, 2013), the hand workshop held a scroll painting activity, "Dream Flight", in the outside hall of the Children Service Area on the first floor. Children drew the worlds in their minds on the 100-meter scroll with colorful pens. On the Lantern Festival in 2014, "Parent-Child Lantern Painting Activity" was held. After learning about the origin and customs of the festival, children drew loads of things on the lantern such as a child setting of fireworks, a basket of new year's gifts, loads of gold ingots, many colorful flowers, with the help of their parents. During the summer holidays in 2014, it held handmade activities for children aged 5 to 12 for six times. They painted hats, made wooden mirror by using lightweight clay, pained fans, painted T-shirts, made octopus model, made cartoon photoframes by using clay, painted backpacks and so forth. The painting works exhibitions were held after each activity. Teacher Zhou's Hand Workshop had held over 20 activities with over 2, 000 readers participating by the end of 2014.

1.5 Young Volunteers

Volunteer service is an important part of the public cultural service. As a social public welfare institution, the library recruits volunteers who join to the service and management activity of library, and makes the public gain better understanding of the library's services as well. The young volunteer recruitment gained positive attentions and responses from children and their parents.

In 2008, Cangzhou Library began to recruit "obligated young librarian" to do voluntary work on summer holidays. At that time, Beijing Olympic Games was held, and it was a peak period. The city library sent the announcement about recruiting young volunteers in the *Cangzhou Evening News* and on the library's official website, which attracted more than 100 people to sign up in a week. After selection, 23 students became the volunteers on the summer holidays in 2008, who received clothes with the logo of volunteer and working card provided by the library. At the launch ceremony, 23 volunteers

took a solemn oath: doing what they would do without considering the reward; helping others and serving the society; practicing volunteer spirit and spreading the advanced culture; making contribution to create a interdependent, united, equal, friendly society. From July 12th, these volunteers had worked in over ten positions such as book processing and management, book circulation, newspaper and periodical management, computer management and things like that. They completed work well and were praised by readers. The library rewarded each volunteer a volunteer certificate, and sent the praise letters to their schools in order to express the gratitude for their hard-working.

After the opening of the new library, it always recruits almost 100 young librarians every summer or winter holidays. Those primary or middle school students and sometimes high school students who are between 7 to 18 years old are required. Young librarians aged 7 to 14 years old mainly do the work such as putting books on shelves, answering readers' questions, maintaining the order in the Children Service Area, while librarians aged from 15 to 18 do the same work in Chinese Book Lending and Reading Area, and their positions can be changed according to their willingness and strength. After interviews, those young librarians have to receive vocational training so that they can understand the content and duty of their positions; then, there is professional practice, which is mainly about self-study. They can ask librarians questions they meet during the services at any time to improve their problem-solving ability; the library arranges training about service etiquette on a regular basis in order to improve young librarians' service level and their qualities.

Since the volunteer activity was carried out, there has been more than 380 young readers participating in it, and over 200 volunteers have been rewarded the honorary certificate— "Outstanding Obligated Young Librarian".

2. Service for the Disabled

Compared with the normal people, the disabled need more help provided by the library in terms of having access of information. Cangzhou Library has always thought of the disabled as one of the vital service object. Tt seems that the library opens another window for the disabled in their life by providing special information services and ensures that the disabled can have free and equal access to get services without boundaries.

The new library opened a "Green Channel" for the disabled. Barrier-free elevator, passage and restroom are equipped, and the disabled readers have priority to deal with all the things. It provides the services, including book renewal through phone and the Internet, book delivery free of charge, book donation for the Disabled Library. The new library has organized activities of guiding the disabled to visit the library. They can experience the barrier-free facilities and learn the ways of using the advanced equipment as well. The library put love, care and perseverance into the work for the disabled.

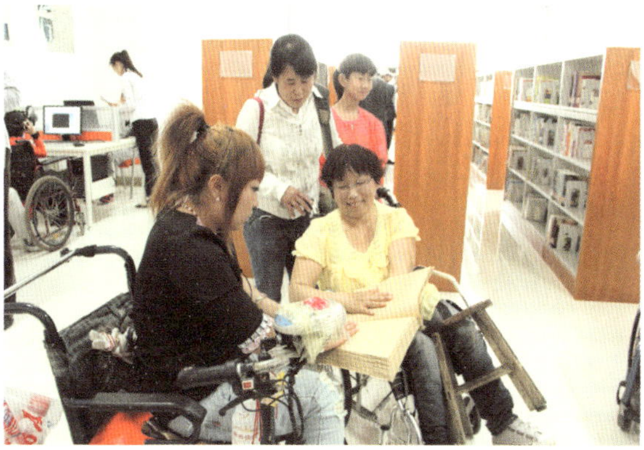

The Service Area for the Disabled is set in the western part on the first floor, which mainly aims at providing reading services for readers who are blind or have low vision. There are 16 seats with 500 braille books, 200 normal books and over 100 audio books equipped, which cover the fields of health care and insurance, literature and art, life law, historical story, psychology and so forth. Besides, the library is equipped with intelligent reading machines, electronic hearing aids, dot displays, audio book devices, braille computers and other devices designed for the blind. Readers who are blind and have low vision can read braille books and normal books, periodicals and digital resources by means of watching, listening, touching with the help of the advanced auxiliary reading equipment.

Cangzhou Library regards the service for the social vulnerable groups as part of the long-term working plan, and broadens channels for carrying out aids. On December 28th

2008, the library selected 300 and more newly published children's books that were worth over 1, 000 yuan in total in particular and donated them to teachers and students of school of the deaf in Cangzhou. It helped to set up a school library under the circumstance of financial strain, which brought much pleasure for the deaf students who were eager for knowledge. From the year 2014, Cangzhou Library has recruited volunteers who read poetry or stories, and then recorded them into CDs. Those CDs were sent to the blind friends, which tried to make them experience the joy of reading just as the normal ones and get their minds nourished.

3. Service for the Old

Cangzhou Library holds loads of public cultural activities and training for the elder readers, which enriches their spiritual and cultural life, and makes them keep learning and

A free computer training activity is held by the library, and the elder readers take up the majority of the learners. It is held twice a month. Librarians who work in the network department are lecturers, teaching readers basic knowledge of computer, management of computer document, way of using working software including "Word", computer virus and network security, online stock trading, online newspaper reading, online shopping, QQ and e-mail using and other frequently used knowledge. The elderly listen to those lessons carefully while operating as well, and take notes with pens now and then. In addition to the centralized training, the Electronic Reading Room also provides free consulting service for them. The elderly can ask staffs questions at any time.

The Music Audio-Visual Room on the second floor sets a shelf pecifically for the elderly, which presents some 1930s-1980s audio and visual materials such as old songs, operas, movies and so on. The elderly can use these advanced high-fidelity audio-visual equipment to watch and listen to their favorite works. The Music Library holds music salon, which attracts loads of elderly music and opera fans to take part in.

4. Service for the Migrant Workers

Migrant worker is a new type of social population emerging during the process of our country's economic construction and urbanization, who mainly works in construction industry, tertiary industry and other labor-intensive industries or industry chains' low-end positions. Their living conditions are not satisfying, for their living standards are low, and they nearly have no form of entertainment but are facing plenty of problems such as employment training, social security and so on. Cangzhou Library provides them and their families with information services and helps them improve their living environment as well.

In May of 2009, the activity "Migrant Workers' Culture Month" was held by Cangzhou Municipal Publicity Department, the City Department of Cultural Affairs, Cangzhou Library and Qunyi Center. On the launching ceremony, the library signed an agreement with Cangzhou Senior Technical School, which was about establishing and managing the branch library in Cangzhou Senior Technical School. Furthermore, the library donated 1, 000 books, 100 kinds of periodicals, a set of satellite receiver used for sharing project and some digital resources to the school. During a month, the city library recommended books, newspapers and periodicals for migrant workers, which included professional technology, psychology, job searching and so forth, enabling them to study at any time and to improve their ability and competitiveness. Meanwhile, brochures about location of the library, the traffic route, collection, service, the value of reading and other contents are distributed in work sites where migrant workers often appear, and exhibitions was held as well.

After the establishment of the new library, for the convenience of employees including migrant workers to study in the library, the city library has set a 24-hour-self-service library and self-returning machines. Library opens at 9: 00 am and closes at 7: 00 pm normally, while it closes at 9: 00 pm during the period between June and October, enabling migrant workers to enjoy more time on reading. The city library has invited migrant workers to participate in the travel to the library, for migrant workers' children have a loose connection with the society. At first, migrant workers visited the new library with narrators' guiding and learned about the function layout, distribution of resources. Then, they came to the Electronic Reading Room to have computer training. And finally, they took part in the activities in the Children Department on the first floor and read digital resources for children. On holidays, many migrant workers' children would like to come to the library to read books, take part in activities, do homework, and some even become the "obligated young librarians". They can enjoy the services provided by the library just like kids at the same age in the city, and serve others at the same time, which makes their parents happy and set their minds at rest.

06

Chapter 6

Read over Four Seasons

Urbanization is a development trend of modern human life which can not be avoided. The real and internal beauty of a city is its quality and taste of its residents, and loads of residents enjoying reading. City libraries further are schools where the public can read during their lives and gain knowledge, and those all kinds of constant and effective reading promotion activities are significant part of the library's business. Cangzhou Library holds various public reading activities in order to promote the awareness of reading, develop reading culture, create a city where reading can become a lifestyle pursued by the public and create a humanistic environment that can promote the cultivation of new culture for the city. Seasons go by, and reading would never stop.

Section 1

Energy of Spring—Changing from Reading

When spring is coming, the weather becomes warm and librarians begin to work busily for a whole new year. The Spring Festival, Lantern Festival, World Reading Day, Service Publicity Week...all of those promote reading among readers in spring.

1. Solving Riddles on Lanterns

Lantern riddle, which is question written on lanterns, is also known as "lantern tiger". Therefore, answering riddles is also called "shooting the lantern tiger". It was a creation on the paper in Qin and Han Dynasties. in Three Kingdoms Period, riddle-solving game became famous gradually. people had tied puzzle pieces to colorful lanterns for other people to figure out since the Song Dynasty. This has remained popular for a long time even until today.

From 1999, the city library continued to provide services on the Spring Festival as usual. On the first day of a year, the library curator says "Happy New Year" with librarians to every reader who comes to the library. The library also holds lantern riddle-solving games every year, which always lasts for two days, with thousands of puzzle pieces hung or placed on the wall, covering the fields of literature, science, idioms, animals, plants, astronomy, geography,

celebrities and so on. Readers can gain awards according to the lantern riddles that are figured out. At the very start, the library asked companies for providing financial supports. But as the activity being much more famous and influential, companies began to fund it initiatively. There have been more than 200, 000 residents taking part in these activities over the fifteen years. Many people have developed the habit of reading when participating in these games.

2. World Reading Day

Every year on April 23rd, Cangzhou Library holds all kinds of activities, such as primary and middle school students' reading report meeting, speech contest, knowledge competition about family's collection, poetry recitation activity and so on. In recent years, especially after the new library being opened, activities held by the library increased a lot.

On the World Reading Day in 2014, Cangzhou Library and Cangzhou Recitation Club held a special poetry recitation activity of a poet, A Zi, with the theme about "Life is Like Poetry", which attracted more than 300 people to participate in. The recitation was divided into three chapters, including natural affection, feelings about life, cherishing life. The members in the recitation club recited some works written by A Zi with enthusiasm, leading audience to walk into the world of poem. When listened to some moving poetry, many audiences burst into tears. A Zi communicated with poem lovers about poetry creation and shared her thoughts about life.

During the week after the World Reading Day, the library also held good books recommendation, introduction of its official We Chat platform, field movie display— "Books in the Movie", reading promotion activity for community, digital resource searching competition and other activities, which attracted more than 3, 000 readers.

3. Service Publicizing Month

In the publiczing month every year, Cangzhou Library provides its services to rural and urban areas for different social classes by holding public lectures, cultural exhibitions, movie displays, reader surveys, special services.

From May 26th to June 1st in 2014, it was "Library Service Bublicizing month". The library held a science report as well as the expert's workstation inauguration ceremony. Lu Longhua, who came from Chinese Academy of Meteorological Sciences, was invited to make a speech about *Fog, Haze and Air Pollution*. In the over one-hour speech, Lu Longhua explained the definition of fog, haze and PM2. 5, and their characteristic and harm of the air pollution. He pointed out that fog and haze were only two weather phenomenon, both in ancient or modern times. Therefore, what we had to deal with was pollution rather than haze. He also introduced some successful cases about air pollution treatment, and told audiences that as the public, how to cooperate with the government for preventing air pollution and protecting the environment. At the end of the lecture, Lu Longhua answered audiences' questions about how to protect the environment of the South Pole and the North Pole, the effects of using air purifiers and so forth.

During the period, the library also held a series of activities, including services for community, traditional culture gathering about Dragon Boat Festival, movie playing activity, book recommendation activity, and the Open Technology Experience Area, which attracted more than 20, 000 readers in total.

Section 2

Coolness of Summer—Let Books Accompany You During Summer

The hot summer makes more citizens choose to spend their leisure time in the library. Cangzhou Library plans all kinds of reading activities every summer holiday to accompany readers and provide them a cool and meaningful vacation.

1. All Kinds of Children Activities

The summer in 2014 was pretty hot, so many children came to the library in order to relieve heat. The children department set up book shelves recommending classic works for over one hundred kinds. Every Sunday afternoon, eight classics (*Ice Age*, *Bo Lulu Snow Adventure*, *The Adventure of Sinbad*, *Charlie and the Chocolate Factory* and so forth) were on by the library. The story room held activities about "Carmela Series" which attracted more than 200 children and their parents to participate in it. 42 young volunteers were recruited and 8 volunteers among them received letters of praise from the library.

The children department also holds butterfly exhibition, activities provided for kids to learn science knowledge, stamp-collecting class, etiquette training class for children, picture books reading activity and so on, which made children have cool, happy and rewarding vacation in the library.

2. Lecture, Computer, Classic, Face-to-Face Talk with Lawyer

In the summer vacation in 2014, the library hold lectures for nine times, among which the lecture entitled *Everything about Mo Yan*, *Being Helpful for children's reading*, *Parent-Child Stamp-Collecting Class*, *Keywords for Growing* aroused many readers' attention, and all the seats were full. At the same time, in order to help elderly readers, migrant workers and people from economically disadvantaged families adapt to the Internet age better, the library held two computer training classes during these holiday, which attracted more than 100 readers to take part in.

Márquez, the representative of magic realism literary and Nobel Prize winner, died in April of 2014. In memory of this outstanding writer, the activity entitled "Infinite Possibility of Literature—Márquez's Works Promotion Week" during the period from July 28th to August3rd. During this period, some activities were held including Márquez's works recommendation, playing classic movies, famous writer's lectures and things like that. The library collected 8 works written by Márquez, and played the movie adapted by the original work *Love in the Time of Cholera* for 4 times, which made readers have the chance to appreciate the charm of Márquez's works.

From July 26th to August 30th, the library held activity about "Having a Face-to-Face Talk with Lawyers—the Law Consulting Month" every Saturday morning. Lawyers from famous local law firms were invited and answered questions asked by readers. The reference book reading room set up a special area of books about law for consultants and lawyers. In addition, some reading promotion activities were held, such as family education, tourism, weapon, Chinese good books and so on. There were more than 80 activities during that time over all.

In the summer vacation in 2014, the library served 800 thousand readers totally.

3. Yan Zhao (Shicheng) Children Reading Activity

A series of reading activities for children in Hebei Province were held by Cultural Department of Hebei Province, Provincial Education Department, Youth League Committee of Hebei Province and assisted by the Library Associate of Hebei Province and public libraries in

Hebei Province, which were some of the well-known reading activities in the province. Since the year 2004, it has lasted for a decade.

The activities have different themes during the 10-year period, holding over 100 promotion activities for school students in urban and, which attracted more than 300 thousand teenagers to take part in. And each year, there are over 100 participants receiving rewards in the provincial activities, making it the city that has one of the largest numbers of winners among 11 cities and districts.

The 2014 Yan Zhao (Shicheng) children reading activity began in June, with the theme of "Appreciate the Flavor of the City and Love It". During the 4-month period, good works exhibition, good articles recommendation activity, photograph exhibition, history knowledge of Hebei Province competition and other activities were carried out, and a original poem reciting activity was held, too. This reciting activity attracted more than 10 thousand teenagers to take part in, creating a good atmosphere for children to read and improved these students' ideological and moral quality and scientific and cultural quality. The activity "Attached to Shicheng, Moved by Songs", was received the prize of creative special reading activity in 2014.

Section 3

Beauty of Autumn—Enjoy the City Reading Feast

People can know the autumn is coming when they see the leaves, and trees with a large number of various fruits. The city library holds "The Reading Festival" and "The Reading Month" in autumn, which are the most important activities throughout the year and the city's cultural feast.

1. The Reading Festival

In 2000, Cangzhou Library held the first Reading Festival, which included opening ceremony, thousands of people giving their autographs, reading knowledge competition, special collections exhibition, Tang and Song's poetry appreciation, public lecture about modern biology technology, traditional poem reciting competition, the establishment of "Red Sunset" reading club, donation ceremony, technology books and information-sending for rural areas activity, essay writing with the theme of "The library and I", good reading works selecting and reporting activity. The seminars about almost 30 readers' activities including the discussion about the poetry collection, *Sublime Words*, attracted more than 50 thousand readers to take part in. The library helped readers cope with all kinds of reading cards for more than 500. Meanwhile, *Cangzhou Daily News*, *Cangzhou Evening News*, Cangzhou television station, Cangzhou radio station reported all kinds of these activities and released more than 30 pieces of reports, over 10 pictures, 8 pieces of news and the special documentary The View of Shicheng was broadcasted on Hebei TV channel. The first Reading Festival was also regarded as one of the top ten news in that year by *Cangzhou*

Evening News.

The city library helped to hold the second festival in 2003. During the one month period, more than 80 thousand readers were attracted to participate in. With the theme of "Advocating Public Reading and Building a Learning Society", this festival aimed at improving citizens' ideological and moral quality and scientific and cultural quality. Cangzhou reading forum, the photograph exhibition entitled *Library—the Lifelong School for the Public*, personal collection exhibition, red collection exhibition, library knowledge competition for all kinds of groups, family and so forth, English opera competition for school students, good newspaper- and book-sending into home activity, classic mandarin reciting and other activities reaching 38 kinds in total.

In 2006, the city library helped to hold the third Reading Festival. There were a large variety of activities, such as the donation activity aimed at "Paying More Attention for Disadvantaged Groups", public lectures about Chinese ancient civilization, book exhibition in celebration of National Day, good films display, speech contest for school students, text-book drama performance and competition for school students in Cangzhou and other activities reaching 16 kinds in total, which were 60 kinds if sorted out much more carefully. These activities attracted more than 90 thousand people. The festival in that year was known for its broad anticipation and unique creativity, becoming a significant feast to improve citizens' cultural quality.

2. The Reading Month

The Reading Month has been held in the year 2001, 2002, 2004, 2013, 2014 for five times in total. After the new library was established in 2013, all the advanced facilities were made full use of. In that year, the activities attracted more than 400 thousand readers, so the Reading Month has become an annual activity since then.

2.1　The Brief Introduction of the 2013 Reading Month

With the theme of "Creating A Scholarly City, Establishing Our Spirit Home", this Reading Month held activities, such as meet-and-greet with Wang Meng, reading garden party in the National Day, reading knowledge competition for college students in the city, "The Story of the Library and I" essay writing activity, good books recommendation, Chinese character writing activity, classic reciting activity with the theme of "Reading Beautiful Ancient Articles, Be a Good Man", campus drama performance, photography contest for the youth, "Charming Family" show and other over 60 activities in total out of 22 kinds.

2.1.1　Scholar Coming Back Home

The meet-and-greet with Wang Meng is the most appealing and popular activity for readers. Wang Meng is of Nanpi County, Cangzhou City descent. Born in 1934 in Beijing, he is a Chinese writer and scholar. He brought his new work—*Wang Meng's Autobiography in His Eighties* to these meet-and-greets. During the meeting, Wang Meng said he was impressed by the new appearance of Cangzhou after the 6-year interval. He thought it was great that people had better living standards and became more opened for the outside world, and the establishment of the new library and the Reading Month showed more attention on cultural undertakings showed by the city government, which was really exciting. In addition, he mentioned his affection for his hometown, although he did not study in Cangzhou, but he the spirit of Cangzhou people. Nourished by the Great Chanel, he could not forget the elegy of Zhaoyan. Sharing his 80-year life experience and feelings, including his gratitude and affection of Cangzhou, Wang Meng talked with a relaxed mood and was a fast thinker. He talked with the youth about youthfulness and life just like their friends and the local slangs said now and then out of his mouth aroused the constant applause of the audience.

2. 1. 2 Reading Beautiful Ancient Articles, Be a Good Man

In order to activate the youth to read, put emphasis on reading and improve the enthusiasm and interest, schools in city or counties held classic reciting activities during the Reading Month. After a series of selections, eleven performances were given in the library. On the stage, performers from different schools wore superb costumes with the screen playing some films, recited some Chinese classic works, such as *Young China*, *Azolla*, *The Rhyme of Spring*, *Long Grass*, *Jian Jia*, *The Poem of Mao*, *Three Character Primer*, which revealed children's appreciation for these works.

2. 1. 3 The Reading Garden Party in National Day

The number of readers increased dramatically during the National Day, and garden party was a new form. The film hall was arranged to play some classic movies, which attracted more than 3, 000 audiences during the 7-day period. In the Children Service Area, Art Literature Lending Area, Natural Science and Social Science Lending Area, display boards and cards about book review are set. The library invited readers to give sentence-length comments about their favorite books, with more than 100 comments received during the activity. Readers whose comments were selected and published on the website got a small gift; the library also selected the most popular books and magazines through the retrieval system, and then made a list to readers so that good works could be shared. 10 readers who read the largest number of books during that period were praised and awarded.

2. 1. 4 Chinese Characters Writing Activity

During the Reading Month, the Chinese character writing activity was held by the propaganda section of Cangzhou, Bureau of Culture of Cangzhou, Municipal Civilization Office, the Education Department of Cangzhou, assisted by the City Library in Cangzhou.

This activity catered for the "Common Standard Chinese Characters Table", which acted as a standard platform for the competition. This activity made the youth experience the broad and profound cultural connotation by spreading mandarin and standard Chinese characters.

The participants were divided into two groups, which were middle school students and primary school students group. At first, all the schools organized the competition themselves, distributed the test papers (including 100 different levels) to students and selected three winners as official candidates to take part in the final competition. After a series of collection, students from 31 schools ran into the final game, including 27 teams from primary schools and 4 teams from the middle schools. After heated competition, these 31 teams were awarded the first, second and third prizes respectively and 18 students received the prize of "The Hero of Chinese Character".

2.2 The Brief Introduction of 2014 Reading Month Activity

In 2014, the Reading Month was started on September 27th in the city library with the theme of "Life Is Nourished by Books, Dream Is Achieved by Reading". Based on the principles of the city government about cooperation between counties in Cangzhou, the organizers, 11 constitutions, such as the Propaganda Section of Cangzhou, Bureau of Culture of Cangzhou, Municipal Civilization Office, the Education Department of Cangzhou, Women's Federation of Cangzhou, cooperated with each other. And with the help of the City Library and the Cangzhou Library Society, over 70 activities out of 16 major topics were held, arousing a huge climax of reading among the public.

During the one-month period, all kinds of reading promotion activities were held, including original poetry reciting competition, book recommendation, the visit to Cangzhou Library, children drama performance, photograph exhibition and things like that. More than 300 thousand readers took part in those activities.

2.2.1 The Original Poetry Reciting Activity

13 students from municipal or county-level primary or middle schools took part in these activities. They recited poem with deep emotion to express their affections for the city, which was really touching. Among them, *Song of the Hometown*recitedby the Experimental Primary School of Cangzhou, *The Beautiful Campus, the Cradle for My Growth* by the experimental primary school of Boyang, *I Would Like* by the Huaxi Primary School of Huaxi City and other three performances revealed the affections of those kids for their hometown, getting a resounding round of applause.

2.2.2 The Reading Knowledge Competition for College Students

In order to broaden college students' views and promote their positivity towards reading, during the Reading Month, as the organizers, the propaganda section of Cangzhou, Bureau of Culture of Cangzhou, Municipal Civilization Office, the Education Department of Cangzhou, Youth League Committee jointly held a knowledge competition, helped by the city library and library society. The final competition was divided into four parts, which were "required questions for individual", "required questions for groups", "quick responses question" and "risk questions", covering a large range of fields such as life, IT, literature, sports, and Internet. These questions were pretty close to our daily life. Five teams showed themselves in the activity. After fierce competition, the team of Cangzhou Normal University won the first prize, and the team of Beijing Jiaotong University and Hebei Engineering and

Techical College won the second prize, while team of Cangzhou Medical College and Cangzhou Technical College ranked third together. This activity not only made college students experience the joy of competition, but also helped them increase their knowledge and improve comprehensive quality including cultural quality.

2. 2. 3 The Reading Promotion Activity

The Science Literature Reading Promotion Week

As an old scientist, Xu Wenyao, a deputy head of lecture group in the Chinese Academy of Science, was the keynote speaker. This lecture attracted more than 300 readers, The natural science and socialscience area, the newspaper service area recommended over 500 kinds of science literature. The technology interactive experience area was formally opened to reader, which made children experience the mystery and interest of science.

The Reading Promotion Week for Early Childhood Education

The city library invited the famous expert on early education, Yue Meng, to make a speech about "Let Children Love Reading, and Let Happiness Accompany Their Growth". Four lectures were held in three public kindergartens and library, which attracted more than 700 parents and friends to take part in. During the activity, the library sent 30 families gift packages.

The library established a story selection activity for all the kindergartens in the city. 21 children who ran into the final competition selected some well-known stories to complete their performances. After the final marks for these children were given by the judges, the winners were selected, who got the certificates and prizes finally.

During the Reading Month, the Children Department also held a training class, the mental health consultation for children, picture book exhibition, hand-made work exhibition in order to help more families to conduct child-parent reading activities and promoted children's early reading interest and ability.

The Healthy Reading Promotion Week

Doctor Li Ling, who is an associate professor specializing in psychology in Liaoning Normal University and a member of Chinese Psychological Society gave a lecture about Happiness—Ture China Dream in Your Mind. Her speech was around several aspects including the perspective of psychology, the happiness map of world, Mona Lisa's happiness index, how to be happy, being grateful for your growth and stuff like that. More than 300 audiences did the finger exercise on the spot, and asked Professor Li questions through handing in pieces of paper. Also, the Natural Science and Social Science Document Service Area recommended over 200 books about psychology.

The Classic Opera Work Reading Promotion Week

Zhao Jingchun, who is an associate professor in Cangzhou Normal University had a speech about appreciation for the classic, *The Tea House*. During the speech, she analyzed some plots in this classic opera, the personalities of characters and the life of the writer, Lao She. Based on five aspects including artistic conception, the structure of opera, language, background and the impact of this work, she pointed out that this opera revealed the unique hundred ways of world and the misery lives of unimportant persons. She led the audience into the world of classic to appreciate its artistic charm. Literature and opera lovers came from all over the city participated in the lecture.

During the week, Cangzhou Library set some classic opera works display shelves in the area of children service, Chinese book lending area and newspaper lending area, and recommended books by posters inside the library, digital screen, website and the WeChat platform. At the same time, some movies adapted from opera with the same names were played in the music hall on the second floor, such as *Thunderstorm*, *The Tea House* and *Hamlet*. And the knowledge competition about classic opera was held in the official website and WeChat platform. Ten lucky readers who hed the highest rate of correction of the questions were awarded decent gifts.

2.2.4 Religious Cangzhou People

Bai Yansheng, born in Huanghua County, Cangzhou City, who graduated from the Chinese Language and Literature in Hebei University, and worked in Baoding TV station, Hebei Province TV Station, Central TV Station, Hong Kong TV Station in a row and has been the reporter, director, hostess, producer, even the vice head. In 2001, he was awarded the prize of "Golden Mike". The news about Bai yansheng was going to have a speech published on the *Cangzhou Evening News*, which aroused great enthusiasm of readers of all walks in the society, and the number of readers who made reservations through the phone or came to the library to get tickets was large.

Bai yansheng started the lecture with her favorite literature work *Life Like a String*. he talked about the broad and profound Chinese traditional culture and expressed an old artist's respect for the stage and art and his self-cultivation in mind. he also mentioned his thoughts of life and art and the importance of absorbing essences from Chinese traditional culture. he said that the rapid development of economy must be based on culture, and everyone should have a relief that can be pursued all his or her life. After the lecture, there was signing promotion of his new book, *The Raised Curtain*, which attracted more than 200 readers.

2.2.5 Story-telling Session about Moving Anecdotes

In recent years, the city government tried hard to create a harmonious city and disseminate some moving deeds about ordinary people. The story-telling session used the form of "reality show", introducing 6 citizens' touching stories by short operas.

These story-tellers introduced stories about Wang Hongxin, a police who paid lots of attention to troubled juveniles and helped the poor selflessly. Zhou Ruzhen, a director of the Old People's Home in Qing County, who looked after the elderly for decades; the collector, Zhang Changsheng, who donated over 20 airplanes; Zhao Chunmei, who looked after her husband, parents-in-law and brother-in-law carefully without any complaint; Lu Xiqing, who carried his disabled classmate to school for seven years; Xie Qingjie, known as "Lei Feng Grandma", who did good things all her life. Some of these good guys and their relatives or neighbours came to the scene, expressing their feelings in simple words. The audiences on the spot were moved by their love.

During the 2014 Reading Month, reading promotion activities were held in all the counties of the city. Botou City held the new book recommendation activity, "King of Story-telling" competition, collection of photographic works; Huanghua City held some activities including beautiful articles recommendation, photo exhibition and so on; Xian County held the "Great Road of Renaissance and Make the China Dream Come True" photo exhibition; Dongguang County displayed some classic movies, children drama experience activities and so forth, which were praised by a large number of readers.

Section 4

Warmth of Winter—Reading Makes Heart Warm

In winter everywhere is silver-coated, but in the library, people would fell warm because of all kinds of activities provided by the library.

During the period of New Year's Day in 2015, readers who were movie-lovers came to the film hall on the basement level one to watch movies adapted by classic novels, including *Pride and Prejudice*, *Cinderella*, *Les Miserables*, *In the World*, *Alice in Wonderland*, *the Ture Story of Ah Q*, and borrowed the original books from the shelves in the literature book lending area to experience the charm of reading as well. Readers aged over 18 years old could get their ID cards registered and then had access of the Internet for two hours in the digital resources area on the third floor. The longer using-hour could be applied for if there were seats available, which met the need of readers without lending cards. More than 200 people browsed the digital materials including agriculture information with 200GB and resources related to Beijing Opera with 200GB as well-From January 1st to February 28th, the photo exhibition of the general, Zhang Zhonghan, was held in the special section of the library. The Classic works reading CDs giving-away activity and other activities were held at the same time.

On January 1st, the Children Department displayed two classic movies, *Alice in*

Wonderland and *Karigurashi no arietti*. The collection activity of "The Most Beautiful Smiling Face" attracted readers to send photos with smiling faces to the library. No more than 300 words could be used to describe the photo and tell the stories behind those photos. The photos were selected and displayed in the Children Department, and the owners of these photos got a gift. Many children and their parents spent all the day in the library to enjoy the good time of child-parent reading.

During the period of New Year's Day in 2015, Cangzhou Library helped to finish more than 300 reader cards apply procedure and served over 30 thousand readers.

07

Chapter 7

The Public Culture Service System of Cangzhou Library

Section 1

Construction of Central Library and Central & Branch Library — Urban and Rural Residents Share Equal Cultural Rights

The goal of the public library service system is to establish reasonable structure, promote balanced development, stable network, conduct works efficiently, provide good services, and protect the basic rights of public cultural activities including reading.

Cangzhou has set two districts, Xinhua and Yunhe, administering Huanghua, Renqiu, Botou, Hejian City and 10 counties, such as Cang County and Qing County, as well as Cangzhou Bohai Hew District, Cangzhou Economic Development Zone, Cangzhou High-Tech Industrial Development Zone. With a population of 7.2 million, Cangzhou covers an area of 140 thousand square kilometers, and in the urban area, the area is 33 thousand square kilometers with 780-thousand people. As a municipal public library, Cangzhou Library acts as the local central library, which is responsible for loads of services, such as professional guidance, coordination for county-level libraries.

Because of many historical reasons, the establishment of Cangzhou public library service system was late. In 2008, Cangzhou had the first community library, which was the beginning to explore the way of building the service system. Based on the Library Society, the City Library fulfilled its function of coordination and cooperation, promoted inter-library business interaction, went down to the basic units to give guidance and do investigation, held all kinds of training courses. Also, it put emphasis on the construction of Central

Library and Central and Branch Library and its extended services. After several-year efforts, the effect of construction was revealed, and the basic frame of two-level library was set.

As the central library, Cangzhou Library is responsible for all the business activities in both of the county and city libraries.

①According to the requirements of the principle of Central Library and Central & Branch Library, formulating and organizing the implement of the plan of central & branch library long-term development and the short-term working plan; ② Formulating the standards and principles of business works in both county and city libraries; ③ Organizing collective purchase, centralized cataloging, free interlibrary loan, establishment of digital resource database, resource sharing and so on; ④ Establishing the centralized information platform online, providing the technique support and maintenance of CIMS and network system;

⑤ Organizing a centralized bibliographic query system to improve the function of information reserve and access between the central library and county-level libraries; ⑥ Setting up a document delivery system to ensure that the delivery between libraries is proper and meet the need of readers to a maximum extent; ⑦ Providing online consulting service, answering the questions asked by readers and librarians; ⑧ Providing training for staffs in city library or county libraries and doing regular assessment.

The county libraries in Botou, Huanghua, Renqiu and Xian County are authorized by the Cangzhou Library, and the cooperative cataloging, interlibrary loan, free interlibrary loan, library collection sharing are all realized as well as the software configuration in county libraries. In order to make staffs command the usage of managing software, the library held a training class aiming at INTERLIB system in March in 2014. The class introduced the operation and daily maintenance of the INTERLIB system, which greatly improved the knowledge and professional abilities of the librarians. In late May, the library organized some of the librarians to take part in the seminar held by the Library Society of China about "New-style Urbanization and Library Service System Construction", studied the advanced ideas of construction of library service system and made research about the principles of central & branch library.

In the urban area, the library began to establish the central & branch library principle in 2008. The county libraries were responsible for providing place, equipment, staff, and daily service and management, while the central library was in charge of document delivery and professional guidance, which made it a normalized management form to provide decent document and information service.

Cangzhou Library regards "Extending the Public Cultural Service" as an important issue, that is, realizing the over planning and dynamic management of document and building branch library in company, troop, school and university, community that have enough hardware facilities and management conditions. 6 branch libraries were built in Puyuan, Xinyi, Weikang Community and Cangzhou Advanced Technical College. 18 service sides were set in air force stationed in Cangzhou Sector, Cangnan Prison, the Old People's House and other organizations or institutions. 10 rural libraries were built. The library cooperated with the Propaganda Section of Cangzhou and Disabled Person's Federation, building the first constitution library and a reading room for blind people. These measures made the library service extend to everywhere in the society and 15 thousand books are changed each year.

The city library provides readers with scarce resources and improves the service by combined bibliography and free interlibrary loan. On May 26th, 2015, Cangzhou Library used the 200-square-meter house standing at the street provided by Zhongding Culture Communication Limited Company to act as a branch library. The library was set lending area, reading promotion area, new technology experience area, equipped with self-help borrowing and returning, digital book lending, digital newspaper reading, reading guidance, digital retrieval, RFID access control, librarian's work station and other advanced devices. 10 thousand books were collected and realized the free interlibrary loan with the central library and network coverage of the whole library. Prevention decay wood was decorated from the platform to the wall as well as the book shelves and seats, achieving the unity and perfection of European-style wooden house decoration. Situated in one side of the main road in downtown area, this library was fully funded by the city library as a branch library providing citizens with free services. With the large number of readers and good social benefits, this near-street branch library was the first to be built, which set a good example.

Section 2

"Sharing Project" Center in Cangzhou—Spreading Innovative Cultural Resources

In 2002, "The Cultural Information Resources Sharing Project" was conducted by the Culture Department and Financial Department of Cangzhou. The project was started in the year 2004 in Cangzhou, and the center was set in the city library (The name was changed into Cangzhou Supportive Center in 2007). 220 thousand yuan were invested and over 20 PS machines, one server, 240 exchange boards, projector equipment, the third-level satellite station, seats and chairs were installed. In June, 2015, the center was expanded with one IBM server, four Wanfang computers being increased, making the server's memory space change from 100G to 400G. 9 primary centers were set in Botou, Hejian, Renqiu, Huanghua, Mengcun, Jiaohe, Xindian, Liangzhao, Gouzhuang, and a service side was set in the Fourteenth Middle School. In the late 2006, 51 primary centers or service sides were established all over the city and counties. There had been one municipal center, 16 county-level centers, 4,823 primary service sides until the late 2014, which comprised the four-level (city, county, village, town) network of Cangzhou culture, information and resources sharing center.

1. Management and Construction of Team

The team of sharing project in Cangzhou has established the document of complete utilization of sharing project, ensuring those who are in charge of every center and primary service side and make records in daily life so that they can hand in materials about the process. *The Principles of Sharing Project County-level Centers*and *The Principle of Primary Service Sides' Working* are set to formulate the working process. Meanwhile, those county-level centers and primary service sides are responsible for updating resources, technology maintenance, employee training and performance evaluation. The sharing project has established a professional team with 4, 000 people based on all the county-level libraries and culture service stations until the late 2014.

2. The Training Work

The center has in Cangzhou used all kinds of means, such as vocational training, door to door tutorship, distance guidance to improve the training for technicians in primary sides according to the "Hubei Province Training Course of the Cultural Information Resources Sharing Project". In recent years, in order to improve service, the central center has organized some important professionals to Tianjin, Tangshan to visit and learn the advanced service concept and means.

3. The Construction of Resources

The center cooperates with public libraries, museums, art institutes to establish the union catalog of cultural and information resources, and collects local literature of Cangzhou, literature about the Great Channel, martial arts and other special topics. And a special information database of Cangzhou is established.

4. The Service about Farming for Farmers

The center sets up column aiming at recommending good resources of the sharing project in the reading room, which introduces lectures, science knowledge, law, agriculture and other resources for readers and makes it easier for them to search. It puts much emphasis on the collection and arrangement of the information, and finds out the needs of the public, downloads the latest information that help to solve practical problems about cultivation and feeding. It is reported that all levels of centers have downloaded more than 100, 000-word relevant information, and then have printed them and distributed to villagers since 2015.

The activity of sending science and technology lectures to the countryside is another measure. With the cooperation of primary centers, the central center has held some lectures about "Pest of Pear Tree Control", "How to Plant Pear Trees", "How to Develop a Healthy Lifestyle", "The Cultivation Techniques of Fruit Trees", "The Identification of Seeds" and other topics, spreading science knowledge to the farmlands to meet the needs of farmers.

The centralized deployment of the central centers and county-level centers is based on the practical situation. Facing up to the grass-root unit, they hold many forms of service activities for the benefit of the public, including "Classic Movies Display on the Spring Festival and the Lantern Festival", "Lectures about Becoming Rich by Technology", "Following Me to Sing the Spring Festival's Opera" and things like that.

5. The Propaganda and Promotion Activity

All centers make full use of the equipment and resources of sharing project and all kinds of media, hold a wide variety of promotion activities based on the local conditions. For example, holding public lecture online every Sunday and introducing lectures about "Interpretation of Modern Folklore", "Interpretation of Traditional Classic of Culture", "Successful Parenting Methods", "Cai Lixu's Talk about Chinese National Culture", "Scientific Social Development View and Harmonious Society".

At the same time, aiming at the important group of the teenagers, all kinds of activities are held in the library on a regular basis, and the central center also cooperates with the education department and the physics commission, holding activities in schools in order to guide the youth to pay attention to and make use of the sharing project.

Currently, the memory space of the system is 131TB, with 26 application servers and 150M network bandwidth. The resources that are opened for the public through websites of centers and client terminals are over 45TB.

Section 3

Library Society of Cangzhou—Bridge of the City Libraries

In November 1988, Cangzhou Library, as the main member, established the first society in Hebei Province—Cangzhou Library Society (CLS). The competent organization of the society is Cangzhou Culture Press and Publishing Bureau. Subordinated to the Cangzhou Library, the office of the society is set inside the library. Guided by Federation of Humanities and Social Sciences of Cangzhou, Library Society of Hubei Province, the society is supervised and managed by the Bureau of Civil Affairs of Cangzhou Municipality. There are 27 member units and over 300 members now. The society sets some subordinate departments, including secretariat, academic board and the edition department of *Library of Shicheng City*.

The main business scope of the society is to organize academic research, carry out academic communication, edit and publish journals and professional materials of library science, introduce and evaluate the academic results of this field, provide members and librarians opportunities of further education and training, spread basic knowledge of library science, the advanced technology, find and recommend talented, provide consulting services for the important decisions about Cangzhou's economic construction and social development.

Since the Cangzhou Library Society was established 24 years ago, it has insisted on the policy of "letting all kinds of flowers blossom and contentions of all kinds of schools compete", adhered to the fashion of "respect knowledge and respect talent", advocated the spirit of dedication, innovation, pragmatism and operation, the principle of independent and democracy, obeyed the society regulation, continued to expand the team scale, cooperated with all levels of libraries in the city, actively carried out academic communication and research, promoted interlibrary cooperation and coordination, held various types of business training courses, and organized reading promotion activities for different forms of organization as well.

The society holds the annual meeting for curators of county-level libraries every year and irregularly invites well-known experts and scholars of library science to give some high level academic seminars. It successfully hosted the joint meeting for curators of public libraries in Hebei Province in 1999 and 2010. And in 2000 it successfully hosted the Hubei Province Library Society Seminar on local literature Works, In 2008, it held a series of activities in memory of the twenty anniversary of the establishment of society. Since 2005, it has hosted the annual reading activities for the youth in Shicheng every year. From 2000 to 2006, the first to the third Cangzhou Reading Festival were successfully hosted, and therefore won the the ninth Service Award, In 2013, it successfully hosted the annual meeting of the Library Society of Hebei Province. As a result of outstanding achievements, the society has been awarded the prize of National Advanced Society of Large and Medium Cities for two times and has been awarded as an outstanding society by the Hebei Provincial Library Society and the Federation of Humanities and Social Sciences.

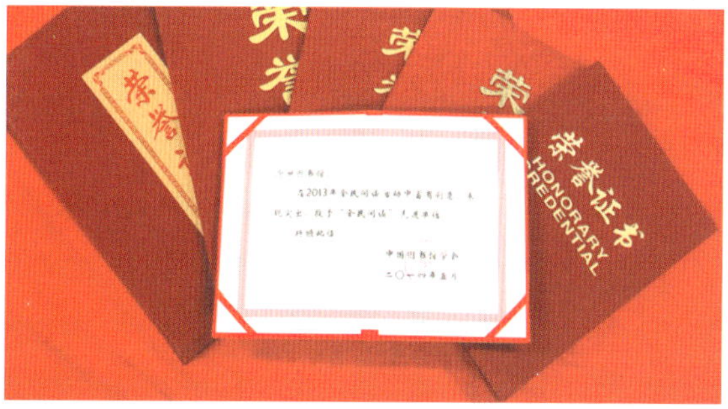

1. Conducting Academic Research and Expanding Foreign Exchanges

The society pays great attention to the development of academic research, and every year it organizes seminars and academic exchange activities of different topics.

1.1 Organizing Members to Participate in National and Provincial Academic Exchange Activities

The society advocates actively its members to participate in the annual meeting of the society and the essay writing activities held by Hebei Province Library Society with plenty of prizes being received over 10 years. In 2013, three papers won the first, second and third prize of the annual meeting of the society respectively. And in 2014, another paper won the second prize as well. In 2014 annual meeting, "Cangzhou City 2014 Reading Month" won the second prize in the first service innovation competition, and got the third prize in the competition of "Innovative Case of Music Library Service". Meanwhile, the society organized its members to take part in annual meeting of the Library Society, Chinese community, the forum of "One Hundred Curators of County-level Libraries" and other series of high-end academic exchange activities. The papers written by its members have received a number of different levels of awards.

In October 2011, Cangzhou Library Society, the city library and some counties (cities) libraries participated in the edition of *The Catalog about Local Literature in the City Library*, which was published by Chinese Water Resources and Hydropower Publishing House. The book incorporated local literature collected by libraries of Cangzhou, Botou, Renqiu, Huanghua, Hejian, Nanpi, Wuqiao, recorded according to the Standard Literature Description Principle, and added the summary, which made it become the first book draft reflecting the local literature construction achievements of all levels of public libraries in Cangzhou, and a bibliography recording the historical and cultural development of Cangzhou with historical and academic value.

In 2012, the library society of applied for two municipal projects, one of which was the key project "The Research of Cangzhou Celebrity Ji Xiaolan Research" and the other was a general one "The University Libraries and the Public Cultural Service System Construction".

In June 2014, part of members attended the fourteenth seminar of library society held in Nanning City, Guangxi Province. From September 24th to 27th, some key staffs were selected to participate in the fifth national seminar about literature reporting work in Tianjin. From October 10th to the 12th, part of the members participated in the 2014 annual meeting held in Beijing, and Cangzhou Library obtained the honorary title of the "National Reading Advanced Institution & Organiztion". On October 12th, the chairman of the society led a team to the annual reading meeting of the publishing circle and reading circle, communicated with the peer in culture circle about reading promotion activities. The case sent by Cangzhou Library about " Infinite Possibilities of Literature — Reading Promotion Week of Márquez's Works" won the second prize. In September, some of the members participated in the activity of " China Library Society 2014 National Reading Promotion Meeting and Launching Ceremony the Training Activity" held in Changshu in Jiangsu Province.

1.2 Conducting the Vocational Training, Organiing Visits to Study

After the library society of the city library was established, it has put much emphasis on the vocational training for members, especially in recent ten years. The society organizes members to participate in national, provincial training class every year, and writes its own teaching materials, which increase the professional skills of staffs in Cangzhou Library.

In May 2011, the society organized some of staffs from the member libraries to attend the training class held by Library Society of Hubei Province, during which they learned the basic information about the revised version of Chinese Library Classification, including classification system and classification rules and examples of them, the web version of Classified Chinese Thesaurus and other contents. In November, the society organized part of the members to attend the training courses about how to protect ancient books held by the Provincial Library Association. Those staffs learned systematically relevant knowledge of ancient books, organization and protection.

In December 2012, a training course for new librarians and key staffs was held. Department of sociology, four professors majoring in Library Science from Hebei University were invited and systematically taught four courses including the basic knowledge of library science and the construction of information resources, customer service and social reading, information organization and description and information retrieval. The training activity lasted for eight days, which

attracted more than 80 members and librarians from all kinds of libraries in the city to participate.

During the period from June 26th to 28th in 2013, with the help of the society, Cangzhou Library provided a special business training vocational training for staffs about the*Norms of Public Library Service*, service etiquette, digital resources, utilization of interactive equipment .

In 2014, the society sent some key staffs to attend the senior training course about picture books introduction, new urbanization and library service system construction, reading (digital reading) promotion held by Library Society of China, and the consulting training class and ancient book protection class hosted by the provincial society.

In order to update the concept of library management and service and learn the advanced experience of other provinces and cities, Cangzhou Library Society regularly organizes members to pay visits to other libraries. In April 2011, the society organized members to the Shenzhen Library, Guangzhou Library, Dongguan Library, Changchun Library. Those members communicated about some topics including the free service of public library, intelligent management and service of library, the system of main and branch library system, the organization of reading promotion activities and things like that.

In August 2012, the chairman of the society attended the 78th annual IFLA General Conference held in Helsinki, Finland with some representatives in the circle of libraies Hebei province. They visited National Library of Finland, Royal Danish Library and some of the public libraries and car libraries.

From October to November in 2012, during the period when the representatives visited the seminar and the national library, they also visited Yangzhou Library, Changzhou Library, Shenzhen Library, Shenzhen Children's Library and Dongguan Library, and established business contacts with some of the libraries.

March 25th to 27th in 2013, the society organized 22 directors of the city library and new librarians to the Capital Library, Dongcheng District Library, Panjiayuan Community Library and Tianjin Library to visit and study, and communicated topics ranging from management concept, management system, infrastructure construction, reader service, main and branch library system, and communicated with the library peer, which laid a solid foundation for the opening of the new library.

1.3 Holding Annual Meeting, Joint Meeting of Curators and Symposium

The society has always insisted on annual meeting and the curators meeting. Every year, the annual meeting will strive for rich and diverse forms, display every member library and their styles; the joint meetings for curators make conclusions of a year works on each member library and discuss about the local literature, main and branch library system and other issues.

The expert academic report of the society is held once or twice a year. In 2011, Li Guoxin, a professor of the Department of Information Management in Peking University had an academic report on the "The Library in the Public Cultural Service System". In 2012, the deputy director of Hebei University Library, professor Jin Shengyong (who is the director of Management College now) was invited to make a report about "Strategic Thinking On the Development of Library Causes In China". In 2013, during the annual academic meeting held by Cangzhou Library, Zhu Qiang, the director of Peking University Library gave a report with the theme of "The Challenges and Countermeasures of Transformation of the Digital Library", and the Hangzhou library director, Zhu Shuqing, also gave a lecture about "A Non-professional Interpretation of Public Library". In 2014, Fan Bingsi, a professor of Information Science in the East China Normal University was invited to give a report about "Reading Promotion and Librarians' Contemporary Mission". These high-level academic reports have opened the academic perspective of the society's members as well as the academic society.

2. Benefits by Mutual Discussion and Ensuring Publishing of the Journal

"Shicheng Library" is a municipal library academic journal (quarterly), which is in the charge of the Press and Publishing Bureau, Cangzhou Library Society and the City Library. Founded in 1996, it saw a comprehensive revision in 2006. Since it was published, "Shicheng Library" promoted the theoretical research of library science, and timely released dynamic information, popularized the advanced experience of running library, made great contribution to the popularity of fundamental knowledge of library science, dissemination of advanced concepts of library management and guided librarians in academic research.

Facing the problems about financial difficulties, shortage of contibution and so forth, the Editorial Department broadens its views by the means of holding seminars, essay contest and so on, to ensure that the continuity, technicality and readability of the journal. Since 1996, the total number of publications has been 24, publishing more than 400 articles. There are many columns, such as "Dynamic Information" "Public Library", "University Library", "Stones from Other Hills", "Tuyuan Abstract", and it has launched annual meeting issue every year, recording the important issues and activities of annual meeting.

Collection Resources

捐赠图书仪式

08

Chapter 8

Constrction of Collection Resources

Cangzhou Library's collection highlights comprehension and commonality as well as local features to some extent, which has a relatively complete collection of Cangzhou local publications and related local literature. Cangzhou Library has existing collection of 800, 000 pieces, of which 500, 000 copies of ordinary books, more than 5, 000 kinds of periodicals, more than 10, 000 copies of ancient books, and 31, 000 Cangzhou local literature and thematic literature as well. There are nine special subject sections inside the library, including special resources about martial arts, acrobatics, canals, the book of songs, Ji Xiaolan, Zhang Zhidong, Zhang Dainian and other thematic literature. The library also has a wide range of digital resources, such as Wanfang Data, Longyuan Journal, Tianfang Sound Library, Wanfang Apabi Digital Full-text Books and CNKI Full-text Database, which can be used for readers to search and download.

Section 1

The History of Library Collection

1. Collection of Books and Periodicals

When Cang County Library was opened in 1956, it only collected 2, 918 copies of books, more than 10 kinds of newspapers and periodicals. And in 1958, the library purchased 40, 000 books. Cang County Library was changed into Cangzhou Library in 1961, collecting 60, 000 books and more than 40 kinds of newspapers. When it was reopened in 1974, the collection reached 74, 115 copies. In 1982, it moved into the Xihuan Central Street with a collection of 98, 159 books, more than 400 kinds of newspapers and periodicals. In 1985 the collection was more than 10 books, 420 kinds of newspapers, while at the end of 1989, the collection reached 108, 000 copies, including 100 thousand copies of Chinese books, 2, 900 copies of foreign language books, 427 journals, 73 kinds of newspapers and a set of "Si Ku Quan Shu" as well. In 2009, the collection was more than 20 copies, including 120 thousand copies of ordinary foreign language books, more than 30, 000 volumes of bound periodicals, over 10, 000 copies of newspapers and magazines, more than 6, 000 volumes of local literature, more than 5, 000 copies of precious ancient books, more than 2, 000 pieces of audiovisual documents. In 2010, the library moved to Cultural Arts Center as a temporary location, with the number of books reaching over 2, 000 books and newspapers and periodicals increasing from 670 kinds to 760 kinds.

In 2013, Cangzhou Library moved to Shanghai Road, covering an area of 30, 000 square meters. A large number of books were bought, and the collection reached 800 thousand volumes of books, which included 500 thousand copies of common books, more than 5, 000 kinds of newspapers, over 10, 000 volumes of ancient books, 20, 000 copies of Cangzhou local literature and 11, 000 copies of special literature.

2. Collection of Digital Resources

In 2001, Cangzhou Library invested 600 thounsand yuan to build a multimedia reading room equipped with 28 computers to provide readers with computer training, multimedia teaching, online information browsing, information query, book reading, music and video appreciation, remote access, data download and other services.

In 2007, the library purchased the "Important Newspaper Full-text Database" of CNKI, and opened two thematic databases, "Literature, History and Philosophy" and "Education and Social sciences" in early December for readers to make free query. The "Important Newspaper Full-text Database" of CNKI collected the important dynamic data updated continuously from academic literature published on the important newspapers of China, and collected more than 1, 000 kinds of important newspapers released in China, including 202 kinds of national newspapers, 735 kinds of local ones. The number of newspapers full-text literature was approximately 6, 450 thousand.

In April 2011, Cangzhou Library installed the Interlib integrated management system, realizing the online booking, renewal, e-mail reminders and online purchase recommendation and other services and purchased for some digital resources databases including Fangzheng Apabi Digital Resources, Wanfang Data Resource, Chaoxing Electronic Book, Guoyan Site, all the digital resources of Longyuan Journal, and more than 60 millions of all kinds of electronic books, 25 million pieces of fine art pictures, over 1, 000 kinds of newspapers, more than 2, 000 kinds of best-selling humanistic public journals a large number of journals, dissertation/conference papers and policies and regulations, economic information, scientific and technological achievements, reference books, yearbooks, etc. The website was designed to install the portal authentication software to achieve a single point of entry. Readers can enter ID number of reading cards and password in the home page to retrieve, read and download various digital library resources.

3. Accepting Donations

The book donation from all walks of the society is of great significance to the development of the library. In 1995, Cangzhou Taiwanese businessman, Zhang yi donated 2, 000 books for the Children's Reading Room, which enriched the library resources of the reading room, In March 2007, Hebei Province News Publication Bureau donated books worth 10, 000 yuan to Cangzhou Library. On March 23th 2014, Xu Qiude, the former President of Chongqing Middle School in New Taipei City donated *Collection of Liu Yunqiao* edited by himself to Cangzhou Library. Liu Yunqiao's ancestral home is Cangzhou and later he settled down in Taiwan. The book is divided into 10 volumes including *Master of Martial Arts* , *Xiao Chen Wu Ji*, *The Thinking of Wudao* and Liu Yunqiao's manuscripts about martial arts, photographs and other information, enriching the collections of Martial Arts Section in the library. On April 17th, 2014, Dai Xiaohua, a Malaysian Chinese female writer, donated her new book, *Forty Years of INAC —Promotion and Innovation of Culture*, in order to promote the cultural communication between Malaysia and Cangzhou.

4. Fund for Libraries

Fund for buying books is an important support for a library. With the development of Cangzhou's economy, Cangzhou city government increased funding for library, which gradually grew from 40, 000 yuan each year in 1998 to 60, 0000 yuan in 2008. In 2013, the new library opened, and the fund was 6 million yuan that year and was 5 million in the following year.

Section 2

The Classification of Library Collection

1. Ordinary Library

The Circulation Department Cangzhou Library of has more than 290, 000 copies of Chinese books in 110, 000 kinds, which puts emphasis on the comprehension and commonality, covering complete categories, which include 22 small categories out of 5 categories, to meet the reading needs of all walks of the society. Most of the collection is social science books, and the natural science books are paid attention to as well. Also, it selects some valuable and elegant Chinese and foreign classics and other literary works as collection.

2. Periodicals and Newspapers

The existing collection of social science journals, natural science journals, literature and comprehensive journals is over 1, 000 kinds, covering current politics, society and culture, commercial finance, literature creation, digest, entertainment and fashion, tourism and food, health and other areas.

There are more than 300 kinds of newspapers, including *People's daily*, *Guangming Daily*, *Reference News* and *Cangzhou Daily*, *Evening News*, *Hebei Daily*, *Yanzhao Metropolis Daily* and other newspapers, covering the areas of urban life, finance, law, technology, education, sports, arts, tourism, military affairs, electronics, aerospace and aviation and so on.

3. Characteristic Resources and Ancient Books

3.1 Local Literature of Cangzhou

The local literature includes the ancient literature of Cangzhou, the local newspapers, the folk literature, the family tree and so on, which tries to reproduce the historical panorama of Cangzhou and the development of its various fields. The literature with the content of Cangzhou's regional culture and all kinds of documents that should be preserved and valued is collected systematically in the local literature section regardless of their types, carriers, forms, publishing locations and languages.

Local literature is mainly obtained through submitting, purchase, exchange, collection, copy, edition and other varieties of ways. Now the collection reaches 11, 533 copies out of 3, 631 kinds, systematically and completely collecting local chronicles (including electronic version of the traditional ancient books) and water conservancy, place name conservancy and other assembly resources.

Local newspapers collected by Cangzhou Library include *Cangzhou Petrifaction* printed by Cangzhou Refinery, *Health Guardian* printed by Central Hospital and so on. The collection of journal includes *Nameless Literature*edited by Municipal Federation of Literary and Art, *The View of Private Economy*edited by Federation of Industry and Commerce; *Lecture Room*edited by Association of Social Sciences and other so on, which were more than 3, 000 copies out of 60 kinds in total. Also, the library collected some starting publication, such as *Selected Literary Works in Cangzhou* published in September, 1964, which was the first publication about literature and art; *Two Misses*printed in the year 1975; *The Journal of Local Party School of Cangzhou* established in the year 1988, which have a high value to collect, and 438 deluxe editions are collected.

Cangzhou Library processes, organizes and prints over 100 kinds of thematic materials including *Information of Jianguo County*, *Underground Hot Water Resources in Cangzhou*, *Natural Disasters in Cangzhou*, *Distribution and Rational Development of Shallow Layer Underground Water In Cangzhou* and so forth. It also collects scattered local documents from all kinds of newspapers and periodicals and sorts out more than 30 kinds of materials published on the column of Humanities in Cangzhouof *Cangzhou Evening News* between the year 2004 and 2009.

There are other maps, genealogies, mimeographed manuscripts, oral resources and image data, saving a lot of precious Cangzhou historical documents.

2. Ancient Book

Ancient books collection room is now collecting more than 10, 000 copies of books out of 400 kinds, including more than 1, 700 copies of old-type thread-stitched ancient books out of 170 kinds, of which there are *Zi Zhi Tong Jian Gang Mu* in Ming Dynasty, *Jin Shu* in the late

Qianlong period and some block-printed editions made in Qing Dynasty, which reflect the carving style of Qing dynasty. There are also some local chronicles and genealogies.

In recent years, the library purchase ancient books in new version, such as *Yong Le Da Dian*, *Integration of Ancient and Modern Books*, and overseas photocopying series of books and a variety of modern photocopying classics.

3. Reference Books

Nowadays, Cangzhou Library has 9, 389 copies of reference books out of 634 kinds, including all kinds of science encyclopedias, dictionaries, books, anthologies, national standards, patents and so on.

The library put much emphasis on the latest edition of reference books that are generally in demand by readers, such as the Chinese and foreign annual, statistical data, directory and so on. At the same time, continuous publications about social science are ordered. There are nearly 7, 000 Chinese and other languages' encyclopedias, historical materials, biographies, such as *Collection of Poem in the Qing Dynasty*, *Oriental Magazine*, etc.

徐福志

09

Chapter 9

Boutique of Collection

Section 1

Local Literature

1. *Local Chronicles of Cangzhou*

This book gives a detailed account of the history and current situation of Cangzhou, including the administrative system, natural environment, population, urban construction, transportation, post and telecommunications, electricity, water conservancy, economic development, industry, agriculture, construction, finance, insurance, taxation, military, sports, education, science and technology, and culture, which has important materials for comprehensive understanding of Cangzhou's history, especially its contemporary development.

2. Series of *Famous Cangzhou*

This book seeks to demonstrate the results of Cangzhou's civilization from the aspects of politics, economy and culture, which includes the historical events, such as historical sites, intangible cultural heritage, historical celebrities, outstanding literary works, history of martial arts acrobatics and events that had important influence on the development of Chinese history.

3. Local Chronicle of Parts of Counties in Cangzhou

The chronicle includes Dongguang, Mengcun, Huanghua, Suning, Qingxian, Renqiu, Wuqiao, Yanshan, Haixing, Nanpi, Hejian, which records the history and development of these counties, especially since the establishment of the People's Republic of China.

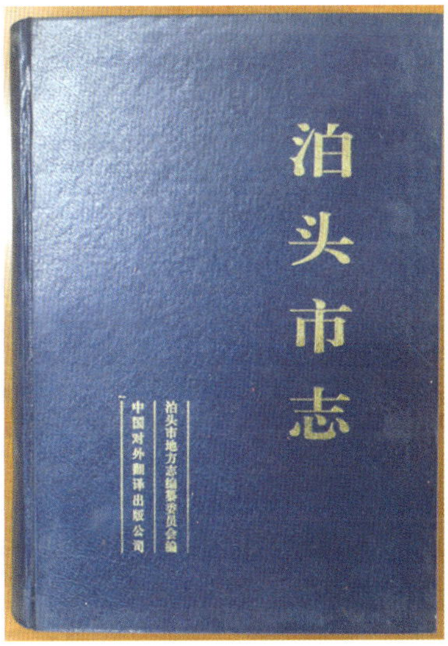

(1) *Local Chronicle of Botou* was edited by Compilation Committee of China Translation & Publishing Corporation.

(2) Local chronicles of Cang County in different periods (new version) are about the geographical history, historical sites, cultural traditions and other aspects, a comprehensive reflection of the historical features of Cang County and the development of the important literature.

(3) *Local Chronicle of Huanghua County* was edited by Compilation Committee of Huanghua County Archaic Publishing Company and *Local Chronicle of Huanghua County* was edited by Compilation Committee of Huanghua City Fangzhi Publishing Company

(4) *Local Chronicle of Hejian County* was edited by Compilation Committee of Hejian City.

(5) *Local Chronicle of Hejian County* Bibliography Publishing Company, and *Local Chronicle of Hejian City* was published Three Gorges Dam Publishing Company

4. *Collection of Cangzhou* and *A Sequel to Collection of Cangzhou* written by Sun Kaidi

Sun Kaidi (1898—1986), who also was called Zishu, was born in Wangsi Town of Cang County (Wangsi Town belongs to Nanpi County now). He was an expert in Chinese classical literature. Collection of Cangzhou and A Sequel to Collection of Cangzhou are his academic representatives. Collection of Cangzhou is divided into six volumes according to the contents. Volumes I and II are both about fiction review; Volume Ⅲ and V are about opera; and Volume VI and Ⅶ are involved poetry and exegetics. *A Sequel to Collection of Cangzhou* collected some textual research papers about stories and history and reviews of some first-rate academic monographs written by Yang Shuda, Chen Yuan and so on.

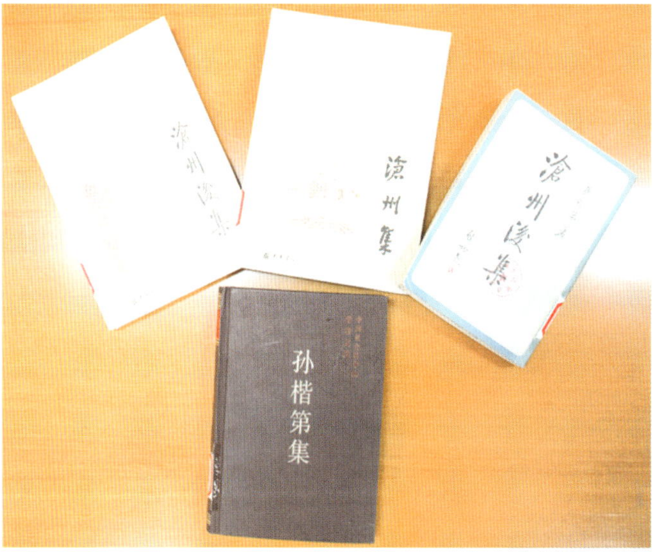

5. Collection of Local Materials about Cangzhou and Its Counties

The collection introduces the general situation of districts, streets, villages, towns in Cangzhou, the origin of main place names and their origins and meanings, and puts emphasis on the history and development, which might be important reference data for readers to understand and recall the village history.

6. Chronicles of the Countryside

They record historical literature about the rural areas, covering geography, history, economy, customs, culture, education, property, characters and other aspects. They fill the vacancies of literature by tracing the history, and summarize the experience and lessons from the process of development of countrysides, especially the detailed reflection of the changes in contemporary rural areas, development.

7. *Water Conservancy* of Cangzhou City and Counties

It relates to canals and washes, water resource, flood and drought, water and channel governance, fundamental works and so on, which records the history of local water conservancy, especially the history after the establishment of the People's Republic of China, and the content, process, performance and current situation of water conservancy science and technology. These are precious historical records, reflecting the development and historical changes of Cangzhou's water conservancy.

8. *Hui Nationality of Cangzhou* (Wu Peiqing, Central University for Nationalities Press)

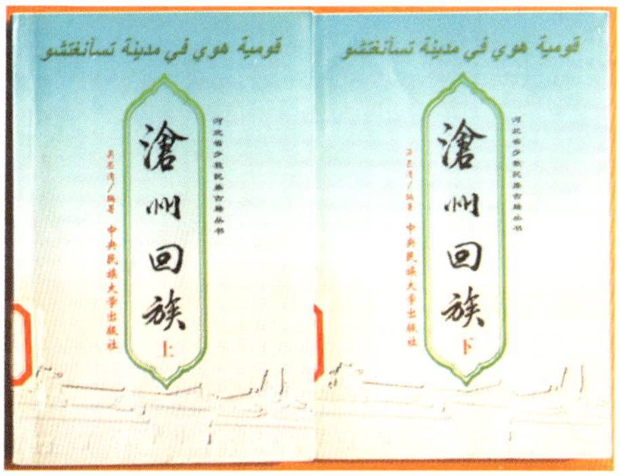

Daweide · Wu Peiqing, born in 1946, who comes from Hui Autonomous County in Hebei Province, has worked in several provincial and national institutions including Chinese Association of Nationality Policy, Editorial Committee of Ancient Books in Hubei Province and so forth.

9. Family Tree

(1) *The Family Tree of Mr. Song (Leling), Edition of* The Republic of China (1934)

It reflects the general family tree of General Song Zheyuan and some important figures' (Feng Yuxiang, Zhang Binglin, Zhang Zizhong, Yu Youren and so forth) handwritting inscriptions in the surface of the books.

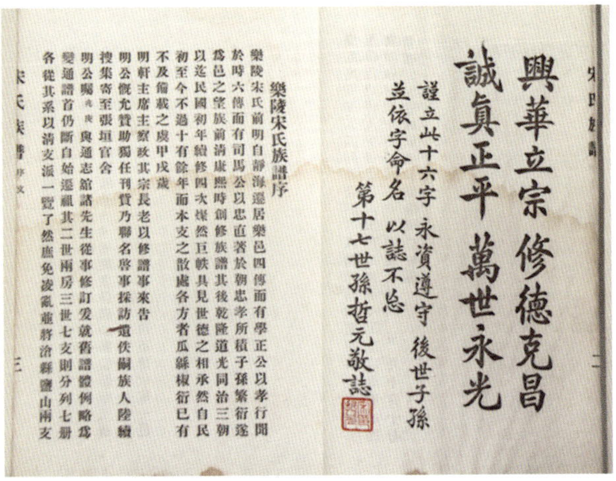
樂陵宋氏族譜序

興華立宗 修德克昌
誠眞正平 萬世永光
謹立此十六字永資遵守後世子孫
並依字命名以誌不忘
第十七世孫哲元敬誌

(2) *The Family Tree of Li's (Qing County in Hebei Province).*

(3) *The Family Tree of Han's (Bohai).*

(4) *The Family Tree of Shen's.*

10. *Xingwei's Epitaph*

This epitaph was found in the spring of 1956 in Nandong Village of Hejian City (County) under the ground, with length of 67.5 cm, width of 63 cm, thickness of 13 cm. There are 522 words carved out of 26 lines. This relic is preserved by Institute of Antiquities Preservation of Hejian City.

Xing Wei (496-514), also called as Shujun, was born in an official family of Hejian City. This unearthed epitaph provides valuable information for the study of inscriptions of Northern Wei Dynasty. The characters are neatly written with a precise strength, which makes it a representative of epitaph of Northern Wei Dynasty.

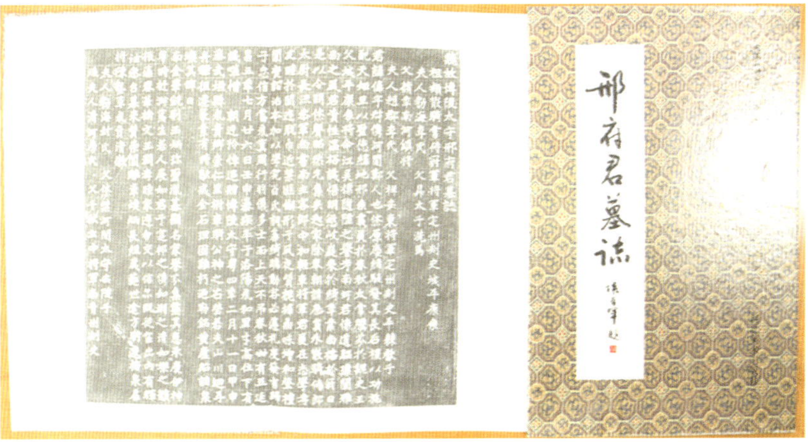

11. *Chronicle of Salt in Changlu Town* (Standards Press of China)

The coastal areas in Cangzhou have a long history of development of salt industry, where generations of Cangzhou people extract salt from sea water, making important contributions to the development of the national economy with their diligence and wisdom. The book gives a comprehensive and detailed description of the development process of Huanghua salt field in Changlu Town.

12. *Chronicle of Xu Fu* (Ocean University of China Press)

In the eastern coastal areas of China, North Korea, South Korea, Japan and other places, there are a lot of place names and relics related to Xu Fu. Qiantong Town in

Cangzhou has a long history, which is said as the exit to the sea when Xu fu took a sea-voyage eastward.

Today, there is a folk festival enjoying nearly 2, 000-year history in Qiantong Town. People thinks the date of twenty-eighth day of the third lunar month is for their relatives to take a sea-voyage. So on this day, hundreds of children climb to high positions to call their loved ones. After 2, 000-year's development, it has evolved into a theatrical performance activity, acting as a "living fossil" of the ancient folk activities. Also, this custom provides an evidence for Xu Fu's sea-voyage.

13. Comic Books

The comic books describing story and portraying the character in a continuous picture, are popular by the old and the young. There is Cangzhou regional culture of the comic book series, including the legend of Cangzhou Iron Lion, Bian que, the sword of the king of five, Cangzhou celebrity legends.

14. *Liu Chunlin's Test Paper* (Duplication)

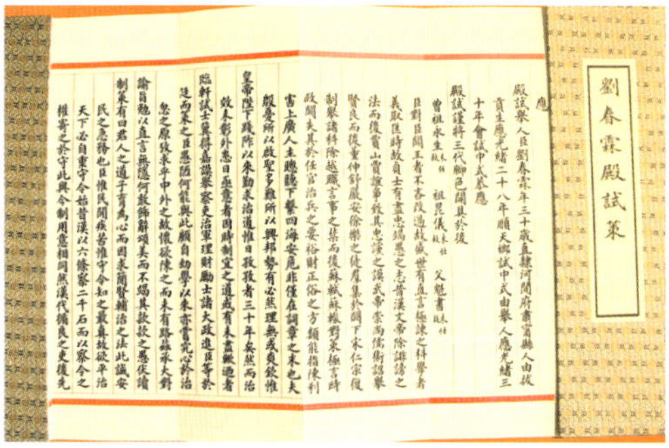

Liu Chunlin (1872-1942), born in Suning City in Hebei Province, who was the last champion of the imperial examination system in China. He was knowledgeable and knew a lot about literature and history, epigraphy, exegesis and so on. He was good at calligraphy at that time, who was always mentioned with another well-known calligrapher by people, Yan Zhenqing, together.

Section 2

Ancient Books

1. The Successively Revised Edition of *Jin Shu* in Ming and Qing Dynasties

According to statistics, there are 17 versions of this book in different dynasties, with the period from 1591 in Ming Dynasty to 1761 in Qing Dynasty. So studying and understanding various engraving styles in different periods are of great significance for search.

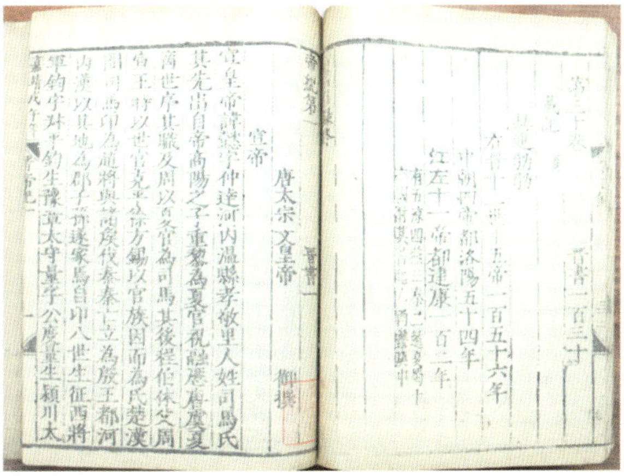

2. *Chronicle of Cang County*

This book is made up of four parts, introducing historical information about boundary, river distribution, historical spot, tax revenue, historical figures, famous books, religion, custom anecdote and things like that, which is a piece of important literature of Cangzhou's culture.

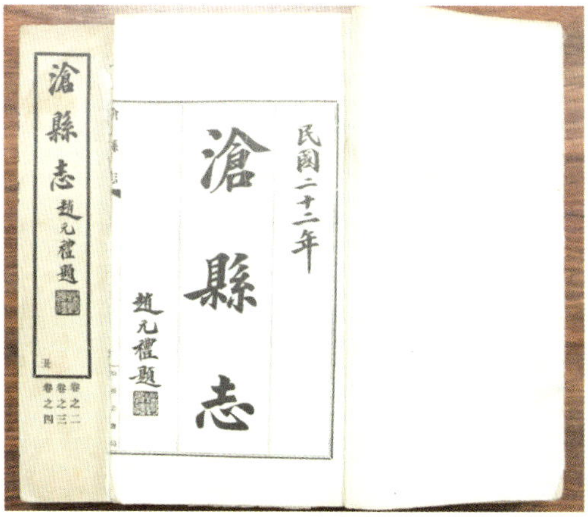

3. *Records of Three Kingdoms · Wei*, the Ming Edition (1597)

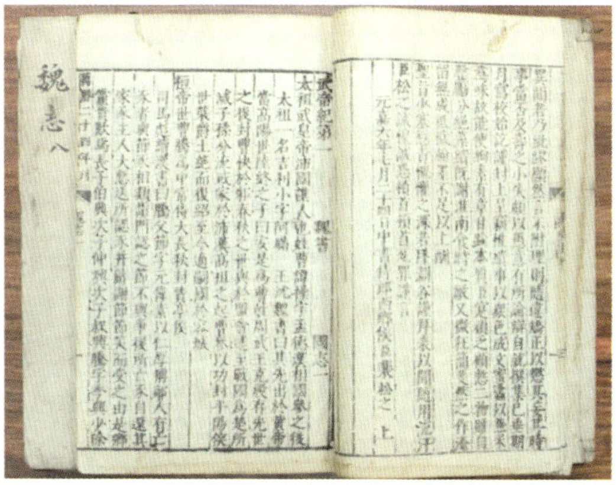

4. *Family Tree of Ji's*, the 1924 Revised Edition

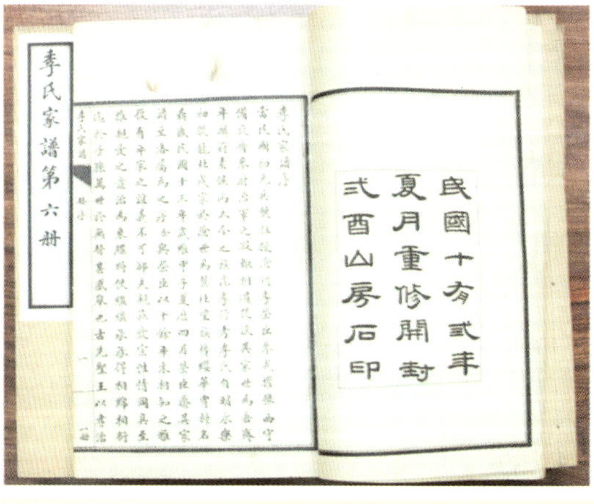

5. *Zuo Zhuan Shi Wei Ma Shu*, the Block-Printed Edition in Kangxi Period of Qing Dynasty

Ma Xi, a famous expert in confucian classics in early Qing Dynasty, who was born in Zhouping of Shandong Province and died in 1673.

Zuo Zhuan Shi Wei is the result of his research on *Zuo Zhuan*, which includes 108 historical incidents out of 12 volumes. The famous scholar, Gu Yanwu had once praised this book.

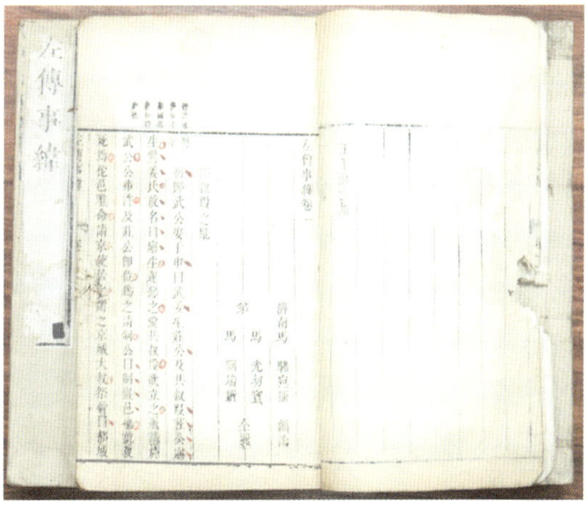

6. *Gui Bi Li Ji*by Chen Haoji, the Block-Printed Edition in Guangxu Period of Ming Dynasty

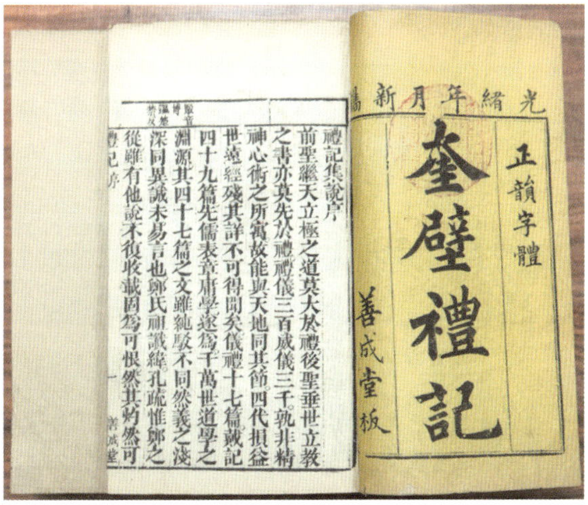

7. *A Revised Edition of Shi Lei Fu*, 30 volumes, written by Hua Ximin (Qing dynasty), the block-printed edition in 1847

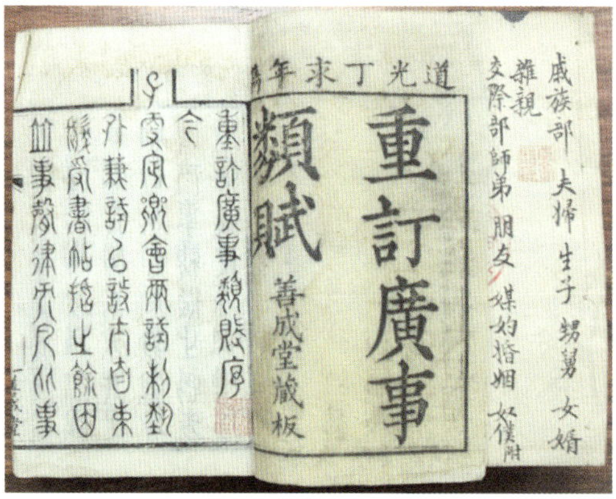

8. *Shi Lei Fu*, 30 volumes, written and annotated by Wu Shu (Song dynasty), the block-printed edition in 1699

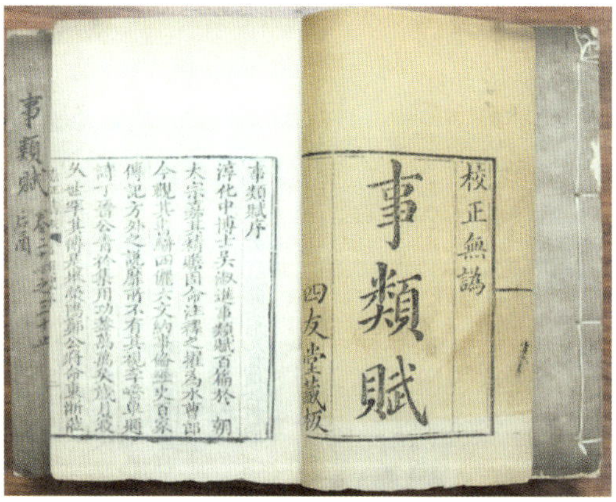

9. *Yuyang Shanren Jinghua Lu*, 10 volumes, written by Wang Shizhen (Qing dynasty)

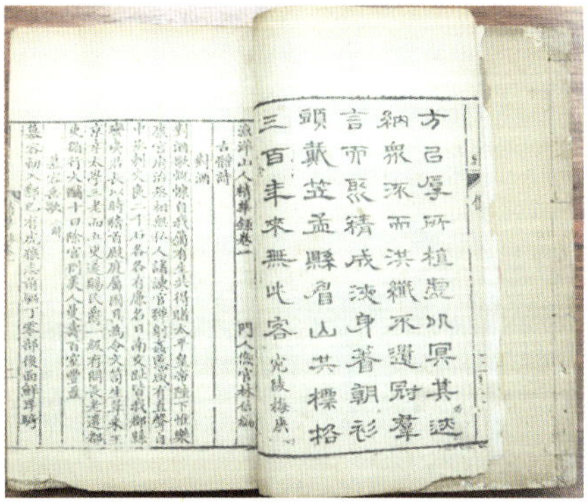

In 1700, Wang Shizhen wrote this block-printed book, which was the most famous one among all the block-printed books in that period.

Wang Shizhen (1634-1711), born in Huantai County of Shandong Province, was a famous poet in the Qing Dynasty. He was knowledgeable and knew a lot about treasure evaluation and stone carving.

10. *Delusion* written by Ji Yintian (Qing Dynasty), the Block-Printed Edition in Jiaqing Period of Qing Dynasty

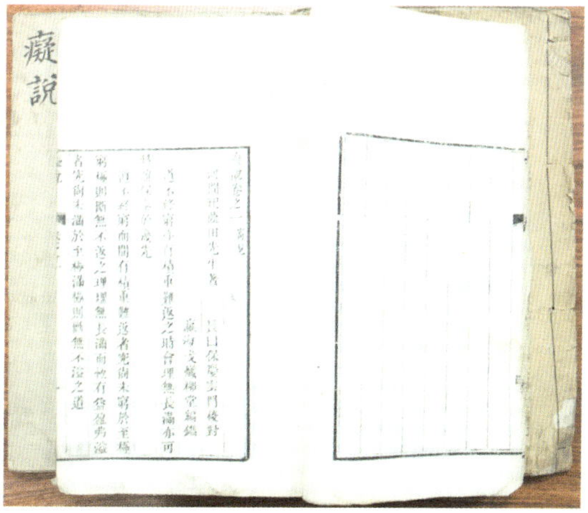

11. *Zhu Zi Tong Jian Gang Mu*, the Block-Printed Edition in Congzhen Period of Ming Dynasty

This book has 59 volumes and a volume of sequence as well.

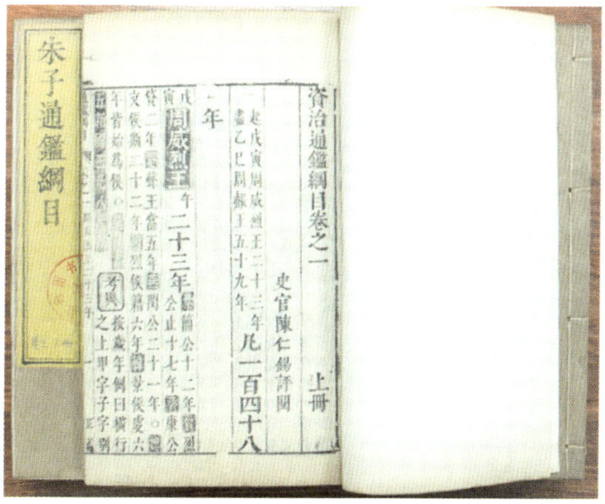

12. *A Complete Edition of Essays in the Ancient Three Dynasties*, written by Qing Yanke in Qing Dynasty

Yan Kejun, who came from Zhejiang Province, was a successful candidate in the imperial examination at the provincial level in the year 1765. He served as teacher in Jiande County, and later resigned from office with the excuse of illness and concentrated himeself on writing. He had 13 articles.

13. *An Alphabetical Index to the Chinese Encyclopaedia*, published in Demcember, 2006 by Qilu Book Society

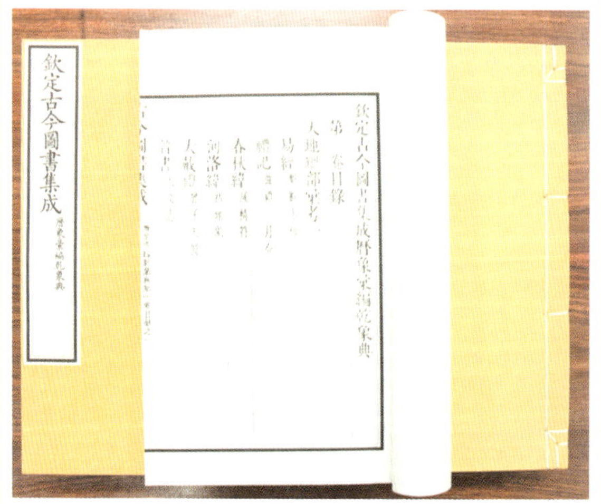

14. *Cong Shu Ji Cheng Chu Bian*, the 1985 version by Zhonghua Book Company

The series have 4, 000 volumes out of 4, 107 kinds, which were editted by Wang Yunwu.

15. The Selecting Journal of Chinese Classic Works, preserved by Janpan

This collection has 66 kinds of Chinese ancient books, which was made in Song and Yuan Dynasties and then spread to Japan. The academic value is very high, while there is not any copy or photocopy at home and abroad.

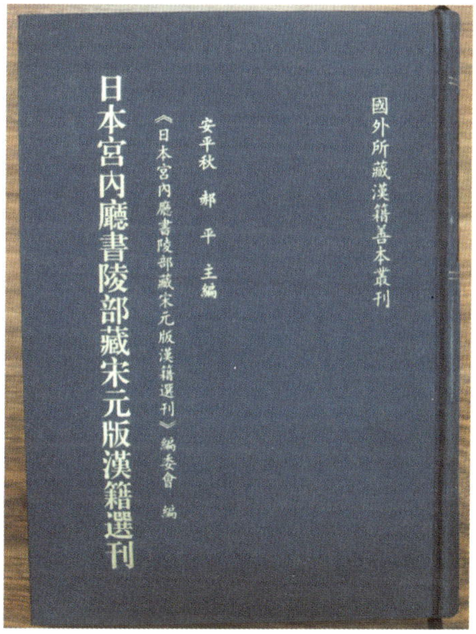

16. *Book of Planting*, the Block-Printed Edition in Kangxi Period in Qing Dynasty

Wang Xiangjin, a successful candidate in the imperial examinations at the provincial level in 1604, had once worked as a chief executive in Zhejiang Province. During the period between 1607 and 1627, he and his servants planted a variety of fruits and vegetables in his garden, and collected ancient books from everwhere. He spent 10 years to finish this book with 30 volumes. More than 400 species of plants were recorded and 185 species of peony were recorded as well.

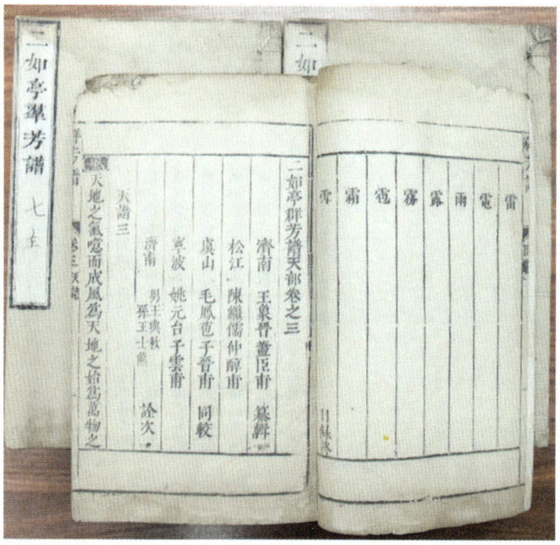

Section 3

Special Subject Literature

1. Special Subject Literature About *The Book of Songs*

The Book of Songs is the earliest anthology of poetry in China, and Cangzhou is one of the important places spreading this book. Nowadays, the book we are reading is *Mao poetry* written by outstanding scholars Mao Heng and Mao Chang in Han Dynasty. It is said that Mao Gong spread this book in a village called Hejian.

1.1 Five Volumes of *Shi Guang Zhuan* written by Wang Fuzhi

Wang Fuzhi was born in Hengyang of Hunan Province. In 1642, he became a successful candidate in the imperial examination at the provincial level. He loved reading and was very concerned about the political situation. And he was also concerned about history and took his responsibility for the society. During the period of changing from Ming Dynasty to Qing Dynasty, he took an active part in the struggle for the Ming Dynasty. And then, he became a hermit under the circumstance and devoted all the energy and time to do writing. His works involve philosophy, politics, history, literature, and so on. *Shi Guang Zhuan* is his earliest poetic work.

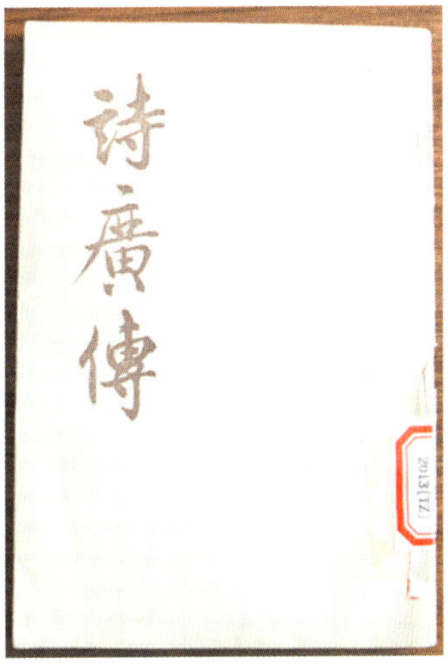

1.2 *The Research Collection of The Book of Songs*, written by Lin Qingzhang Taiwan Student Pressing Company

1.3 *Ze Luo Ju Shi Jing Xin Zheng*, written by Yu Xingwu

Yu Xingwu, a scholar of ancient characters, came from Haicheng County of Liaoning Province.

He had a serious attitude to academic research, and made great achievement to the fields of archaeological research and Chinese ancient book arrangement. At the same time, revised and interpretated the ancient books from pre-Qin Dynasty based on the research results of Chinese ancient characters and data of unearthed cultural relics, which opened up a new way for the study of ancient classics. He became the representative of the "new-style" and had many books that were popular over long times.

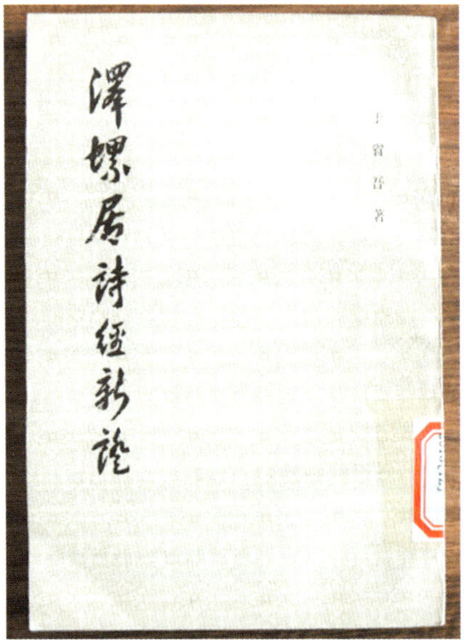

1.4 *Selecting of Poem and Commentary* from Complete Works of Wen Yiduo

1.5 *Shi Yi Gou Chen*, written by Wang Anshi in Song Dynasty

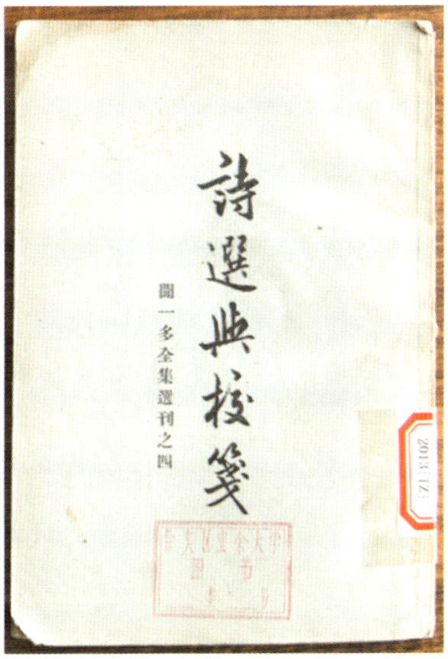

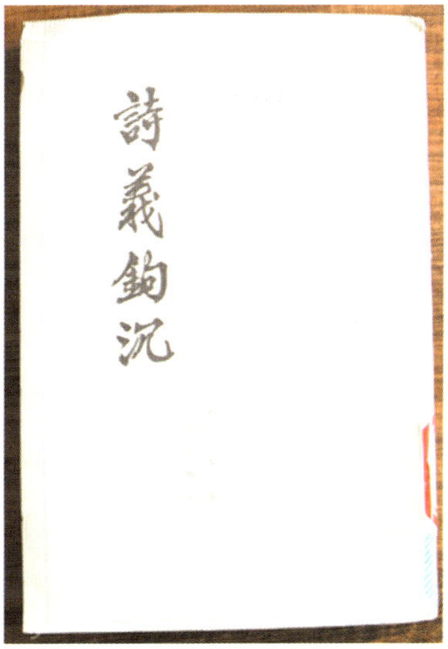

1.6 *The New Commentary of "The Book of Songs"*, written by Gao Heng

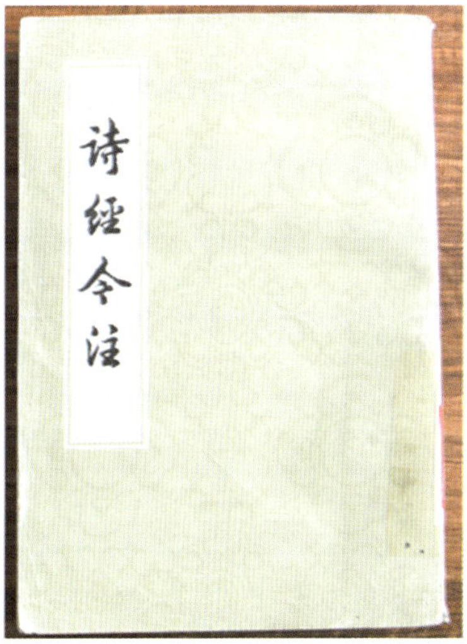

Gao Heng, an expert on exegesis, academic wroks from pre-Qin Dynasty and classical Chinese literature, whose research results about *Zhou Yi* were outstanding.

1.7 *Shi Jing Mao Zhuan*, *Bu Yi Han Mao Gong Zhuan*, *Ri Ben Gang Bai Ju Bu Yi* the Block-printed Edition (1746)

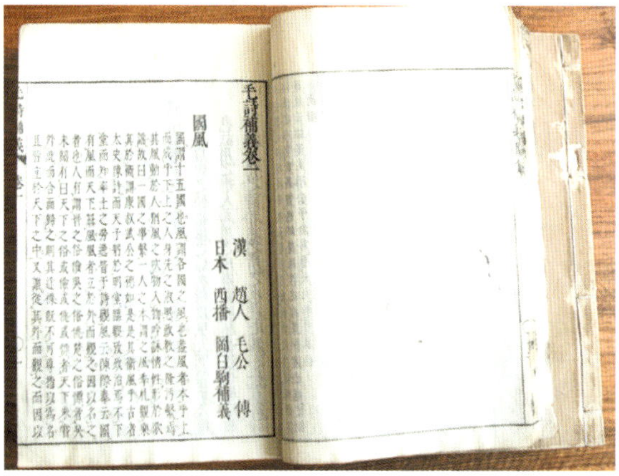

1.8 *Shi Ji Zhuan* Written by Zhu Xi, Printed by Jiangxi Publishing House in 1905

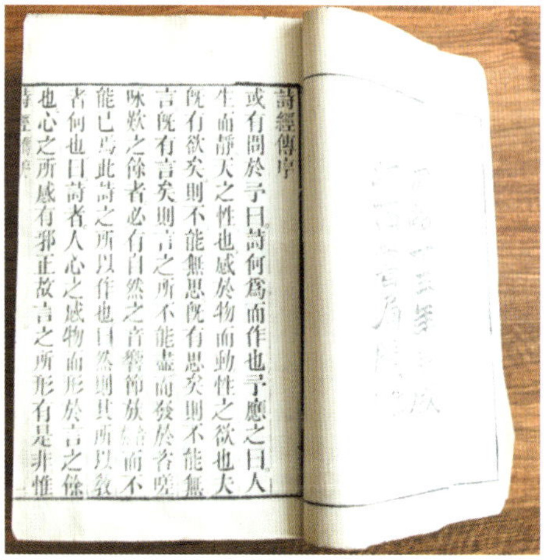

1.9 *Mao Shi Jun Ding*, Written by Miao Kui, the Qing Edition (1851)

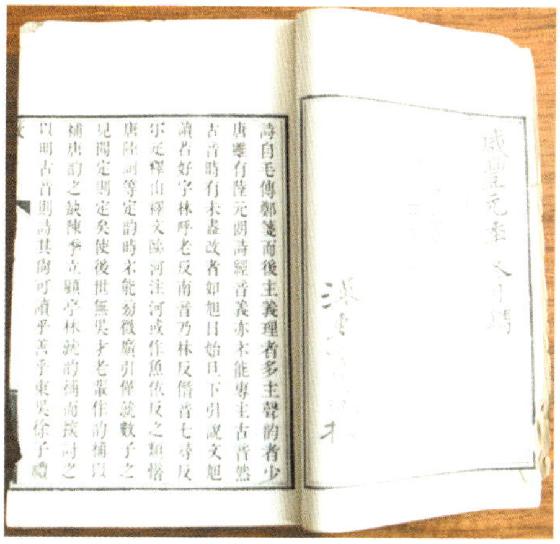

1.10 *Comments on Poem*

Liu Dabai (changed to Liu Jingyi after the Revolution of 1911), born in Ping Shui Town of Zhejiang Province, who was a modern poet, scholar on literature and history and one of the advocators of vernacular poetry.

1.11 *The Book of Songs in Hejian*, editted by Tian Guofu

The former director of Cultural Bureau, Tian Guofu, organized and promoted *The Book of Songs* and edited and published this book. During his tenure, he held all kinds of related activities. *The Book of Songs in Hejian* contains a large number of photos, reports by all levels of media, as well as the experts' opinions and suggestions of the research.

1.12 *The Book of Songs in Different Dynaties' Versions*, Editted by Tian Guofu, Qilu Publishing House

This book includes different versions of *The Book of Songs* over 1000 years, including 3 versions of Song Dynasty, 2 versions of Yuan Dynasty, 15 versions of Ming Dynasty, 99 versions of Qing Dynasty, 25 versions of the Republic of China and 16 kinds of transcripts, which make it easy to search and preserve. The publishing of this book promotes the further search of *The Book of Songs*.

2. Special Subject Literature of Ji Xiaolan

Ji Yun, born in Cang County, who is known as Ji Xiaolan. He was a famous scholar in Qing Dynasty and led the official compilation of *Si Ku Quan Shu* at the largest scale in ancient times. The *Yuewei Caotang Notes* and Strange Stories from a Chinese Studio are the most popular classical novels.

2.1 *Si Ku Quan Shu*

2.2 Revised Edition of *Si Ku Quan Shu*

2.3 *Si Ku Quan Shu*, the Wenjin Chamber Edition

2.4 *The Directory of Si Ku Quan Shu*

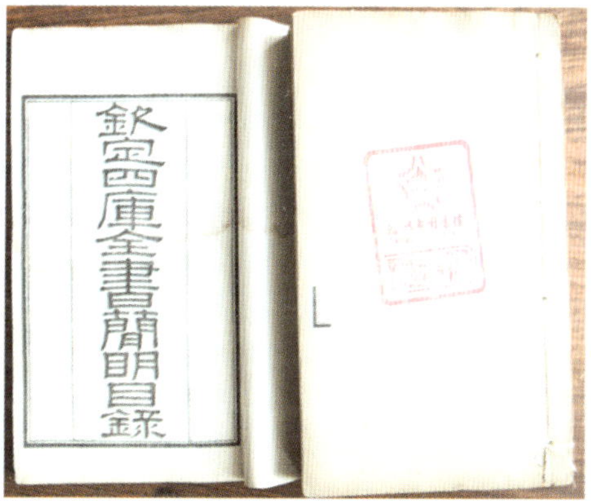

2.5 Five Volumes of *Geng Chen Ji* Editted by Ji Xiaolan, the Qing Edition (1762)

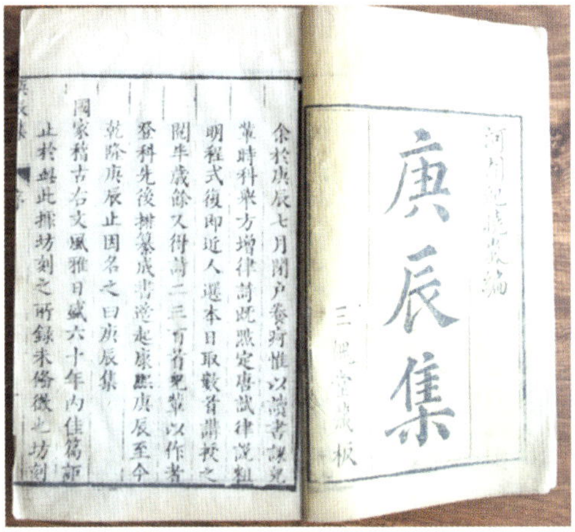

2.6 *Yuewei Caotang Notes*, Published during the Period of Republic of China

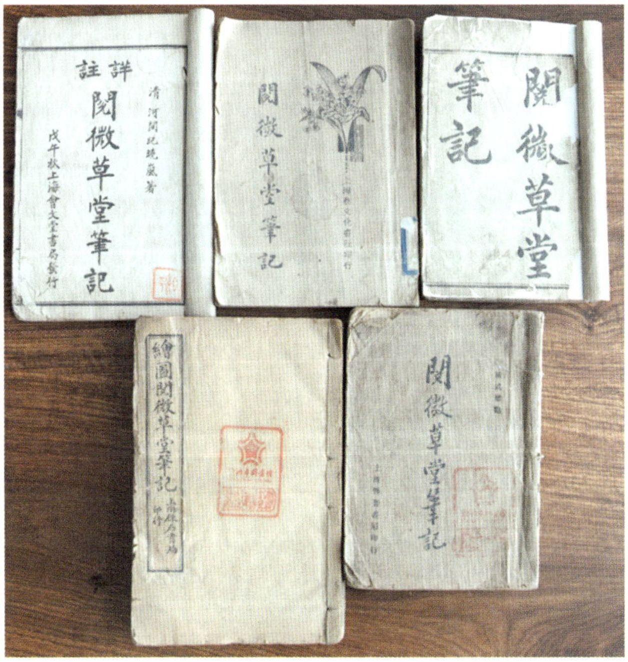

2.7 ***Wofaji*, two volumes, written by Ji Yun in Qing Dynasty, compiled by Ji Shuxin, the block-printed edition in 1795, was collected by Ji Yun's Yuewei Cottage (Yuewei Caotang).**

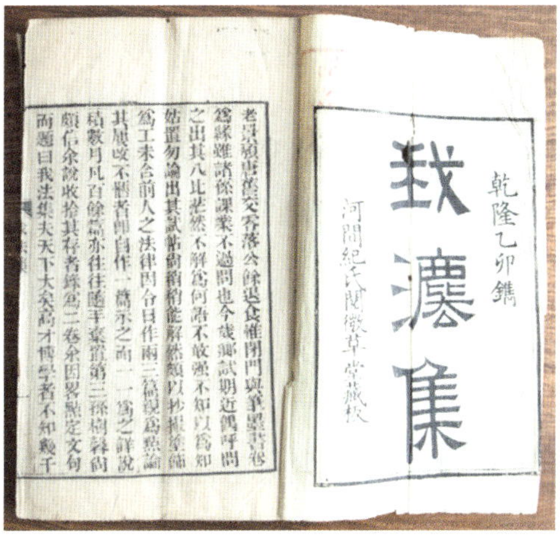

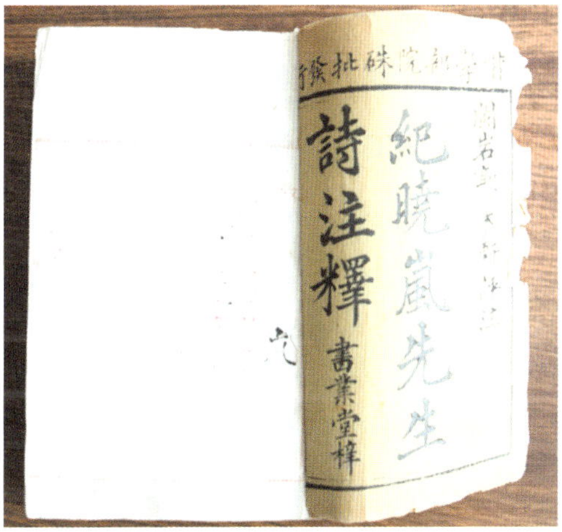

2.8 ***Notes of Ji Xiaolan's Poetry*, four volumes, written by Ji Xiaolan in Qing Dynasty, annotated by Guo Bin in Qing Dynasty, the red and black printed edition in Jiaqing period of the Qing Dynasty, published by the Education Department of the Qing Dynasty with the comments written in red with a brush, was printed by Shuyetang.**

2.9 ***Tangren Shilvshuo*, written by Ji Yun in Qing Dynasty, the block printed edition of the Qianlong period of the Qing Dynasty.**

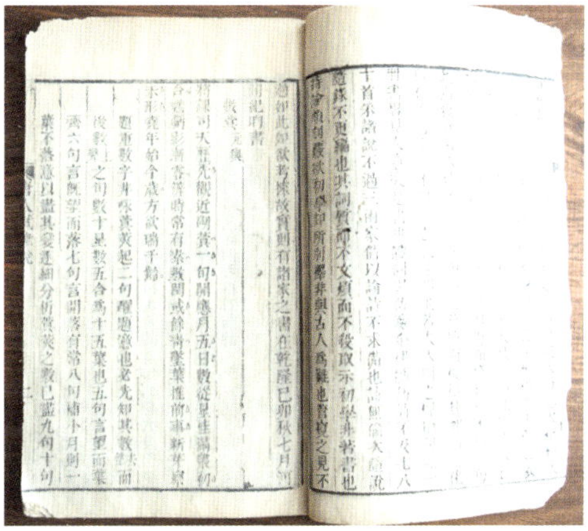

2.10 *Yuewei Caotang Notes*, Lithograph Printed in the Rule of Qianlong Emperor

3. The Special Subject Literature of Zhang Dainian

Zhang Dainian (1909-2004) came from Cang County, who was a modern philosopher in the history of philosophy. He graduated from Beijing Normal University and became a teacher in Tsinghua University. In 1952, he was transferred to Peking University as a professor on philosophy. His main representatives include *The Outline of Chinese Philosophy*, *Research Chinese Ethics*, *Historical Data Study of Chinese Philosophy History* and so forth.

The library is collecting more than 400 copies of literature related with Zhang Dainian out of 180 kinds now.

Complete Works of Zhang Dainian, People's Publishing House

The book has eight volumes, among which the first, fifth, sixth and seventh chapters are about paper; the second to fourth volumes are about monograph; and the eighth chapter is about preface, reading notes and memoir.

4. Special Subject Literature Section of Writers from Cangzhou

This section is having more than 3, 600 books out of 1, 000 kinds created by over 200 writers from Cangzhou. There is a special book shelf for Wang Meng's works, which collects more than 400 books out of 80 kinds.

4.1 *Selected Changzhou's Poem in Different Periods*, Editted by Liang Zhengang, The Publishing House of the China Literary Federation

This book collects over 30, 000 pieces of poetry written by 1, 368 poets from Cangzhou during the period between Western Zhou Dynasty and modern.

4.2 *Collected Works of Wang Meng*

Wang Meng (1934-), a modern Chinese writer, who has worked in some national positions including the Minister of Culture (1986-1989). He has many representative works, such as the novelette titled *A Young Man Coming to the Organization Department*.

4.3 *Collected Works of Jiang Zilong*

Jiang Zilong (1941-), born in Cang County of Hebei Province, who has been the president of Writers Association. His famous works include novelette titled *Pioneer*.

4.4 Xiao Fuxing

Born in 1947, Xiao Fuxing is a famous writer, who has been the deputy editor in chief of the *Journal of the People's Literature*. His work *Music Notes* has once received the first Bing Xin Prose Award.

5. Special Subject Literature of Martial Arts

Cangzhou's martial arts has a long history with many sects and a large number of masters, which is an important heritage of Chinese culture of martial arts. There are more than 2, 300 copies of literature about martial arts out of 900 kinds, including the collection of *Chinese Martial Arts* (100 copies).

5.1 *Chinese Martial Arts*

It is mainly written by Shi Yongxin with 30 million words in total. 324 kinds of literature about martial arts are collected in the book, including 109 kinds of literature in the ancient times and 215 kinds in the Republic of China. The book covers 16 types such as soldiers, military technology, military system, traumatology, extraterritorial Chinese martial arts and so on.

5.2　*The Full Collection of Liu Yunqiao*

Liu Yunqiao came from Nanpi County of Hebei Province, who was dedicated to the culture and education of martial arts in his later years. He founded and issued a magazine about martial arts in Taiwan. The collection is divided into ten pieces including *Master*, *Thought* and so forth.

5.3　*History of Central Guoshu Institution*, Huangshan Publishing House

The Central Guoshu Institution was established in Nanjing in March 1928, which aims at tranining teachers, writing and editting teaching materials and promoting martial arts.

5.4 *Chronicle of Cangzhou's Martial Arts*, People's Publishing House in Hebei Province

This book records categories of martial arts organization in Cangzhou, martial arts competition, some famous characters and other contents, which shows the rich and comprehensive features of Cangzhou's martial arts.

6. Special Subject Literature of Acrobatics

Wuqiao has the reputation of "The Town of Acrobatics", with a long history of acrobatics art. In 1958, some tomb murals dating back 1500 years ago were unearthed in Wuqiao County, which already had some acrobatics images. In 2006, Wuqiao's acrobatics was approved to be included into the National Intangible Cultural Heritage List by the State Council. There are more than 130 books about acrobatics arts out of 50 kinds in the library now.

6.1 *Wuqiao's Martial Arts*

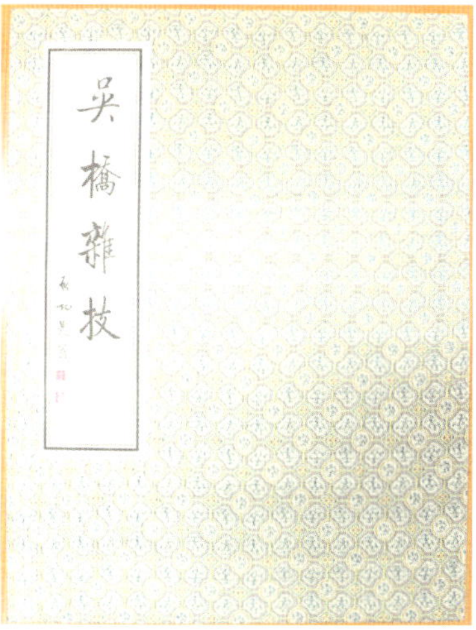

6.2 Thirty Percent Skill and Seventy Percent Eloquence

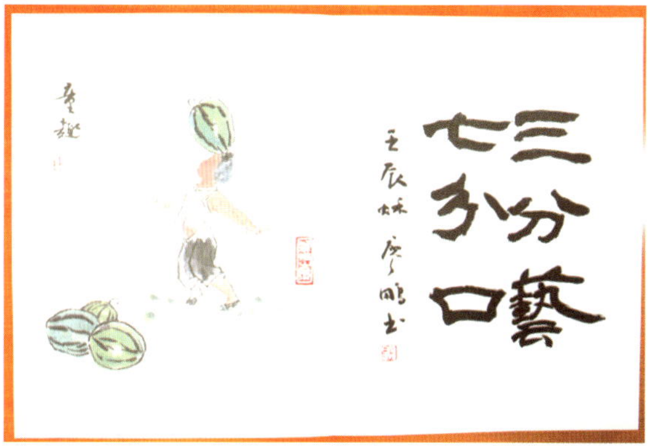

7. Special Subject Literature of Zhang Zhidong

Zhang Zhidong, known as "Zhang Nanpi", who was one of the "Four Famous Officials of the Late Qing", was the representative of the Westernization Movement and one of the founders of Chinese modern heavy industry as well.

The library collects more than 500 copies of literature or research works about Zhang Zhidong out of 140 kinds.

7.1 *Shu Mu Da Wen Bu Zheng* (*Remarking Version*), Beijing Library Publishing House, September 2008

The book is a famous work written by Zhang about bibliography, which was revised by Fan Xizeng later and became an important reference book to introduce means of study. It has significant academic value.

7.2 *The Full Collection of Zhang Zhidong*, Editted by Zhao Dexin Wuhan Publishing House, November 2008

7.3 *Zhang Zhidong's Test Paper* (Duplication)

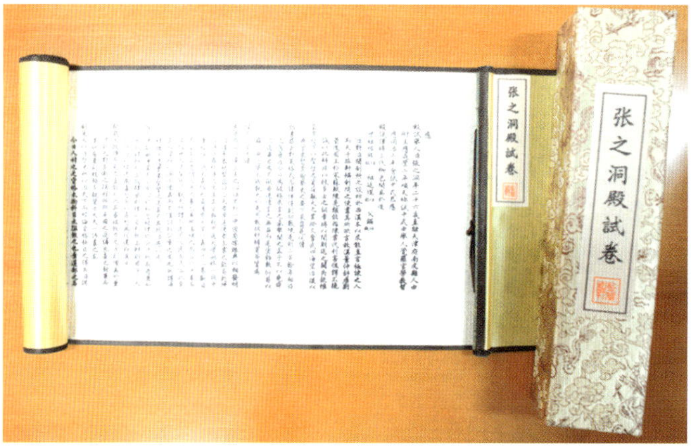

8. The Special Subject of Painting and Calligraphy

Calligraphy is a Chinese traditional art, and painting is one of the earliest forms of art in Chinese traditional art. This library is now collecting various types of calligraphy and famous paintings.

The exhibition area is divided into three parts: the part about history of world art entitled "Beauty of Discovery", which finds and explores the development of arts in the world, and leads readers to the world of art through classical works of history; the part of Chinese art history is entitled as "Vision and Realm". Different from the realistic style of western painting, the Chinese painting pursues the meaningful far-reaching artistic conception, and these elected works exhibited reveal the essence of Chinese painting and calligraphy; the part of Cangzhou art profile is named as "A drop In the Ocean". There is an introduction about prizes received by Jia Youfu, He Jiaying and other painters in Cangzhou.

Chinese ancient calligraphy and painting exhibition shows some high quality simulation copies in order to enhance readers' artistic quality by presenting thses beautiful and colorful Chinese calligraphy and painting works. The library is now collecting more than 4, 800 copies of literature out of 2, 300 kinds in total.

8. 1 *The Full Collection of Ba Da Shan Ren*

Ba Da Shan Ren (about 1626— 1705) was the descendants of Zhu Quan. After the fall of the Ming Dynasty, he became a monk and later converted to Taoism, living in Qingyunpu Temple in Nanchang Province. He was good at painting and calligraphy, especially landscape, flower, bird and bamboo.

8. 2 *The Full Collection of Ren Bonian, The Collection Works of Modern Chinese Painting—Mr. Cao's Mo Zhai Cang*

Ren Yi was a famous modern painter. His painting covered a large variety of topics, such as people, moutain and water, flowers, birds and so on.

9. Special Subject of the Grand Canal

Beijing-Hangzhou Grand Canal is from Beijing in the north to Hangzhou in the south, flowing through Tianjin, Hebei Province, Shandong Province, Jiangsu Province and Zhejiang Province, linking the Haihe River, the Yellow River, Huaihe River, the Yangtze River and Qiantang River. With the length of 1, 794-kilometer, the chanal is one of the world's longest and oldest canals. It is a great project built by Chinese ancient labors, a valuable and spiritual wealth for us, and an important human heritage as well.

The Grand Canal is always the ancient transport route, which plays an important role in economic development and cultural exchanges between the northern part and southern part. It not only shows the outstanding achievements in water conservancy of Chinese ancient shipping engineering technology, but also leaves rich historical and cultural relics and huge information combining many fields such as politics, economics, culture, sosiety, and so on.

This library is now collecting more than 1, 600 documents out of 600 kinds, showing readers the history and development of the Grand Canal and other world famous canals.

9.1 *The Book of River-Controlling*, Written by Zhang Penghe in Qing Dynasty, Tianjin Ancient Book Publishing House

Zhang Penghe was a famous official who regulated the river in early Qing Dynasty. The book has 24 volumes, and from the third volume to thirteenth volume, they record the origin, geographical location and branch of the Yellow River, Great Canal and Huaihe River. The book has rich content and is the important reference material of the early Qing Dynasty.

9.2 *The Whole Collection of Water Transport in Qing Dynasty*, Editted by Zai Ling, etc., Beijing Library Publishing House

9.3 *Our Grand Canal*, Editted by Wang Yufang, Mingri Newspaper Publishing House

In order to protect the Grand Canal and apply for the world heritage, and make the world have deeper understanding of the Grand Canal's rich heritage, Bureau of Cultural Relics in Cangzhou City organized some experts and scholars to compile *Our Grand Canal*. The series is divided into ten volumes, such as city, water conservancy, martial arts, acrobatics, folk products and so on. At present, there are three volumes including poetry, property, martial arts and acrobatics being published. The series shows the long history and charming apperance of the Grand Canal, records the life of people, and effectively promotes the research on northern part of the Grande Canal.

Postscript

A book, A library, A city

I am greatly honored to receive the invitation of writing this book included in the set of Series of China's City Libraries in the 21st Century. Cangzhou Library is a prefecture-level city library built in 1952 and has experienced a 50-year history. However, there is not any opportunity to sort out and record the development history and current situation of this library from the perspective of city culture before. Therefore, I would like to give my gratitudes to the planners of this book and the publishing company. Without their efforts, this book attached to the wisdom and sweat of Chinese librarians would have never been available to readers.

The writing work was started in December 2014 with a special working group being built. After six-month period of hard working, it is going to be printed. The writing group searched a large variety of literature and information, visited many historical witnesses with the hope of introducing the development history, building, collection and service of Cangzhou Library through this book and communicating with peers and readers at home and abroad.

The first part is about "Cultural Inheritance", which is made up of three chapters including Cultural Communication in the History of Cangzhou, Book Collecting Activities in the History of Cangzhou and Cangzhou Library Memorabilia. The first chapter focuses on scholars who make outstanding contribution to the inheritance and dissemination of traditional culture, revealing the age-old humanistic tradition of Cangzhou; it also uses three representative examples including the rise and decline of woodblock printing technology to show efforts made by Cangzhou people for the development of Chinese civilization. The second chapter concentrates on the stories about famous scholars' book collections in the history of Cangzhou, which reveals the traditional spirit of literature preservation and cultural communication in Cangzhou. Descriptions of academies and personal collection activities aim at showing the early stage of library cause in Cangzhou. In the third chapter, we refer to the existing materials including text and image, discard the dross and select essential points, and then write them down in five parts according to the periods. We try to reflect the people and anecdotes in different periods by objectively recording the history of Cangzhou Library.

The second part is about "Reader Service", which is divided into four chapters including Rise of the New Llibrary, City Library's Services, Read over Four Seasons and The Public Culture Service System of City Library. In the cahpter of Rise of the New Llibrary, we take readers to appreciate the new style of the new library with the perspective of a tour guide, and introduce the layout and function of the library with service mission of Cangzhou Library that constructing "a beautiful city hall and warm study room". In the chapter of City Library's Services, we choose to introduce five extended services besides basic businesses rather than basic lending and reading service, helping readers get rid of the stereo type of library and also review some functions of modern library, such as dissemination of information, knowledge consulting, social education The editorial board decided to introduce all kinds of reading promotion activities of the library from the view of four seasons after discussion in order to make readers understand each activity clearly and notice efforts made by librarians during these successful activities.

The third part is about "Collection Resources", which is divided into two chapters. During the period of writing Boutique of Collection, picking books was proved to be the most difficult task. Faced with thousands of ancient books and local literature, we selected some representative ones to introduce after careful consideration.

In the process of writing this book, many new service models and projects were planned, such as the funding for 24-hour self-service library and mobile book car project in Xinhua Road; the project of installing big newspaper screens in the West High-Speed Railway Station and other railway stations that are under negotiation and so forth. Cangzhou Library is trying to build a "Library City" to provide citizens with well-rounding functions, convenient and efficient services. In the near future, the library will not only act as a museum, but also a city.

During the period of writing and reviewing this book, we accepted plenty of cares and supports from many scholars and teachers, such as Xu Jianhua, the professor in Information Resources Management Department of Nankai University and Wang Zongyi, the librarian and researcher in Shanghai Library who gave us a lot of valuable views and suggestions about this book. I specifically want to thank Mr. Wang Zongyi, who made a careful review and revision of the book and arranged it in a logical way. In addition, Wang Yunshi, who is the vice president of Tianjin University Press, gave many helps to publish this book, always paid attention to the writing progress and kept in touch with the translators. These are great supports and encouragements for the editors, so we would like to extend our heart felt thanks to them!

The main editors of this book is Song Zhaokai, and Dong Yanli, Wu Shuqiang and Sun Xueqian participated in the writing work; the first, second, ninth and tenth chapters were written by Wu Shuqiang; and the fourth to seventh chapters were written by Dong Yanli; the third to eighth chapters were written by Sun Xueqian. Song Zhaokai, Zhang Guangyue, Yang Peiying, Dong Yanli corrected and modified the wole book. Sun Jian, the director of the Institute of Region Culture Research in Cangzhou provided strong support and assistance for first, second and nineth chapters. Yan Chunying, the director of Special Collection Department of Cangzhou Library and the director of office, Yan Chunying, provided a large number of references for the writing of the book. Song Yingnan gave up his holidays to be a volunteer, who took photos for the library buildings and literatures for many times, and processed all the photos as well. We want to express our sincere gratitude to all the efforts made by these editors and teachers again!

This book is mainly based on the existing literature and thoughts about working practice, so we would like to thank relevant scholars sincerely. Because of limited time, it may inevitably have some biases, and we look forward to receiving readers' criticism and correction.

Editors

May, 2015